온화한 불복종자

토드 캐시던
이시은 옮김

온화한 불복종자

THE ART OF INSUBORDINATION

관계를 지키면서
원하는 것을 얻는

설득의 심리학

흐름출판

나의 세 딸 레이븐, 클로이, 바이올렛에게.

너희가 모든 규범, 규칙, 질서, 권위자에게 저항해
불복종할 수 있는 힘을 기르고 각자 방식대로
인생을 살아가길 바라.

내 평생 꿈은 너희를 그렇게 키우는 거란다.

차례

3부 불복종의 실행

들어가며

누구를 위한 책인가?

이 책은 다음과 같은 사람을 위해 쓰였다. 적어도 일부 통념과 관행이 시급히 개선되어야 한다고 믿는 사람. 이 세상에 정의, 자유, 경제적 안정, 대의, 공동체, 인간다움이 늘어나기를 염원하는 사람. 비순응의 가치를 이해하고 쓸모없는 규범을 폐지해 진보를 이루려는 자유사상가들이 우리 사회에 절실히 필요하다는 점을 인정하는 사람. 너무 심각하게 생각하지 않고 때로는 웃고 욕하고 즐기면서 세상을 바꿔도 좋다고 믿는 모든 사람.

1부

불복종 예찬

1장 도서관에서 옆 돌기

우리가 고등학교 때 배운 내용과 달리 진화론을 창안한 사람은 찰스 다윈Charles Darwin이 아니다.* 물론 그도 기여했겠지만 혼자서 이룬 업적은 아니다. 제목은 어색해도 세상을 바꿔놓은 저서 『종의 기원』*On the Origin of Species by Means of Natural Selection* 서문에서 다윈은 자신보다 앞서 자연에 대한 학문적, 종교적 통설에 의문을 제기했던 용기 있는 30인을 언급했다.

* 우리는 진화론을 변이(variation), 선택(selection), 보존(retention), 경쟁(competition)이라는 네 단어로 요약할 수 있다. 변이: 생존과 번식에 도움이 되거나 안 될 수 있는 독특한 특성을 지닌 다양한 생물이 존재한다. 선택: 생존과 번식에 유리한 특성을 지닌 생물들이 다른 생물들보다 번성하고 오래 살아남는다. 보존: 특성에 따라 생존율이 달라지므로 결국 그들의 특수한 환경에 최적화된 기능의 생물들이 생겨난다. 경쟁: 특정한 특성이 선정한 자손들을 유지하는 데 가장 적합한지 여부를 시험하는 경쟁이나 기후 변화 같은 압력이 항상 존재한다.

그런 인물들은 대담한 용기 때문에 크나큰 대가를 치렀다. 아부 우스만 아므르 이븐 바흐 알키나니 알푸카이미 알바스리Abu Uthman Amr ibn Bahr alKinani alFuqaimi alBasri, 일명 알자히즈AlJahiz의 이야기를 들어본 적 있는가? 운이 좋다면 그의 얼굴이 그려진 마그넷이 어딘가에 붙어 있을지도 모른다. 이슬람 학자들은 그를 '진화론의 아버지'라 부르는데 거기에는 충분히 그럴 만한 이유가 있다. 알자히즈가 다윈보다 1,000년이나 앞선 860년에 '적자생존' 개념을 주장했기 때문이다. 그는 아프리카와 아시아에서 오늘날의 이라크 지역으로 들여온 동물들이 새로운 환경에 쉽게 적응하는 반면 나머지 동물들은 병에 걸려 죽는 이유를 연구하다 이런 생물학적 발견에 이르렀다.* 그 결과 알자히즈는 체포되어 고국에서 추방당하고 말았다. 그나마 그는 운이 좋은 편이었다. 그의 연구를 후원한 재력가는 바그다드의 무슬림 군주에게 잡혀가 지독하게 고문당했다. 알자히즈의 후원자는 결국 감옥에서 지내다 아이언 메이든(iron maiden, 여성 형상의 금속관에 사람을 가두고 쇠못이 촘촘히 박힌 뚜껑을 닫아 고문하는 기구—옮긴이)에 갇혀 처형당했다.

그러니 과학자들이 이런 낌새를 눈치채고 이상하고 위험한 가

* 알자히즈는 자신의 저작에서 잡아먹히는 일을 피하고 번식하기 위한 동물 경쟁의 근간을 이루는 메커니즘을 파악하려 노력했다. 그는 수십 종의 동물을 관찰한 결과 다음처럼 주장했다. "유기체는 환경적 요인에서 영향받아 생존을 보장하는 새로운 특성을 발달시킴으로써 새로운 종으로 변형된다. 살아남아 번식에 성공한 동물들은 그들의 성공적인 특성을 자손들에게 물려줄 수 있다." 그의 책 『동물의 서』(*The Book of Animals/Kitab al-Hayawan*)는 이슬람 세계를 매료시켰다. 행운과 환경이 부와 명성에 어떻게 작용하는지 상기시키는 예이다.

설들은 비밀로만 간직했을 것이라 짐작할 수도 있다. 하지만 약 700년이 지난 1500년대에 베르나르 팔리시Bernard Palissy라는 프랑스 과학자는 지구가 생긴 지 수천 년 밖에 지나지 않았다는 가톨릭교회의 선언에 감히 의문을 제기했다. 그는 조수와 바람의 힘으로 풍경이 눈에 띄게 바뀌려면 장구한 세월이 걸리기 때문에 지구가 수천 년보다 훨씬 오래전에 생겨났을 것이라 주장했다(정확히 얼마나 오래됐을 것인지는 밝히지 않았다). 그는 또 수천 년 전의 코끼리는 오늘날의 코끼리와 같지 않았을 것이라 주장했는데, 이처럼 여러 세대를 거치며 종이 변한다는 개념은 당시로선 이단이었다. 그 대가로 팔리시는 수차례 붙잡혀 가 연이어 태형을 당했고 저서도 파기당했다. 그리고 끝내 화형에 처해졌다.

다윈이 언급한 다른 사람들은 적어도 사형이나 추방을 당하지는 않았으니 이들보다는 형편이 나았지만 누구 하나 그리 순탄한 인생을 누리지 못했다. 그들은 이단자로 손가락질당하고, 경찰에 감시당하고, 가족에게 의절당하고, 검열과 폭행에 시달리며 죽음의 위협을 견뎌야 했다. 이 모든 것이 성경 말씀, 즉 동물과 인간이 실제로 6일 만에 창조되었고 오로지 신만이 진화를 관장하는 힘이며(천사보다는 급이 낮아도) 인간이 조물주가 만든 최고의 피조물이란 말씀을 의심한 대가였다. 정통 교리에 의문을 품으면 바로 고문과 처형을 당해 마땅한 이단자, 이교도, 위험인물로 낙인찍혔다.

내가 여기서 다윈의 선배 과학자들 이야기를 꺼낸 것은 (진보는 아니라도) 많은 반대자, 반항자, 혁명가, 반역자, 국외자가 진보를 위해 치러온 대가를 강조하기 위해서이다. 진보는 때로 우연한 행운에서 비롯되기도 하지만 대개 용기 있는 사람들이 사회 규범에 맞서 싸우는 과정에서 이루어진다. 누군가 기존의 통설이 어떤 부분에서 옳지 않고 정체되어 있으며 심지어 위험하다는 점을 알아차리고 반대하는 주장을 제기한 것이다. 그리고 많은 사람 중 일부가 그처럼 새로운 주장을 비난하기보다 공정하게 검토하기로 결정한 것이다. 대체로 이견은 진보로 이어진다. 반대 의견을 금지하면 문명의 진화 속도는 느려지기 마련이다.

다윈의 선배 과학자들은 또 다른 질문을 불러일으킨다는 점에서도 중요하다. 어째서 그들은 실패했는데 다윈은 성공했을까? 물론 다윈도 항의 편지를 수없이 받고 이교도라는 비난의 뭇매를 맞았지만 그의 학설은 많은 이에게서 호응을 얻었다. 19세기의 가장 위대한 유럽 과학자들은 그를 현존하는 최고의 과학 아카데미인 왕립학회 회원으로 선출했고, 산호초 형성 과정을 연구한 공로로 그에게 명예로운 로열 메달을 수여했다. 대중 독자들은 다윈의 『1826년부터 1836년까지의 어드벤처호와 비글호 탐험기』*Narrative of the Surveying Voyages of His Majesty's Ships Adventure and Beagle, between the Years 1826 and 1836*라는 근사한 제목의 여행 모험기에 열광했다. 여행 채널과 『내셔널 지오그래픽』*National Geographic*이 없던 시절 이 책은 독자들의 상상력을 자극했고 많은 사람의 저녁 식사 대화에 활기를 불어넣었다. 만약 당시에 고속도로 대형 광고판이 있었다면 운동화와 초코우유 광고판이 온통 다윈의 얼굴로 장식되었을 것이다. 그렇다면 왜 다윈의 불복종은 이전 시대와 전 세계의 비슷한 사상가들보다 훨씬 효과적이었을까?

이 질문에 충분히 답하려면 여러 권의 책을 써야 하는 것은 물론 다윈과 이전 과학자들을 역사적으로 광범위하게 분석해야 할 것이다. 하지만 사회심리학에 의거해 몇 가지 흥미로운 가능성을 제기할 수 있다. 최근 수십 년간 연구자들은 감정, 자기조절, 창의성, 설득, 소수 영향, 집단 간 갈등, 정치심리학, 집단 역학 등 다양한 주제를 연구하면서 어떻게 하면 남들과 다른 의견을 성공적으로 제시할 수 있는지 밝혀냈다. 또 다수의 사람이 어떻게 반대 의견을 받아들이는지에 대한 과학적 발견들이 알려지면서 불복종자들의 가치 있지만 체제 전복적인 의견이 수용될 가능성이 높아졌다.

다윈은 아직 이런 지식이 없던 시절에도 직관적으로 여러 성공적인 불복종 전략에 따랐다. 이제는 익히 알려졌듯 반대자들이 사회의 편견을 정확히 파악하고 그에 맞춰 말과 행동을 조율하면 다른 사람들을 설득할 가능성이 높아진다. 다윈은 신의 불꽃이 아닌 다른 데서 생명이 기원한다는 자신의 주장이 사람들에게 얼마나 도발적으로 들릴지 알았다. 실제로 그의 할아버지 에라스무스 다윈Erasmus Darwin은 진화론을 설명한다는 이유로 저서들이 가톨릭교회 금서로 지정되기도 했다. 다윈은 자신의 정신 건강을 지키기 위해 진화론의 가설을 세운 뒤에도 2년, 5년, 10년도 아닌 무려 15년을 기다려 책을 출간했다. 또 다른 문제작인 『창조 자연사의 흔적』*Vestiges of the Natural History of Creation*이 국제적인 반향을 일으킨 뒤에야 마침내 사회가 그의 진화론처럼 논쟁적인 견해를 받아들일 준비가 되었다고 판단한 것이다. 다윈은 이렇게 썼다. "『창조 자연사의 흔적』은 편견을 없애는 데 크게 기여해 (…) 유사한 주장들이 받아들여질 수 있는 기반을 마련했다."

원칙적인 반항자들이 대중을 설득하려면 정서적 저항을 극복할 수 있는 소통 방식이 대단히 중요하다고 심리학자들은 강조한다. 다윈은 자신의 주장을 어떻게 전달해야 좋을지 여러모로 고심했다. 그는 학자들뿐 아니라 일반 독자도 이해하기 쉬우며 전문용어가 없는 문체로 글을 썼다. 그리고 가급적 비유를 들어 설명했다.* 빅토리아 시대 독자들은 '털 없는 개'나 '발이 깃털로 덮인 비둘기' 같은 그의 생생한 묘사에 즐거워했다. 독자들은 노예와 주인으로 구성된 개미 사회, 어린 닭이 개와 고양이를 겁내지 않을 때 벌어지는 처참한 사태, 꿀벌의 놀라운 건축술 등을 알게 되었다. 다윈은 독자들의 흥미를 자아낼 뿐 아니라 "우리는… 확인할 수 있다" "우리는… 이해할 수 있다" "우리가… 찾아야 한다" 같은 문구를 사용해 독자들을 이야기 속으로 끌어들였다. 또 "이런 몇 가지 사실들에 대해 우리는 뭐라고 말할 것인가?" 같은 질문을 던지며 독자들에게 참여를 유도했다. 이 책은 쌍방향 비디오게임까진 아니어도 당시 기준으로 보면 무척 흥미진진했다.

반대 의견이 성공을 거둔 사례를 연구하는 학자들은 비관습적인 생각을 전파하는 데 협력자들이 중요한 역할을 한다는 점을 발견했다. 이 면에서 다윈은 진정으로 탁월했다. 그는 『종의 기원』을 출간하기 1년 전 앨프리드 러셀 월리스Alfred Russel Wallace로부터 경쟁적

* 동료 과학자들은 이런 수사학적 장치를 비웃었다. 그러나 다윈의 이런 소통 방식은 독자들이 작품을 읽고 즐기도록 유도했다.

인 진화론을 요약한 원고를 받았다. 다윈은 자기 책의 출간을 미루면서도 월리스가 진화를 발견한 공을 독차지할까 봐 두려웠다. 그래서 자신의 업적을 알리기 위해 친구들이 나서서 공개석상에서 그의 이론을 발표하도록 허락했다. 그 자리에서 다윈의 친구들은 다윈이 먼저 진화론의 결론에 도달했다는 사실을 입증하는 우편물 소인이 찍힌 편지와 월리스의 원고를 공개했다. 거기에는 다윈도 월리스도 참석하지 않았지만 다윈의 동료 과학자인 찰스 라이엘Charles Lyell, 조셉 돌턴 후커Joseph Dalton Hooker, 에이사 그레이Asa Gray 그리고 '다윈의 불도그'로 알려진 토머스 헨리 헉슬리Thomas Henry Huxley 등 4인 군단이 대신해 용감하게 싸우며 그의 이론에 신빙성을 부여했다. 다윈은 연설에 특출한 재능이 없었던 다윈에 반해 그의 친구들은 비평가들과 논쟁하면서 전문가와 일반인을 설득할 만큼 언변이 뛰어났다.

이처럼 다윈은 구체적인 전략들을 사용해 자신의 이론을 주류 사회에 설파하고 인간 행동의 기원에 대한 사람들의 사고방식을 급진적으로 변화시키는 데 성공했다. 그의 전략들과 후대의 연구를 결합하면 비순응주의자들이 좀더 설득적이고 탄력적이며 효과적으로 지지 세력을 모으도록 도울 수 있다. 이렇게 단언하는 것은 내가 지난 10년 동안 새로운 아이디어를 지닌 사람들이 용기를 낼 수 있는 방법을 연구, 조사, 종합해왔기 때문이다. 나는 남들에게 기이하거나 위험하거나 그저 이상해 보이는 아이디어를 옹호하는 실용적인 전략들을 개발해왔다. 그리고 이런 전략을 기업 간부, 국가 정보 책임자, 글로벌 금융 리더, 그 밖의 전 세계 유명 인사들에게 가르쳐왔다. 이런 개입은 효과가 있었고, 그에 대한 학문적 근거들은 이미 발표된 연구들에 수록되어 있다. 우리는 누구나 조금만 노력을 기울이면 불신하는 다수의 사람이 내적인 저항을 극복하도록 도와 변화의 기회를 마련할 수 있다. 우리의 아이디어가 기존의 통념을 일부 개선한 것이든 다윈의 이론처럼 혁명의 시작을 예고하는 것이든 말이다.

물론 전복적인 아이디어의 성패가 전적으로 아이디어의 특성에만 달린 것은 아니다. 우리 인간은 정당, 스포츠 팀, 종교, 성별, 인종 집단, 출신 국가, 음악 장르 등 모든 면에서 집단적 유대를 강화하기 위해 얼마든지 타당한 추론을 포기할 수 있는 부족 중심적인 생물이다.* 이런 부족적인 사고방식 때문에 우리는 비정통적인 사상가들을 새롭다는 이유로 처벌하기 일쑤이다. 특히 그들을 타자나 외부인으로 인식하는 경우라면 말이다. 나와 동료들은 보다 성공적인 불복종 방법을 모색하는 연구를 통해 사람들이 익숙하지 않은 (그래서 고통스러울 수 있는) 아이디어를 접할 때 좀더 유연하게 생각하도록 돕는 전략을 개발했다. 이런 전략들은 시민 담론과 관용을 장려해 비순응주의자들이 지지 세력을 얻고, 다수의 사람이 다양한 아이디어에서 가치를 더 많이 이끌어낼 수 있는 환경을 조성한다.

원칙적인 반항자들은 과거 어느 때보다 오늘날 더 의미가 있다. 최근 잘 알려진 반항자로는 파키스탄에서 목숨을 걸고 소녀들의

* 특정 종류의 음악에 강하게 동일시하고 다른 종류의 음악은 경멸하는 사람들 간의 의견 차이는 소비 행태와 사회적 행동 규범에 영향을 미치는 과소평가된 형태의 부족주의이다.

교육을 옹호하는 말랄라 유사프자이Malala Yousafzai, 미국에서 잘못된 유죄 판결을 받은 사법 피해자의 무죄를 375건 이상 밝혀낸 피터 뉴펠드Peter Neufeld와 배리 셰크Barry Scheck, 블라디미르 푸틴Vladimir Putin의 개입으로부터 국민 투표를 지키려 한다는 이유로 수감 생활을 하고 수차례 암살당할 뻔한 알렉세이 나발니Alexey Navalny 등이 있다. 이들뿐 아니라 무수히 많은 활동가가 저마다 목소리를 내며 변화를 요구하고 있다. 그런데도 많은 이가 저항에 성공하지 못하고 사회도 이들의 저항을 건강한 방법으로 수용하지 못하고 있는 실정이다.

2020년 한 중년 여성이 집회에서 "우리가 아직도 이런 거지같은 일로 시위해야 한다니 믿을 수 없다"라 쓰인 피켓을 들고 서 있는 사진이 인터넷상에 떠돌았다. 많은 사람이 그런 심정에 공감할 수 있다. 하지만 아무리 변화가 느리고 세상이 암울해 보여도 우리의 논쟁적인 생각이 무시당하고 거부당하며 금지당하는 꼴을 꼼짝없이 지켜봐야만 하는 것은 아니다. 우리는 좀더 효과적으로 반대 의견을 피력하고 수용하는 법을 배움으로써 두려움과 불신을 극복하고 일반적인 통념을 더 나은 생각으로 대체해 팀, 조직, 사회가 더 원활히 돌아가게 만들 수 있다.

다윈의 불운했던 선배 과학자 30명이 제각기 고독한 싸움에 나서기 전에 이 책을 읽었다면 좋았을 것이다. 나는 독자들에게 반대자, 비순응주의자, 반항자, 불복종자로서 성공 가능성을 높이는 방법을 알리기 위해 이 실용적인 안내서를 썼다. 그리고 다른 불복종자들의 의견에 동의하든 그러지 않든 어디에서나 성공할 수 있는 기반을 마련하려는 독자들을 돕기 위해 이 책을 썼다. 비순응적인 생각이 아무리 중요하고 타당하더라도 세상이 불복종자들을 두 팔 벌려 환영하리라 기대하기는 어렵다. 당신이 어떤 '사람'이나 '조직'에 맹렬히 반대할 계획이라면 앞일을 미리 내다보고 심리적인 갑옷과 무기로 자신을 보호해야 한다. 그리고 새로운 아이디어를 마주한다면 대부분 사람이 그러듯 그 자리에서 바로 거부하기보다는 좀더 효과적으로 받아들일 수 있도록 마음을 준비해야 한다.

이 책은 삶과 일터에서 방치된 자산을 가치 있게 활용하는 레시피로 가득한 요리책이라고 볼 수도 있다. 반대 의견이 제기될 때 그것을 허용하고 수용하는 레시피, 인기는 없어도 중요한 아이디어를 효과적으로 표현하고 가장 잘 옹호하는 방법에 대한 레시피, 반항을 시도하거나 반항자와 마주할 때 느끼는 불편감에 대처하는 레시피 등 앞으로 살펴볼 각 장에서는 기존 시스템에 참신함과 변화를 불어넣을 수 있는 강력한 방법을 제시한다. 1부에서는 왜 대부

• 불복종은 단순히 반대, 반항, 비순응주의 이상을 의미한다. 불복종은 하위 계층이 상위 계층에서 정한 지침을 당연히 따르리라는 가정하에 작동하는 위계적인 사회 구조에서 특정한 반항 행위, 즉 상급자나 권위자의 말을 거역하는 의도적인 행위를 말한다. 나는 이 용어를 선호하는데 이것은 권위자, 주류, 정통파가 무엇을 옹호하든 가장 부정적인 어감을 담은 용어이기 때문이다. 1851년 주인에게서 도망치려는 노예는 정신질환에 걸렸다고 간주되었다. 이런 노예들은 "노예들을 도망치게 하는 병"인 '출분증'(Drapetomania)이란 병에 시달렸다. 의사들과 정신의학자들은 이 근거 없는 진단을 만들어냈고, 기득권층은 이를 받아들였다. 이것은 현상 유지가 종종 완전히 잘못된 생각이며 상황을 바로잡으려면 불복종이 필요하다는 점을 상기시켜주는 수많은 사례 중 하나이다. Samuel A. Cartwright, "Report of the Diseases and Peculiarities of the Negro Race," *New Orleans Medical and Surgical Journal* (1851): 691~715면 참조.

분 사람이 새로운 아이디어를 거부하는지, 그리고 왜 우리 사회에 반항자가 절실히 필요한지를 이해해 당신이 반항을 준비하도록 돕는다. 이 책의 핵심인 2부에서는 새롭고 특이한 아이디어를 더 많은 사람에게 설파하는 전략을 제시한다. 그 과정에서 더 설득력 있게 소통하고, 소중한 협력자들을 끌어모으며, 일단 당신의 아이디어가 주류에 편입되면 기성세력의 저항에 맞서 인내하며 책임감 있게 행동하는 법을 배우게 될 것이다. 3부에서는 도전적인 아이디어에 더 수용적이고 그것이 제공하는 기회를 최대한 활용할 수 있는 사회를 구축하는 방법에 대해 조언한다. 여기에서는 개개인이 엉뚱한 아이디어를 더 잘 받아들이는 방법, 팀 차원에서 비순응주의자들의 지혜를 이끌어내는 방법, 부모나 교사로서 양육하는 아이들을 불복종하는 세대로 키우는 방법 등을 이야기할 것이다. 불복종은 중요하다. 나는 당신이 세상을 조금 다르게 바라보고, 더 신중하고 차분하게 이견을 제시하며, 당신의 믿음과 생각이 다른 사람에게 반박당할 때도 경계심을 낮추도록 이끌고 싶다.

회의론자들은 내가 불복종에 대해 지나치게 낭만적인 견해에 빠져 있다고 비난할지도 모른다. 어쨌거나 『케임브리지 사전』*Cambridge Dictionary*에 따르면 '불복종'은 "자신보다 높은 위치에 있고 자신에게 할 일을 지시할 권한이 있는 사람에게 복종하기를 거부하는 일"로 정의된다. 실제로 많은 사람이 사회에 이롭지 않거나 때로는 해로운 방식으로 불복종을 행하기도 한다. 그에 비해 원칙적인 불복종은 2차 피해를 최소화하면서 사회를 개선시키려는 의도의 반항을 의미한다. 원칙적인 불복종자들은 가치 있고 중요한 아이디어를 실현시킬 추진력을 얻고자 한다. 어느 순간 그들은 의식적으로 자신의 이익을 위해서가 아니라(적어도 그 목적으로만은 아니라) 인류의 이익을 위해 안전한 다수 세력에서 벗어나 불편한 첫걸음을 떼기로 결심한다. 더 많은 사람이 그 첫걸음을 떼기를 바라며, 사회가 그런 사람들을 처벌하는 일을 삼가기를 바란다.

반항의 정의

모든 불복종이 다 가치 있는 것은 아니다. 나는 이 책을 쓰면서 잘못된 이유로 반항하는 사람들을 알아채려고 노력했다. 그들은 충동적이어서, 남에게 이래라저래라 간섭받기 싫어해서, 때로는 주목받고 싶어서 반항했다. 나는 진실하고 윤리적 기준이 있는 반항에 초점이 모이길 바란다. 이 책에서 '원칙적인 불복종'이란 사회 발전에 기여하려는 취지의 반항을 뜻하는 용어로, 다음처럼 간단한 공식으로 표현할 수 있다.

원칙적인 불복종 = 일탈 × (진정성+기여) / 사회적 압력

수학을 잘 모르더라도 걱정하지 말자. 함께 하나씩 살펴볼 테니까. '일탈'은 원칙적인 불복종을 정의하는 가장 중요한 요소이다. 그래서 공식에서 일탈을 승수로 배치했다.

명심하자. 여기에서 말하는 일탈이란 특정한 종류, 즉 의식적으

로 행하는 일탈을 일컫는다. 성공적인 반항은 결코 무시, 강압, 강제, 임의성의 상태에서 비롯되지 않는다. 단지 기존의 행동 규범에 주의를 기울이지 않거나(무시), 반대할 수밖에 없거나(강압), 반대하려는 유혹에 도저히 저항할 수 없거나(강제 또는 자제력 부족), 사건 당일에 자신의 행동을 의식하지 못해 반항하는 경우라면 전혀 인상적이지 않다.

의식적으로 반항을 선택한다면 그 동기가 중요하다. 나는 원칙적인 불복종자의 행동이 피상적인 취향과 달리 깊이 간직된 신념에서 나온다는 점을 강조하려고 위 공식에 '진정성'을 포함시켰다. 원칙적인 불복종자들은 자기 마음에서 우러나오는 행동을 한다. 그들은 단순히 남들이 시키는 대로 행동하거나 앞서가는 사람들을 따라 하지 않는다. 그들은 자신만의 개성과 독특함이 있어 안정적이고 힘 있다. 사람들이 위선의 냄새를 얼마나 쉽게 맡는지 감안할 때, 권위에 맞서 성공할 가능성과 기회를 잡으려면 반드시 진정성이 있어야 한다.

그리고 공식에 '기여'를 포함시킨 것은 원칙적인 불복종자들이 사회적 가치를 창출하려는 의도가 있음을 분명히 하기 위해서다. 내가 생각하는 원칙적인 불복종은 친절과 배려의 행위이다. 원칙적인 불복종자들이 권위에 이의를 제기하는 것은 경멸(자신이 남들보다 우월하다고 믿는 것), 악의(주류 사회나 강력한 소수자를 별다른 이유도 없이 화나게 만들려는 것), 사리사욕(범죄에서 얻는 경제적 이득 등) 때문이 아니다. 그들은 어떤 식으로든 사회에 가치를 환원하려고 권위에 의문을 제기한다. 그런 점에서 기여는 대의가 있는 원칙적인 불복종과 그 외의 냉소적이고 파괴적이며 피상적인 불복종을 구분하는 기준이 된다. 원칙적인 불복종에는 사회적 통념을 의심하고 공격함으로써 발생할 수 있는 부수적인 피해를 세심히 검토하는 일이 뒷받침되어야 한다.

기여에서 또 하나 중요한 요소는 의견이 다른 사람들에게도 존중하고 개방적인 태도를 취하는 것이다. 백인 우월주의자나 경찰 살해범은 기여와는 거리가 멀다. 물론 그들도 불복종자이지만 본질적으로 생각이 악의적이고 편협해 역사적으로 볼 때 그들이 사회를 좋은 방향으로 이끌지 않는다는 점은 분명하다. 당신은 아마 다양한 정치적 스펙트럼의 사람들이나 원칙적인 신념을 지닌 여러 종교의 신도들을 만나봤을 것이다. 설령 그들이 어느 정도 선의를 지녔더라도 궁극적으로 편협하고 완고한 견해를 보인다면 그들은 내가 생각하는 원칙적 불복종자가 아니다.

위의 공식에서 전체적으로 영향을 미치는 중요한 분모인 '사회적 압력'도 잊어서는 안 된다. 불복종은 위험을 감수하지 않고는 별 의미가 없다. 당신의 원칙이 진정한 시험대에 오르는 일은 당신이 불리한 상황에서도 그 원칙을 고수하느냐에 달렸다. 반항 행위는 안전하고 무난한 다수 세력에서 벗어나 불편한 한 걸음을 내딛는 순간 시작된다. 찰스 다윈의 이야기를 마음에 새기고, 당신의 아이디어를 세상에 알리는 데 따르는 위험을 과소평가하지 말자. 그 순간 당신은 유언비어, 비난, 경멸, 심지어 혐오의 손쉬운 먹잇감이 된다. 이것이 내가 정의하는 원칙적인 불복종의 불쾌한 결과이다.

한 걸음 더 나아가, 우리 어머니와 할머니가 나에게 해준 것처럼 우리 사회가 원칙적인 불복종을 지지하고 격려해주길 바란다. 나는 열두 살 때 랍비에게 왜 유대인들이 새우는 먹어도 되는데 참치는 먹으면 안 되느냐고 물어본 적이 있다. 일부러 시간을 들여 식생활 규칙까지 세세하게 정해줄 만큼 하느님은 걱정할 일이 별로 없으셨던 걸까? 랍비는 나의 도발적이지만 합당한 질문에 대꾸도 하지 않고 나를 외면했다(사실 유대인은 새우를 먹을 수 없다. 나는 어떤 음식이 금지되었든 간에 그 규칙이 터무니없음을 보여주려고 일부러 새우와 참치를 뒤집어 물어봤다). 차를 타고 집으로 오는 길에 어머니는 길에서 눈도 떼지 않은 채 내게 "좋은 답을 얻을 때까지 규칙을 계속 따져 묻거라"라고 말했다.

어머니는 이듬해에 돌아가셨지만 그 뒤로 나를 돌봐주신 우리 할머니 역시 불복종을 즐기셨다. 월스트리트에서 일한 최초의 여성 중 한 분인 할머니는 권위자들이 지혜를 갖고 있을 때도 많지만 우리는 그들의 말이 아니라 행동으로 그들을 판단해야 한다고 주장하셨다. 사람들은 권력자에게 쉽게 복종하는 경향이 있지만 우리는 오히려 자신의 팀, 조직, 사회 집단의 권위자에게 맞서는 용감한 반항자들을 칭찬해야 하고 우리 자신도 그런 용기를 갖추려 노력해야 한다는 말씀이었다.

나는 우리 어머니와 할머니에게 바치는 마음으로 이 책을 썼다. 또 칭찬받아 마땅한데도 오히려 고통에 시달리다 포기하고 마는 사람들을 격려하기 위해 이 책을 썼다. 내가 보기에 현재 위기에 처한 것은 우리 사회의 지속적인 발전만이 아니다. 우리의 정신 건강도 위태롭기는 마찬가지이다. 만약 원칙적인 불복종을 통해 사회의 정해진 각본에서 벗어나려는 사람들이 사라진다면 우리의 문명화된 삶은 더 이상 정의롭거나 안전하거나 활력에 넘치지 않고 흥미와 영감도 줄어들 것이다. 그리고 무엇보다 지루하고 따분해질 것이다.

앞에서 나는 관습을 뒤흔드는 데 성공한, 고인이 된 백인 남성의 이야기로 시작했다. 이번에는 살아 있는 백인 여성의 이야기를 해보려 한다. 대학교 1학년 때의 어느 날 저녁, 나는 친구들과 도서관에 앉아 공부하고 있었다. 집중하려고 안간힘을 쓰는데 어느 순간 아름다운 금발 여인이 나타났다. 그녀는 책을 찾으며 책장 사이를 한가롭게 거닐고 있지 않았다. 대신 손 짚고 옆 돌기를 하며 우리를 향해 다가왔다. 충분히 가까이 왔을 때 그녀는 멈춰 서서 나와 눈을 맞췄다. "지금 보고 있는 책 좀 줘봐요." 그녀가 손짓하며 말했다. 나는 당황해서 그 책을 넘겨주었다. 그녀는 아무 쪽이나 펼치더니 뭔가를 휘갈겨 썼다. "자 여기요. 이 쪽까지 다 읽으면 전화하세요"라고 말했다. 그러고는 내 대답을 듣기도 전에 옆 돌기로 황급히 사라졌다.

나는 깜짝 놀라 어리둥절했다. 이 작은 원칙적인 불복종 행위 한 번으로 이 여학생은 기존의 성별에 따른 데이트 규칙을 얼마나 많이 어겼는가. 우리 사회는 오랫동안 여성들에게는 신체적 욕구를 감추고 성적 욕망을 억누르며 수동적으로 남성의 접근을 기다리라고 가르치면서, 남성들이 자신 있게 원하는 파트너를 찾아나서면 박수를 보냈다. 그런데 이 여학생은 내게 먼저 데이트를 신청했을 뿐 아니라 그녀만의 독특한 방법으로 해냈다. 그녀는 그 도서관 열람실 공간을 장악하고 지금까지도 계속 곱씹어보게 되는 이야기를 내게 선사했다. 숨 막히는 사회적 각본으로 가득한 세상에서 그녀처럼 사소하게라도 파격적인 아이디어와 실천에 도전하는 사람들이 없다고 상상해보라. 그토록 대담하고 상상력 풍부한 영혼들이 없다면 어떻게 호기심과 영감, 경외심과 감탄, 흥분과 설렘을 경험할 수 있겠는가?

몇 주 뒤 나는 이 여학생에게 전화했다. 우리는 데이트했지만 연애로 이어지지는 않았다. 1년이 흐르고 나는 다른 대학으로 편입했다. 오리엔테이션 주간에 캠퍼스를 걸어가다 그녀를 다시 보았다. 그 믿기 힘든 옆 돌기를 선보인 여학생 말이다. 나는 그녀에게 다가가 어깨를 두드리고 혹시 그녀가 도서관에서 공부하는데 누군가가 옆 돌기로 다가와 "전화해요"라는 말만 남기고 사라지면 이상하게 생각하겠느냐고 물었다. 그녀는 웃으며 "남학생에게 데이트를 신청하는 다른 방법이 떠오르지 않았어요"라고 대답했다. 우리는 다시 데이트를 시작해 1년 넘게 사귀었다. 그녀는 나의 첫사랑이었다.

만약 남다른 아이디어가 있거나 어떤 식이든 소수자의 입장에 있다면 목소리 높여 당신의 의견을 말하기 바란다. 기다리지 말자. 권력자에게 허락을 구하지도 말자. 지금 당장 목소리를 내자. 주목을 받자. 다른 사람들을 가르치고 일깨우자. 세상을 바꾸자. 다른 사람들의 말을 경청하자. 그렇지만 부탁하건대 다윈처럼 하자. 독특하게 접근하자.

불복종의 기술

1. 신중하고 반듯하게 행동하자. 찰스 다윈 같은 유명한 반항자들은 자신의 이론을 주류 사회에 설득시키기 위해 구체적인 전략을 사용했다. 당신도 그럴 수 있다.
2. 원칙적인 불복종과 무모함의 차이를 알자. 당신이 사회에 기여하고 진정 어린 마음으로 행동을 취할 때 원칙적인 불복종이 된다.
3. 반항을 대수롭지 않게 여기지 말자. 사회를 개선하려면 원칙적인 반항이 필수적이다. 또 반항은 당신과 주변 사람들의 삶을 더욱 풍요롭고 재미있고 충만하게 만들기도 한다.

2장 우리가 호감을 사려고 하는 이상한 행동들

공놀이에 능숙한 아이라면 다 알겠지만 자유투 라인에서 농구공을 던지는 데는 간단한 방법과 덜 간단한 방법이 있다. 간단한 방법은 언더핸드 슛이다. 우선 골대에서 약 4.6미터 떨어진 곳에 선다. 아무도 당신을 가로막지 않고, 다른 선수들은 슛을 기다리면서 가만히 서 있다. 당신은 다리 사이에서 농구공을 앞뒤로 흔들다 놓으며 공이 골대를 향해 위쪽으로 포물선을 그리게 한다. 그리 폼은 안 나지만 효과는 '끝내주는' 방법이다. 미국 프로농구협회NBA 사상 가장 위대한 선수 중 하나로 명예의 전당에 오른 릭 배리Rick Berry는 이런 방법으로 자유투를 던져 NBA에서 활약한 10년 동안 자유투 성공률 90퍼센트라는 놀라운 기록을 세웠다. 심지어 마지막 두 시즌 동안은 총 322개의 자유투 중 단 19개만 실패하며 성공률 94.1퍼센트라는 대기록을 세우기도 했다. 이에 비해 현재 최고의 농구 선수로

꼽히는 르브론 제임스Lebron James는 한 시즌에만 오버핸드로 던진 자유투 132개를 실패해 성공률이 73.1퍼센트에 그쳤다.

자유투를 던지는 덜 간단한 (그리고 여러 스포츠 과학자들에 따르면 덜 효과적인) 방법은 오버핸드 슛이다. 공을 두 손으로 잡아 눈높이까지 들어 올리는데, 한 손은 공을 받치고 다른 손은 공을 위에서 고정시킨다. 골대를 뚫어지게 바라보며 공을 받치고 있던 손목을 튕겨 골대를 향해 공을 날린다. 두 손이 함께 움직이지만 각기 다른 무게를 지탱하면서 다른 역할을 하게 된다. 주로 공을 던지는 손에 의존해 상당한 힘으로 공을 밀어내는 동시에 다른 손은 가이드 역할을 한다. 손가락으로 공을 부드럽게 굴리면서 손목을 튕겨야만 공이 45~52도 사이의 최적의 궤도를 그리며 날아간다. 만약 농구공이 뒤쪽으로 회전하면 골대의 림에 닿는 순간 속도와 에너지가 줄어들어 힘이 약해지면서 결국 백보드에 맞고 떨어지게 된다. 설명을 계속할 수도 있으나 이제 어느 정도 그림이 그려졌을 것이다. 자유투의 역학을 분석해보면 그것은 복잡한 물리학 실험이나 다름없다. 그러니 뛰어난 기량의 농구 선수들이 유독 자유투에 약한 것도 그리 놀라운 일이 아니다. NBA 명예의 전당에 이름을 올린 윌트 체임벌린Wilt Chamberlain과 샤킬 오닐Shaquille O'Neal은 선수 시절의 자유투 성공률이 각각 51.1퍼센트와 52.7퍼센트에 그쳤다.

릭 베리가 언더핸드 슛으로 높은 자유투 성공률을 기록했다는 점을 고려하면 많은 프로 선수와 대학 선수들, 특히 아무리 연습해도 오버핸드 슛에 여전히 자신 없는 선수들이 언더핸드 슛을 시도했으리라 추측할 수 있다. 하지만 그렇지 않다. 지난 35년간 NBA

에서 릭 베리에게 언더핸드 슛에 대해 조언을 구한 팀은 단 한 팀도 없었다. 대학 농구에서는 딱 두 선수만이 이 간단한 언더핸드 슛을 던지는데, 그중 한 명은 릭 베리의 아들이다. 농구계에서는 언더핸드 슛을 "계집애 같은" "할머니 슛"으로 취급하고 선수들은 이런 시선을 의식해 언더핸드 슛을 꺼린다. 전설적인 NBA 선수였지만 자유투에 약하기로 유명했던 샤킬 오닐은 이렇게 말했다. "언더핸드 슛을 던지느니 차라리 슛을 실패하고 말겠어요. 언더핸드 슛은 정말 폼이 안 나거든요." 자유투에 유독 취약했던 또 다른 선수인 안드레 드러먼드Andre Drummond 역시 할머니 슛을 단호히 거부하며 이렇게 선언했다. "분명히 말하지만 내가 언더핸드로 자유투를 던지는 일은 없을 겁니다."

그런 점에서 윌트 체임벌린Wilt Chamberlain이 약 10년간의 선수 생활 중 1962년 시즌에 잠시 언더핸드 슛을 시도했다는 사실은 칭찬할 만하다. 그 시도는 놀라울 만큼 효과가 있었다. 체임벌린은 그 시즌에 경기당 평균 50.4득점의 리그 기록을 남겼고, 자유투 성공률을 최악의 38퍼센트에서 뛰어나진 않아도 그럭저럭 괜찮은 수준인 61퍼센트까지 끌어올렸다. 기억에 남는 한 경기에서 그는 32개의 자유투 중 28개를 성공시키며 무려 한 경기 100득점이라는 어마어마한 기록을 세웠다. 그런데도 그는 간단한 언더핸드 자유투 방식을 고수하지 않고 오버핸드 슛으로 되돌아갔고, 그의 자유투 성공률은 다시 떨어졌다. 왜 체임벌린은 효과 없는 방식으로 다시 돌아갔을까? 그는 자서전에서 다음처럼 고백했다. "언더핸드 슈팅을 할 때면 나 자신이 우스꽝스럽고 바보같이 느껴졌다. 분명 나도 이런 생각이 잘못됐다는 건 알고 있다. 역사상 최고의 자유투 슈터들 중에는 언더핸드 슛을 던지는 선수들이 있다. NBA 최고의 자유투 슈터인 릭 베리는 지금도 언더핸드 슛을 날린다. 하지만 나는 도저히 그럴 수 없었다."

잠시 생각해보자. 프로 농구 선수들은 득점하고 경기에서 이기는 대가로 막대한 연봉을 받는다. 그런데 체임벌린은 단지 바보처럼 보이지 않으려고 점수를 포기하고 동료 선수와 팬들을 실망시켰다. 그리고 수많은 프로 선수와 대학 선수가 그렇게 해왔다. NBA 선수들의 자유투 성공률은 평균 약 75퍼센트이고, 대학 선수들은 약 69퍼센트이다. 그리 나쁘지는 않지만 릭 베리의 기록에는 비할 바가 못 된다. 그리고 이 평균 기록은 수십 년간 거의 제자리 수준에 머물러 있다. 이런 선수들은 아무리 재능 있더라도 사회적 통념을 깨고 경기력을 향상시킬 수 있는 '원칙적인 불복종'을 실천할 용기가 부족한 것이다.

그렇다고 농구 선수들을 탓할 수만은 없다. 비순응주의를 실천하는 용기 있는 행동은 어느 분야에서든 안타까울 정도로 보기 드물다. 우리가 넬슨 만델라Nelson Mandela나 수전 앤서니Susan B. Anthony, 해리엇 터브먼Harriet Tubman, 레오나르도 다 빈치Leonardo da Vinci, 마사 그레이엄Martha Graham, 예수 같은 위대한 이단자나 반항자의 이름을 기억하는 것은 단지 그들이 이뤄낸 위대한 업적 때문만은 아니다. 그들이 당대에 관습적인 사고를 거부하고 진보를 추구했던 몇 안 되는 사람이었기 때문이다. 최근 수십 년간 사회심리학과 다른 분야의 학자들은 인간의 순응하려는 성향이 얼마나 강한지를 역사적 사례들을 통해 밝혀왔다. 과학자들은 우리가 다른 사람들의 호감을 사기 위해 어리석고 자기 패배적인 행동을 일삼게 되는 정서적 역동을 깊이 연구해왔다. 우리는 관습을 효과적으로 타파할 방법을 고민하기에 앞서 그런 관습에 맞설 용기를 짜내기가 왜 그토록 힘든지, 그리고 구태의연하고 시대착오적인 규범과 관행에 의문을 갖도록 사람들을 설득하기가 왜 그토록 어려운지 자세히 살펴봐야 한다.

> “효과적으로 불복종하고 싶다면 먼저 적부터 명확히 알아야 한다. 우리의 적은 무리 지어 사람들과 어울리고 사회의 통념을 받아들이며 그저 ‘좋은 게 좋은 것’이라고 믿으려는 인간의 지배적인 동기이다.”

‘구식’의 가치

이런 적은 우리 생각보다 훨씬 만연해 있을지 모른다. 어쩌면 당신이 마지막까지 버틸 것이라 믿는 사람마저 무너뜨릴지 모른다. 바로 당신 말이다. 다른 사람들은 널리 받아들여지는 신념과 관행이라면 무작정 믿고 절벽 아래로 뛰어드는 레밍처럼 행동한다. 하지만 당신은 그렇지 않다. 당신은 읽고 질문하며 비평하고 분석한다. 도전하고 위험을 감수한다. 그리고 다르게 생각한다.

나 역시 이런 식으로 세상을 바라봤다. 아칸소 대학교 스콧 아이델만Scott Eidelman과 캔자스 대학교 크리스 크랜들Chris Crandall의 연구를 우연히 접하기 전까지는 말이다. 이들은 사람들이 어떤 아이디어나 행동의 가치를 어떻게 결정하는지에 대해 연구를 진행했다. 한 연구에서는 여러 참가자 그룹에 각각 침술이 250, 500, 1,000, 2,000년 된 기술이라고 소개했다. 그러자 침술이 더 오래전부터 존재해왔다고 들은 참가자일수록 그것이 "좋은 기법"이며 "통증을 완화하고 건강을 회복하는 데 꼭 필요하다"고 확신했다. 참가자들은 스스로 침술의 효과를 합리적으로 분석했다고 생각했지만 실은 주로 침술이 얼마나 오래됐는지나 널리 받아들여졌는지를 근거로 판단을 내렸다. 또 침술의 효과를 전혀 모르는 상태에서 침술이 아주 오래됐다는 이야기만 듣고도 침술에 대한 호감도가 18퍼센트 상승했다. 우리 인간은 스스로 비판적 사고에 능숙하다고 생각하지만 일반적으로 기존의 현상 유지를 선호한다.

다른 연구에서는 참가자들에게 그림을 하나 보여주면서 한 그룹에는 100년 전 그림, 다른 그룹에는 5년밖에 안 된 그림이라고 소개했다. 그러자 그림이 더 오래됐다고 들은 참가자들이 그림을 더 훌륭하고 멋지다고 평가했다. 또 다른 연구에 따르면, 중동의 테러 용의자에게 사용하는 폭력적이고 강도 높은 심문 기법이 새로 도입된 것이 아니라 40년간 유지된 군대의 표준 관행이라 알리자 미국 시민들이 그 기법을 더 지지하는 경향을 보였다. 이런 결과는 진보와 보수를 막론하고 동일하게 나타났다.

우리는 바람직하지 않은 상황이 '심리적 현실'이라 느낄 때 현재 상황을 합리화한다. 어떤 대선 후보가 당선되는 순간부터 대통령

임기가 시작되는 취임식까지 유권자들의 기묘한 심리 변화를 한번 생각해보자. 브리티시컬럼비아 대학교 크리스틴 로린Kristin Laurin 박사는 주목할 만한 종단 연구에서, 새로 당선된 대통령을 싫어하거나 다른 후보에게 투표한 미국인들도 대통령에 대한 태도를 점차 긍정적으로 바꿔간다는 점을 발견했다.

이런 '심리적 현실'의 위력은 선거에만 그치지 않는다. 1954년 미국 대법원이 인종 분리를 위헌으로 판결하자 이상한 일이 벌어졌다. '인종 분리에 단호히 반대하는' 흑인 대학에 다니던 학생들도 이 판결 이후 불과 몇 주 전에 비해 흑인 대학의 존재를 점차 부정적으로 느끼게 된 것이다. 로린 박사는 "사람들이 현재 상황을 합리화하는 것은 이런 현실 감각, 즉 현재 상황이 우리 삶의 당연한 일부라는 인식 때문이다"라고 주장했다. 우리는 현재 상황이 '심리적 현실'이며 불가피한 결과라고 느끼면 저항을 멈추고 순응, 합리화, 정당화라는 새로운 3가지 양식으로 대처하게 된다.

> "사람들은 맹목적으로 현행 체제가 더 낫다고 믿는다. 누군가에게 새로운 아이디어나 접근 방식을 설득하고 싶다면 이 유서 깊은 의사를 상기시키자."

왜 대다수 사람은 혁명을 일으키지 않을까

침술, [illegible], 심분 기범처럼 우리 삶에 그리 직접적인 영향을 미치지 않는 주제에 대해서는 오래된 지혜를 무조건 선호할 수도 있다. 하지만 우리는 순응하려는 동기가 너무도 강한 나머지 삶에 실질적으로 영향을 미치고 때로는 우리를 억압하는 현행 체제까지도 무조건 받아들이는 경향이 있다. 2015년 대선 후보였던 도널드 트럼프Donald Trump는 대선 유세에서 멕시코 이민자들을 경멸하며 이렇게 말했다. "멕시코에서 미국으로 사람을 보낼 때 최고의 국민들을 보내지는 않습니다. 오히려 문제가 많은 사람들을 보내고 있어요. (…) 그들은 마약을 들여오고 범죄를 일으키고 강간을 저지르죠." (히스패닉계 76퍼센트가 멕시코인인 상황에서) 히스패닉계 미국인들이 이 말을 들으면 경악할 것 같았지만 실제로는 그렇지 않았다. 그들 중 25퍼센트 이상이 트럼프의 발언에 동의했다.

또 미국 성인 6,637명 대상의 무작위 설문조사에서는 흑인의 33퍼센트가 형사사법제도에서 백인 못지않게 대우받고 있다고 응답했다. 이런 결과가 합리적으로 들릴지도 모르겠지만 미국의 형사사법제도가 오랫동안 흑인을 차별해왔으며 오늘날에도 제도화된 인종 차별의 가장 단적인 예로 손꼽히는 현실을 고려한다면 결코 그렇지 않다. 미국 법무부의 객관적인 자료에 따르면 지난 40년간 흑인 성인은 백인에 비해 수감될 확률이 거의 6배나 높았다. 미국 인구의 13퍼센트에 불과한 흑인이 전체 수감자의 33퍼센트 이상을 차지했다. 그런데도 2001년 여론조사에서는 흑인의 41퍼센트가 백인과 동등하거나 더 우월한 대우를 받고 있다고 대답했다. 이후에 실시된 다른 여론조사들 결과도 마찬가지였다.*

혹시라도 흑인과 히스패닉이 그들을 억압하는 시스템을 모른 척

한다고 비난할 생각이라면 잠시 멈추고 지금부터 소개할 심리적 편향에 주목해보자.** 인간은 누구나 자신이 속한 시스템을 지지하려는 경향이 있다. 설령 그 시스템이 자기에게 피해를 입히더라도 말이다. 심리학 연구자들은 초창기부터 이런 경향성을 설명하려고 노력해왔다. 뉴욕 대학교 존 조스트John Jost 교수와 하버드 대학교 마자린 바나지Mahzarin Banaji 교수는 '체제 정당화 이론'을 제기해 이런 흐름을 주도했다. 그들이 발견한 대로 사람들은 자신이 속한 체제에서 무시나 억압을 당하면 내적 갈등을 느낀다. 그리고 오히려 자신에게 해를 끼치는 사회 체제를 합리화하고 보호하려는 기이한 노력을 한다. 사회적으로 혜택받지 못하는 사람들이 해당 시스템에서 특권적 지위를 누리는 사람들보다 종종 그 체제의 타당성을 입증하려고 더 많이 노력한다.

노팅엄 대학교 추마 오와마람Chuma Owamalam 박사가 설명하듯, 체제 전체를 거부하는 것은 너무도 큰일이라 현행 체제에서 가장 소외받는 사람들조차 지나친 대응이라고 여기기 쉽다. "사회 체제를 수용하는 것의 대안은 체제를 거부하는 것이다. 그런데 대부분

* 2020년 6월 8일부터 7월 24일까지 실시한 갤럽 여론조사에 따르면 흑인 3명 중 1명이 백인과 동등하거나 더 나은 대우를 받는다고 응답했다. Megan Brenan, "New Highs Say Black People Treated Less Fairly in Daily Life," Gallup, August 19, 2020, https://news.gallup.com/poll/317564/new-highs-say-black-people-treated-less-fairly-daily-life.aspx 참조.

** 이 주장과 관련해 흑인이나 어떤 소수 집단을 지목할 의도는 전혀 없다. 다만 인구통계학 전반에서 인간이 기존의 현상 유지 편향을 얼마나 인식하지 못하는지, 그 결과 사회적 변화보다 안정을 우선시하는 경향이 어떻게 나타나는지 설명하기 위해 그 자료를 제시했다.

경우 현행 체제의 거부는 곧 혁명과 무정부 상태를 뜻하고, 그런 상태는 체제 안에서 갈등을 처리하는 일보다 훨씬 극심한 불확실성과 위협을 초래할 수 있어 비현실적인 대안으로 여겨질 가능성이 높다. 그래서 집단 정체성과 이해관계가 있는 사람들은 다른 모든 선택지를 고려한 뒤에야 체제를 거부하는 대안의 혁명적 기능을 고려하기 시작한다." 도널드 트럼프가 연설에서 비난했던, 멕시코에 연고가 있는 미국 시민들은 현재 미국에 있는 집이 안전하고 평온하며 존엄성을 느끼는 공간이라 믿고 싶어 한다. 일단 정착해 가족이나 친구들, 직업이 생기면 미국을 떠나는 일이 그리 간단하고 현실적인 대안이 아니게 된다. 사회의 소수자들은 사회 체제에 강하게 의존하기 때문에 현재 상황을 존중하고, 심지어 자신을 억압하거나 해치는 원칙, 규범, 규칙까지도 감내한다.

지난 25년 동안 심리학자들은 사람들이 억압적인 체제를 유지하고 옹호하려는 경향성을 조명해 체제 정당화 이론을 뒷받침하는 연구 결과를 많이 얻었다. 결국 우리는 여러 이성적, 비이성적 충동 때문에 더 나은 대안이 있더라도 기존의 오랜 관행을 계속 따르는 것으로 밝혀졌다. 간결하게 설명하기 위해 나는 문헌 연구에서 사람들이 대부분 경우에 순응하게 되는 몇 가지 핵심 메커니즘을 도출했다.

다음 4가지 심리적 '촉진 요인'이 우리의 자발적인 순응을 부추긴다.

1. 익숙한 현재 상황에 안도한다

우리는 자기 삶에 통제력을 지녔다고 믿고 싶어 한다. 외부의 힘에 조종당하는 꼭두각시로 살기보다 자신에게 벌어질 일을 스스로 결정하며 주체적으로 살기를 원한다. 허리케인, 테러 공격 등의 위기는 예측 가능하고 안정적인 세계에 대한 신뢰감을 뒤흔든다. 심지어 '평범한' 일상생활에도 우리의 영향력이 못 미치는 일이 너무 많다. 만원 비행기 안에서 다른 승객이 자극적인 땅콩버터와 생 양파 샌드위치를 먹다가 심하게 기침하더라도 우리가 조치할 수 있는 일은 많지 않다. 천재지변, 고속도로 위의 정신 나간 운전자들, 멍청한 이웃들, 예전에 저지른 실수, 과거에 일어난 모든 일 등 어느 것도 통제할 수 없다.

우리는 통제력을 박탈당하면 어딘가 익숙하고 잘 아는 곳에서 위안을 찾으려는 경향이 있다. 그런 데서 안전하고 편안하다는 느낌을 받기 때문이다. 그래서 아무리 억압적인 정부, 종교, 기업이라도 현행 체제에 거의 저항하지 않는다. 어느 연구에서는 한 참가자 그룹에 통제력이 부족했던 과거의 특정 사건을 되돌아보게 해 인위적으로 무력감을 느끼도록 유도했다. 다른 참가자 그룹에는 통제할 수 없는 사건이 발생하는 미래를 상상해보게 해 역시 인위적으로 무력감을 유발했다. 그런 다음 참가자들에게서 기존 사회와 성과를 옹호하려는 의지와 기존 체제에 개선이 필요하다고 주장하려는 의지를 각각 측정했다. 위와 같이 개인적 통제감을 상실한 참가자들은 통제 그룹에 비해 기존 사회와 성과를 옹호하려는 의지가 더 강했다. 연구자들은 기존 체제를 옹호하려는 그들의 의지가 20퍼센트 증가했다고 밝혔다.

우리는 일관되고 합리적인 체제를 추구하며 불확실한 감정을 헤쳐 나가기보다 해로운 결과를 그냥 받아들이는 경우가 많다. 무력감을 느낄 때 법과 질서를 내세우는 리더들을 지지할 뿐 아니라 비판적인 반대자들에 맞서 기성 체제를 지키려는 사람들 속에 머물기를 원한다. 세상은 잘 돌아가고 있으니 권위자를 공격하거나 기존의 규범에 도전할 필요가 없다는 근본적인 믿음을 지키려 애쓴다.

2. 체제의 위협을 느끼면 하나로 뭉친다

2001년 9월 10일 조지 부시George W. Bush 대통령의 지지율은 51퍼센트에 불과했고, 미국인의 38퍼센트는 그의 국정 수행에 찬성하지 않는다고 응답했다. 그러나 9.11 테러가 일어나고 2주 뒤 부시의 국정 지지율은 90퍼센트로 치솟아 1930년대부터 통계를 내온 갤럽 역사상 가장 높은 수준을 기록했다. 그 후로도 대통령 지지율은 이전 수준으로 추락하기 전까지 꼬박 2년 동안 높은 상태를 유지했다. 보수주의자들은 원래 지지하던 보수파 대통령을 더 열렬히 지지했고, 진보주의자들은 그들의 가치 체계에 반하는 정책들에 감사를 표했다.

소속 집단의 생존을 위협하는 사건이 발생하면 우리는 방어적으로 반응하려는 경향을 보인다. 자신에게 소중한 존재를 지키려는 것은 인간의 본능적인 충동이며, 공격 주체가 외부인이라면 특히 그렇다. 사람들을 하나로 결집시키는 데 공동의 적보다 효과적인 대상은 드물다. 우리는 외부인에게 분노를 느끼고 다른 집단 구성원들과 좌절감을 공유하며 체제 내부의 권력을 지지한다. 위기에 빠진 현행 체제를 지키려고 뭉치는 일은 무엇보다 가치 있는 대의로 느껴진다. 물론 양가감정이 들기도 하지만 비판에도 때와 장소가 있는데, 지금은 그럴 상황이 아니다. 이제 우리는 '위풍당당한 수호자' 모드가 된다. 사랑하거나 떠나거나 둘 중 하나이다.

국가와 조직 들은 체제의 정통성을 유지하기 위해 의도적으로 강력하고 지배적인 신념 체계를 위협하는 상징적인 사건을 일으키기도 한다. 국민들이 열렬한 애국심에 한번 사로잡히면 그들을 억압하고 수탈하던 바로 그 체제를 정당화하면서도 거의 인식하지 못한다는 점을 잘 알기 때문이다. 현행 체제가 위태로워지면 구성원들이 정체성에 따라 뭉친다는 사실은 아무리 자신의 행복을 위협하던 체제라도 현상 유지를 선호하는 이유를 설명하는 데 큰 도움이 된다.

3. 현재 상태에 의존한다고 느낀다

수감 생활을 예로 들어보자. 감옥에서는 패거리와 어울릴 때 생존 가능성이 훨씬 높아진다. 비슷한 색 옷을 입고 비슷한 문신을 하고 패거리들 옆에 서 있으면 다른 위험한 죄수들이 그 패거리로 보고 건드리지 않는다. 그러면 두려움에 떨지 않고 식당과 야외 마당을 돌아다닐 수 있으며, 밤에는 다른 죄수들 손에 시달리지 않고 편안히 침대에 누워 지낼 수 있다. 패거리의 보호 효과이다. 대신 패거리에 들어가면 그 집단에 의존하는 관계가 형성되어 그들의 규칙이나 위계질서, 지도부에 대해 불만을 드러내기 힘들어진다. 그 패거리가 당신의 생명과 안전을 지켜주기 때문이다. 패거리 내에서 괴롭힘을 당할 수는 있겠지만 어찌 됐든 살해당하거나 강간당하는 것보다는 낫다. 그리고 시간이 지나면 그 패거리가 정체성의 일부로 자리 잡을 것이다. 더 이상 그냥 사람이 아니라 패거리의 일원이 된다.

이처럼 감옥에서 맺는 악마와의 거래는 사실 다른 기존 위계질서들과 맺는 거래와 크게 다르지 않다. 우리가 현상 유지를 원하는 것은 현재 집단에 속해 있어야 이해받고 공감받고 인정받으려는 기본 욕구가 충족되기 때문이다. 어떤 집단과 자신을 동일시하게 되면 더 이상 매사를 혼자서 생각하고 판단할 필요가 없어진다. 집단의 수뇌부가 선호하는 방향을 알면 어떤 옷을 입을지, 어떤 음악을 들을지, 어떤 신념을 가질지, 어떤 정치인을 지지할지 등을 선택하기 쉬워지기 때문이다. 또 위기에 처할 때 집단 다른 구성원들이 외부인보다 자신의 편에 서줄 것을 알기에 소속감에서 마음의 안정을 얻는다.

연구 결과에 따르면, 사람들은 강력한 권위자와 연결된 느낌을 얻으려고 자진해서 물질적인 보상을 포기하기도 한다. 가난하고 교육 수준이 낮으며 우범 지역에 사는 사람들일수록 국가와 권력을 자신과 강하게 동일시하며 자신의 이익에 반해 투표하고 부의 재분배에 격렬히 반대한다. 그들은 국가를 자기 정체성과 직접적으로 연결시키며 기꺼이 자신의 이익을 포기하는데, 이는 국가에 대한 애착을 통해 안전감, 소속감, 안정감, 삶의 의미 같은 기본 욕구를 채우기 때문이다.

연구자들은 현 체제에 의존적인 사람일수록 순응성이 강하다고 지적한다. 말레이시아에서는 정부 당국이 자국에 거주하는 중국인 화교들을 공공연히 차별한다. 화교들이 경제적 성공을 거뒀다는 이유로 말레이시아 정부는 화교가 아닌 말레이인에게만 대학 장학금을 제공한다. 정부의 대학 입학 정원 할당제에 따라 대학들은 소수의 화교에게만 입학을 허용한다. 또 주택 구매와 창업을 지원하는 정부 대출 제도도 말레이인 외에 대부분 화교에게는 해당되지 않는다. 설령 중국인이 운 좋게 정부 대출을 받게 되더라도 이자를 추가로 지불할 각오를 해야 한다.

그렇다 보니 화교들이 정부의 처사에 꽤나 분개할 것이라 예상하기 쉽지만 실상은 그렇지 않다. 오와마람 박사는 한 연구에서 말레이시아에 사는 중국인 성인들에게 정부로부터 당한 불이익을 되돌아보게 했는데도 이들이 현 정부를 강력히 지지하는 모습을 발견했다. 왜 그럴까? 말레이시아에 거주하는 중국인들은 비록 차별적인 대우를 받지만 교통, 건강 서비스, 일상적인 생존을 모두 현 정부에 의존하고 있기 때문이다. 물론 기존 체제에서 대물림되는 차별을 옹호하기란 누구도 쉽지 않다. 연구에서 말레이시아 정부를 지지하는 댓글을 적어달라고 요청했을 때 중국인 참가자들은 말레이인들에 비해 인지적으로 더 힘든 작업이 필요했다. 그렇지만 말레이시아에서 억압받으며 사는 일이 아무리 정신적으로 고단해도 중국인 참가자들은 정부를 강력하게 지지하는 입장을 고수했다.

그렇다고 억압받는 사람들이 그런 체제에 속한 것을 좋아한다는 의미는 아니다. 당연히 그들은 그렇지 않다. 2021년에도 여전히 여성 혐오에서 벗어나지 못한 채 남성이 대부분 고위직을 차지하고 대표직 승계 우선권을 얻는 기업의 현실을 여성들은 받아들이기 어려워한다. 그런데도 인간은 원래 자신이 원하는 세상을 만들기 위해 실패할 가능성을 무릅쓰고 노력하며 자기 삶을 복잡하게 만들기보다는 현재 상태의 세상에서 당장 해나갈 수 있는 일들에 만족하는 경우가 많다.

또 현재의 사회 체제 안에서 어떻게든 살아가야 해서 고통을 무시한 채 혜택을 강조하면서 감사와 호감을 표현하는 경우도 많다. 캐나다의 한 연구에서는 참가자들에게 정부가 이민 정책을 한층 강화해 그들이 이 나라를 떠날 수 없게 되었다고 말했다. 사람들은 현 체제에서 벗어날 수 없다고 믿게 되자 캐나다의 고질적인 성차별주의를 다시 생각하기 시작했다. 그들은 더 이상 남녀차별을 제도적 문제로 보지 않고 남녀의 생물학적 차이 탓으로 돌렸다. 캐나다에서 탈출할 방법이 없다는 생각이 들자 불공정한 현실을 비난하던 입장에서 정당화하는 방향으로 전환했다. 연구자들은 별도의 실험에서 대학생 참가자들에게 다른 대학으로 옮기는 데 어려움이 있으리라고 말했을 때도 비슷한 결과를 얻었다. 현재 소속된 대학을 바꿀 수 없다고 믿자 대학 혁신을 위해 행정처에 비판과 건의를 하는 학생회 단체를 도우려는 학생들의 욕구와 관심은 줄어들었다. 반면 언제든 학교를 옮길 수 있다고 믿는 학생들은 학생회 단체를 더 강하게 지지했다.

이처럼 사람들은 이동을 제한당하는 경우에도 그들을 억압하는 당국이나 체제에 이의를 제기하지 않았다. 오히려 높은 자리에서 의사 결정을 내리며 그들의 삶에 강력한 영향을 미치는 사람들의 정당성을 옹호했다. 더욱이 기존 체제의 문제를 인정하기 꺼리는 사람들은 체제를 비판하는 반대자들에 대해 부정적인 태도를 유난히 강하게 보였다. 사람들은 권력과 영향력이 거의 없는 낮은 지위에 속해 있으면서 기존의 사회 체제가 문제 있어도 어차피 바뀌지 않을 것이라 믿을 때 현상을 유지하려는 편향을 보인다. 이상하게도 우리는 기존의 불평등을 지속시키는 정책을 지지한다. 이런 일은 사회의 빈부격차 같은 큰 문제들을 다룰 때는 물론 만족스럽지 못한 연애나 친구 관계를 끝낼 수 없다고 느끼는 경우처럼 작은 문제들을 다룰 때도 벌어진다.

4. 앞으로 더 나아지리라 희망을 품는다

희망은 강력하다. 보수적인 대학생은 강의실에서 편견에 시달리는 일이 반복되어도 보수파 동아리가 결성되거나 학교 신문에서 진보와 보수의 시각을 균형 있게 다루겠다고 발표하는 등 상황이 개선될 조짐이 보이면 한 학기를 더 등록할 수 있다. 해외에 주둔하는 하급 군인은 현재 상황이 언젠가 끝나리라는 것을 알면 상급자의 명령에 대한 도덕적 반감을 억누를 수 있다. 상황이 일시적일 뿐이며 기존의 문제가 서서히 줄어든다고 믿는다면 우리는 형편없는 체제 안에서도 때를 기다릴 수 있다.

사람들은 희망을 느낄 때 기존 체제를 단순히 용인하는 정도가 아니라 수용하고 두둔하고 정당화하며 보호하려 든다. 추마 오와마람 박사의 연구는 15년에 걸쳐 한 나라가 양성 평등으로 나아가기 시작할 때 어떤 일이 벌어지는지 보여준다. 의사 결정의 자율성이 확대되고 기업 이사회에서 여성 비중이 커지는 등 여성의 사회 진출이 늘어나자 여성들은 오히려 성별이 성공이나 기회와는 무관하다는 기존의 사회적 신념에 더 많이 지지를 보냈다. 현재 여성 유권자들이 여성의 이익에 반하는 신념과 정책, 정치인을 지지하는 이유도 여성들의 사회적 지위가 향상되리라는 희망을 느낀다는 사실로 많은 부분이 설명된다. 실험에서도 비슷한 결과가 도출되었다. 대학생들은 자기 학교의 위상이 크게 낮아졌다는 사실을 알아차리자 편입을 생각하거나 대학을 비판하는 글을 쓰지 않았다. 시간이 지나면 자기 학교의 평판이 좋아지고 학위 가치가 다시 올라갈 것이라고 믿는 한 학생들은 현재 소속된 대학에 대한 신뢰와 애정을 높은 수준으로 유지했다.

생각해보면 더 나은 미래를 바라며 현재 상황을 꿋꿋이 인내하는 일에는 숭고함이 있다. 억압적인 체제에 희망을 품은 옹호자들은 진정한 근성을 지닌 셈이고, 근성은 호기심이나 지능보다 교육, 경제, 직업에서의 성공을 예측하는 확실한 요인이다. 하지만 건강하지 못한 체제를 견뎌내는 능력을 칭찬하는 데 열중할 필요는 없다.

다음 7가지 항목 중 당신은 몇 개나 해당되는가?

1. 나는 항상 내가 원하는 대로 인생을 살 수 있다고 느낀다.
2. 나는 일단 어떤 일을 하기로 다짐하면 완수할 때까지 그 일에 매달린다.
3. 나는 일이 뜻대로 풀리지 않으면 오히려 더 열심히 일한다.
4. 나는 아무리 힘들어도 꼭 해야 하는 일은 어떻게든 해내는 방법을 찾아낸다.
5. 나는 과거에 아무리 어려운 상황에서도 결코 목표를 상실한 적이 없다.
6. 나는 개인적인 감정 때문에 일하는 데 지장이 생기지 않는다.
7. 나는 열심히 일한 덕분에 성공할 수 있었다.

위에서 자신에게 해당되는 문항이 많다면 당신은 아마 스스로 근성 있다고 자부할 것이다. 하지만 겉보기와 달리 위 문항들은 근성이 아니라 존 헨리이즘John Henryism을 체크하는 척도이다. 셔먼 제임스Sherman James 박사가 만든 '존 헨리이즘'이란 용어는 사회적 불이익을 당하는 소수자들이 너무 무리해서 일한 결과 단기적으로 성공은 거두지만 장기적으로 건강 문제에 시달리는 경향을 의미한다.

미국의 민간 설화에서 존 헨리는 반경 수백 마일 안에서 가장 강한 남성이었다. 그는 철로 터널을 뚫으려는 굴착 작업에서 증기 드릴과 겨뤄 승리했으나 탈진으로 사망하고 말았다. 이후 존 헨리는 초인적인 집념의 전설이 되었다. 그는 흔들림 없는 투지와 왕성한 생명력으로 정서적, 신체적 걸림돌을 회피하며 굳세게 단기 목표를 향해 나아갔다. 그러나 그의 이야기는 역기능적인 체제 안에서 사회적 인정과 성공을 얻겠다고 사력을 다해 일하는 사람이 치르는 잠재적 비용에 대한 우화로 읽힌다.

과학자들은 20대 청년 3,126명을 25년에 걸쳐 추적 연구한 결과, 존 헨리처럼 극도의 인내심을 보인 청년들이 신체적인 고통에 시달린다는 사실을 발견했다. 그들은 고혈압과 심혈관 질환에 걸릴 위험이 더 높았고, 상대적으로 인지 속도가 느리고 기억력이 나빴으며 집행 기능도 떨어졌다(주의력 통제와 계획, 정신적 유연성의 부족). 25년 뒤에도 그들은 여전히 고통받고 있었다. 고난 속에서 참고 버티는 데 따른 생리적, 심리적 대가는 특히 열악한 환경의 사람들에게서 뚜렷이 나타났다. 그들은 온 힘을 쏟아 열심히 일하기만 하면 미래에 보상이 주어질 것이라 믿었다. 물론 희망에는 이점도 있다. 다만 언젠가 억압이 사라지고 모든 일이 잘 풀릴 것이라는 믿음에는 고통의 대가가 따를 수 있다는 사실을 기억하자.

변화에 마음을 열자

불복종을 예찬하는 책에서 억압받는 사람들이 기존의 부당하고 불공평한 체제에 기꺼이 순응할 준비가 되어 있다는 내용을 읽다 보면 어딘가 이상하다고 느낄 수 있다. 지금 주체적인 각성이 부족한 희생자들을 탓하려는 것일까? 절대 그렇지 않다! 이는 심리적 현실에 대한 설명이다. 만약 당신이 사회적으로 혜택받지 못하는 집단에 속해 심리적으로 취약함을 느낀다면 억압적인 사회 체제를 옹호하는 점이 충분히 이해된다는 뜻이다. 눈앞에 닥친 위험에 대처할 때, 집단에서 벗어나기 불가능하다고 느낄 때, 더 나은 미래에 대한 희망이 남아 있을 때 우리는 누구나 거창한 미래의 비전을 받아들이기 어렵다. 앞서 말했듯 불확실한 상황에서는 모든 사람이 사회적 통념에 매달리는 경향을 보이기 때문이다.

> "오랫동안 널리 받아들여진 관습과 신념에 따르는 것은 인간 본성이다. 장차 불복종자가 되려는 사람들은 이런 현실을 먼저 인정해야만 그에 대처하고 궁극적으로 넘어설 수 있다. 나머지 사람들 역시 이런 현실을 인정해야만 변화에 대한 내부 저항을 극복하고 앞으로 나아갈 수 있다."

남들과 다르게 사는 일, 이의를 제기하는 일, 신봉적인 사고방식에서 벗어나는 일은 부치이나 힘들다. 사람들과 적당히 어울려 살면 식대와 거부의 대상이 되는 혼란에서 쉼시나마 피할 수 있다. 불공평한 체제하에서 고통받고 있다면 때로는 그 일을 떠올리는 것조차 피하고 싶을 것이다. 하지만 이런 체제에 계속 매달려서는 궁극적으로 답이 없다. 변화가 일어나지 못해 장기적으로 행복이 위협받을 것이기 때문이다.

이제 다 같이 자기 내면의 순응하고 싶은 마음을 자각하고 변화의 가능성에 마음을 열어보자. 이 책은 싸울 가치가 있는 사명을 발견한 반항자와 비순응주의자들을 위한 심리적인 레시피를 제공한다. 또 저항하려는 성향이 강하지 않아도 현재보다 나은 삶을 추구하는 사람들을 위한 책이기도 하다. 앞으로 살펴보겠지만, 불복종자들은 행동을 조금만 바꾸면 더 많은 사람의 지지를 이끌어낼 수 있다. 그리고 나머지 사람들은 불복종자들의 용기 있는 행동에서 최대한의 가치를 이끌어내는 데 유용한 전략을 선택할 수 있다. 본격적인 이야기에 앞서 조금만 더 준비 과정을 거치자. 지금까지 우리는 남들의 호감을 사려고 하는 이상한 행동들과 그 기저에서 영향을 미치는 몇 가지 중요한 심리적 메커니즘을 살펴보았다. 이제 원칙적인 불복종이 왜 필요한지 생각해볼 차례이다. 반항자들이 세상을 바꾸는 이유를 파헤쳐보자.

불복종의 기술

1. 행동하지 않는 데 따른 비용을 따져보자. 성인들은 비누, 요구르트, 케이블 공급자가 마음에 들지 않아도 기존에 사용하던 브랜

드를 좀처럼 바꾸지 않는다. 정치 선거에서도 중도 유권자들은 압도적으로 집권 여당을 뽑는 경향이 강하다. 우리는 불만족스러운 상품과 서비스, 의사 결정을 그대로 고수함으로써 더 건강하고 의미 있는 대안이 있는데도 부정적인 사건들로 우리의 일상이 뒤덮이게 내버려둔다. 누군가에게 새로운 아이디어나 접근 방식을 설득하고 싶다면 문제가 존재해도 아무런 조치를 취하지 않기 때문에 우리의 행복이 위협받는다는 사실을 상기시키자.

2. 4가지 심리적 촉진 요인을 알아두자. 자발적인 순응을 부추기는 메커니즘에 대한 통찰력이 생기면 스스로 순응해야 한다는 압박감에 저항하는 데 도움이 될 것이다. 부패한 현재 상황을 정당화하고 그에 순응하게 만드는 요인으로는 개인적인 통제감 결여, 체제에 대한 위협, 체제 의존성, 사회적 지위 상승에 대한 희망 등이 있다.
3. 자신의 현상 유지 편향을 인정하자. 오랫동안 널리 받아들여진 관습과 신념에 따르는 것은 인간 본성이다. 미래의 불복종자는 이런 편향을 먼저 인정해야만 그에 대처하고 공격적으로 넘어설 수 있다.

3장 변화를 만드는 반항

미국 역사에서 제도화된 인종 차별은 언제나 남부의 일이었다. 북부인들은 자유와 평등을 위해 싸우는 정의로운 전사였다. 이것이 우리의 고정관념 아닌가? 하지만 혈기 왕성한 젊은 교사 엘리자베스 제닝스Elizabeth Jennings라면 생각이 좀 다를 것이다. 제도화된 인종 차별은 북부의 일이기도 했다. 제닝스에게는 그 사실을 증명할 상처와 멍 자국 그리고 225달러가 있었다.

1854년 7월 16일의 뉴욕시로 거슬러 가보자. 제닝스는 오르간 연주자로 활동하는 교회로 향하는 길이었다. 걸어가기에는 너무 먼 거리라 말이 끄는 전차(당시로서는 최신식의 친환경 바이오연료 차량)를 불러 세웠다. 제닝스가 전차에 올라타자마자 차장은 그녀에게 3가지 사실을 상기시켰다. (1) 그녀는 흑인이다. (2) 뉴욕시 교통 제도 정책에 따르면 인종 차별주의자인 백인 승객은 누구나 흑인을 전차 밖으로 내쫓을 수 있다. (3) 백인 승객이 요청하면 차장은 2번 규칙을 실행할 것이다. 제닝스는 차장에게 존중이나 당부 없이 시끄럽게 지시만 받아야 했다. 백인 승객 중 한 사람이라도 그녀가 승차하는 데 반대하면 차에서 내쫓겨 걸어가야 한다는 내용이었다.

제닝스는 그냥 고개를 끄덕이고 앉아서 차를 타고 교회에 갈 수도 있었다. 하지만 그렇게 하지 않았다. 남들이 그녀에게 피부색 때문에 할 수 있는 일과 없는 일을 정해주는 경우가 너무 잦았다. 그녀는 차장에게 쏘아붙였다. "나는 뉴욕에서 태어나고 자란 존중받을 만한 사람이에요. 교회 가는 길에 이런 모욕을 당하긴 난생처음이군요!" 그러고는 이렇게 덧붙였다. "내 짧은 소견으로 당신은 교회에 가는 점잖은 사람들을 모욕하는 쓸모없고 무례한 사람이에요."

차장은 흑인들의 말대꾸를 듣는 데 익숙하지 않았다. 당시 흑인들은 조용히 참는 경향이 있었기 때문이다. 그는 근처에 있던 경찰관과 함께 제닝스를 붙잡아 전차 밖 도로로 끌어내기 시작했다. 그들이 제닝스를 승강구 계단에서 떼어내려 했지만 그녀는 기를 쓰고 버텼다. 실랑이 끝에 제닝스의 옷은 더러워졌고 몸은 상처 나고 멍 들었다. 경찰이 더 많이 출동해 그녀를 돕기는커녕 체포했다.

제닝스가 법정에 출두했을 때 그녀의 변호를 수락한 유일한 변호사는 패기 넘치는 21세 백인 남성 체스터 아서Chester Arthur였다(그는 훗날 미국의 21대 대통령이 되었다). 어느 전문가에 따르면 체스터는 "어떤 대통령보다 무성하고 대담한 콧수염"을 자랑했다. 체스터는 제 몫을 해냈다. 제닝스는 벌금형도 징역형도 받지 않고 교통 서비스를 역고소했다. 법원 판결로 제닝스는 225달러를 배상받았고, 이는 당시 공무원 연봉에 맞먹는 큰돈이었다. 하지만 여기에서 그치지 않았다. 이 사건 소식은 일파만파 퍼져나갔다. 도시의 흑인들은 분노했고, 다른 사람들도 교통 서비스의 인종 차별 정책에 반대했다. 이듬해 다른 소송을 계기로 교통 당국은 흑인들에게 대중교통과 좌석 선택의 동등한 권리를 부여하는 인종 중립적인 정책을 마련했다.

이제 기록을 바로잡을 때이다. 남부의 인종 분리는 20세기 후반에야 끝났지만 북부 주들도 딱히 좋은 본보기가 되지는 못했다. 뉴욕 주정부는 제닝스가 전차에서 쫓겨나기 약 30년 전인 1827년 노예 제도를 폐지했으나 그 후에도 수십 년 동안 인종 차별적인 법과 규제, 정책을 유지했다. 기득권에 도전하고 사회에 새롭고 더 나은 방법을 제시하려면 엘리자베스 제닝스처럼 용감한 사람들이 필요했다. 로자 파크스Rosa Parks가 앨라배마 버스 뒷좌석에 앉기를 거부해 시민불복종 투쟁의 개척자로 알려지기 100여 년 전부터 엘리자베스 제닝스는 이미 그렇게 하고 있었다.

제닝스는 미국 우표에 얼굴이 새겨지거나 역사 교과서에 언급되지 않았다. 초등학교에서도 그녀의 이야기를 아이들에게 가르치지 않는다. 하지만 제닝스의 노력과 같이 잊힌 불복종 행위들이 커다란 차이를 만든다. 조직과 팀뿐 아니라 우리 사회에도 대중 선동가들이 필요하다. 이번 장에서 확인하겠지만 비순응주의자들은 그 존재만으로도 우리를 앞으로 나아가게 한다. 우리가 그들의 의견에 동조하지 않거나 그들이 제안한 해결책이 옳지 않더라도 결과는 마찬가지이다. 원칙적인 불복종을 시도할 여지가 생기면 어떤 일도 결코 '완성된' 것이 아니며 언제든 개선하려는 노력이 필요하다는 확신이 뿌리내리게 된다. 결국 원칙적인 불복종은 개인을 더 이성적으로 만들며, 집단을 더 창의적이고 생산적으로 만든다.

그렇다고 우리 사회에서 원칙적인 불복종자가 나오기 쉽다는 말은 아니다. 오히려 정반대이다. 빌 클린턴Bill Clinton 대통령은 2016년 연설에서 이렇게 말했다. "미국은 아주 먼 길을 걸어왔습니다. 오늘날에는 과거보다 인종 차별, 성차별, 동성애 혐오, 특정 종교 혐오가 줄었습니다. 하지만 우리에게는 한 가지 편협한 생각이 남아 있습니다. 바로 우리와 의견이 다른 사람과는 어울리고 싶지 않다는 것입니다." 이 말에 청중들은 웃었지만 이는 결코 웃을 일이 아니다. 오늘날 인류는 여전히 불의에 맞서 투쟁 중이고, 지구 온난화부터 핵무기, 세계적 전염병까지 온갖 실존적인 과제들에 직면해 있다. 살아남고 싶다면 생존력을 키워야 한다. 다시 말해 문제를 지적하고 최선의 아이디어를 제시하고 다른 사람들도 그렇게 하게 만드는 용감한 영혼들을 찾아내야 한다. 엘리자베스 제닝스처럼 알려지지 않은 영웅이든, 로자 파크스처럼 잘 알려진 영웅이든 말이다.

> "용기를 북돋우려면 우리와 의견이 다른 사람들을 참아내는 데 그치지 않고 그들을 환영하고 육성하는 데 힘을 기울여야 한다."

반대가 곧 진보이다

원칙적인 불복종의 힘은 비순응주의자들이 인종 차별 같은 부당한 제도를 철폐시키는 상황에서 명백히 드러난다. 하지만 그만큼 명백하지 않아도 비순응적인 정신으로 일상생활을 더 효율적이고 생산적이고 원활하고 안전하게 개선하며 사회 전반을 점진적으로 나아가게 하는 방법이 많다.

암울한 이야기를 하고 싶진 않지만 세상에는 더 많은 진보가 절실하다. 현재 우리에게 TV 애니메이션 시리즈 〈심슨 가족〉The Simpsons, 자동세척 수조, 통기타를 3D 프린트하는 기술 등은 있어도 일상생활의 다른 중요한 측면들은 완전히 형편없거나, 최근 일부 개선되었어도 대체로 형편없거나, 그럭저럭 괜찮아도 여전히 개선할 여지가 있다. 의사들은 더 이상 환자의 두개골에 구멍을 뚫거나, 몸에서 혈액을 빼내거나, 건강에 좋은 약이라며 독성을 지닌 비소나 수은을 투여하지 않는다. 그렇지만 미국에서만 해도 매년 4만 4,000명 넘는 환자가 피할 수 있었던 의료사고로 사망한다. 천문학은 인간이 우주의 중심에 살고 있다고 착각하던 시절부터 발전을 거듭해왔다. 그런데도 2019년 과학자들은 우주의 나이를 추정하는 데 10억 년 이상의 오류가 생길 수 있다는 점을 발견했다. 오늘날의 교육 시스템은 흑인들이 거의 학교에 다니지 않고 5~19세의 백인 아이들도 절반가량만 학교에 다니던 엘리자베스 제닝스의 시절에 비하면 한층 좋아졌다. 하지만 2019년 현재 미국의 삼권분립 체제를 이루는 세 기관명을 모두 아는 미국인은 39퍼센트에 불과하고 그중 하나도 모르는 미국인이 22퍼센트나 된다. 더욱이 학교 체육 시간에는 학생들이 실제 몸을 움직이는 시간이 매 수업당 평균 16분밖에 되지 않아 "제자리에서 뛰면서 양손을 머리 위로 부딪히는 동작을 몇 번 하고 나서 내키지 않는 소프트볼 게임을 하는" 식이다. 단 960초 동안 운동하면서 아이들이 병적 비만인 성인으로 자라지 않을 수 있을까? 제발 생각 좀 해보라!

이런 영역이나 다른 영역에서 개선할 수 있는 방법은 엘리자베스 제닝스 같은 사람들을 적극적으로 참여시키는 것이다. 다양한 관점을 도입하면 반직관적이고 신선한 아이디어와 실행 가능성 높은 해결책으로 이어지는 경우가 생각보다 훨씬 많다.

미국에서 벌어지는 총기 난사 사건을 예방하거나 중단시키는 방법을 한번 생각해보자. 현재 미국에서 가장 지지받는 해결책은 교사와 교직원 들의 총기 소지를 허용하는 것이다. 그러면 총기 난사범이 교실을 위협할 때 교사들이 반격할 수 있다. 법 집행을 기다릴 필요가 없다.

2013년 보안이 삼엄한 워싱턴 해군기지 건물에서 총기 난사 사건으로 사망자 12명과 부상자 8명이 발생하자, 연방법집행훈련센터Federal Law Enforcement Training Centers는 의견을 개진할 전문가 패널을 소집했다. 이 패널의 목표는 향후의 비극을 예방하고 특히 모든 근무지에서 총기 난사 피해자 수를 1명 이하로 줄이기 위해 대책을 마련하는 것이었다. 이 센터는 통상적인 관료들을 초청하는 대신 법의학 심리학자, 정신과 의사, 외과 의사, 건축가, 미국 해군 특수부대, 일선에서 총기 난사를 경험한 긴급 구조원 등 외부 인사들을 불러 모았다.

한 법의학 심리학자는 사건이 발생하면 아이들을 모두 여자 화장실로 대피하도록 훈련시키자는 기발하지만 엉뚱해 보이는 아이디어를 제시했다. “대부분 총기 난사범이 남성이고, 범죄 현장 영상을 보면 대부분 범인이 여자 화장실은 그냥 지나쳐 간다”라는 이유였다. 미 해군 특수부대 요원은 전혀 다른 의견을 내놓았다. 그는 “나라면 먼저 소화기를 잡겠다”라며 총기 난사 상황에서 어떻게 할지를 설명했다. 다른 패널들은 그가 소화기로 총기 난사범의 머리를 내려쳐 그를 쓰러뜨리라고 조언할 것으로 예상했지만 그렇지 않았다. “나라면 소화기를 분사해서 연막을 치고 화학물질로 대기 중의 산소를 제거해 범인들이 호흡 곤란으로 금방 쓰러지게 만들 겁니다.” 단순하고 실용적이라 주목할 만한 이 아이디어들은 오직 비순응주의자(이 경우에는 외부 인사)들만이 가능한 사고의 도약에서 나온다.

물론 이런 전술이 별 효과 없을 수도 있다. 하지만 교사들을 총기로 무장시키는 것도 그다지 좋은 아이디어는 아니다. 연구자들이 법 집행 전문가 1만 5,000명에게 총기 폭력에 대한 대책이 있는지 묻자 86퍼센트가 합법적으로 시민들을 무장시키면 사망자 수가 줄어들 것이라 응답했다. 하지만 고도로 훈련된 뉴욕 경찰관들도 총기전 중 목표물을 놓친 확률이 82퍼센트나 된다. 심지어 경찰관이 일방적으로 총을 쏠 때도 70퍼센트의 확률로 목표물을 빗나간다고 한다. 총을 한 발 쏠 때마다 의도치 않게 무고한 사람들이 죽거나 다칠 위험이 따르는 것이다. 그러니 시를 가르치는 교사들에게는 총보다 운율이나 각운에 집중하게 하는 편이 낫지 않을까?

이 경우에도 수많은 다른 경우처럼 기존의 통념에 결함이 있다. 개선의 여지가 존재한다는 뜻이다. 어쩌면 여자 화장실과 소화기를 이용하는 쪽이 교사에게 실생활에서 총기 난사를 막을 임무를 부여하는 것보다 나을 수도 있고, 어쩌면 그렇지 않을 수도 있다. 하지만 한 가지 진실만은 분명해 보인다. 관습에서 벗어난 생각을 충분히 허용하면 그동안 아무도 생각하지 못했거나 제안할 용기를 내지 못했던 잠재적으로 유용한 해결책을 찾아낼 수 있다.

연구 결과가 입증하듯 원칙적인 불복종을 장려하면 집단의 업무 수행력이 향상된다. 2012년 구글은 최고의 성과를 내는 팀들의 차별점을 파악하고자 '아리스토텔레스 프로젝트'Project Aristotle라는 잘 알려진 연구에 착수했다. 일하기 좋은 최고의 직장으로 자주 꼽히는 구글은 왜 소수의 팀만이 약속한 임무를 완수하고 개인들보다 높은 업무 성과를 내는지 의문했다. 2년 뒤 연구자들은 이 물음에 대해 답을 얻었다. 바로 심리적 안전성이었다. 탁월한 팀은 팀원들이 조롱이나 처벌, 지식 재산권 침해, 커리어상의 타격 등을 우려하지 않고 업무에 집중할 수 있는 여건을 조성했다. 언론은 구글의 이런 결론을 대대적으로 보도했다. 『뉴욕 타임스』*The New York Times*는 "구글이 완벽한 팀을 구축하려는 노력에서 얻은 교훈"What Google Learned from Its Quest to Build the Perfect Team이라는 기사를 1면에 실었다. 2019년 6월 현재 아리스토텔레스 프로젝트의 결과를 보도하는 기사와 영상은 1만 600건에 이른다. 그 후 기업과 조직들은 동기와 성과, 학습, 혁신을 증진하기 위해 '안전한 장소' 혁명을 추진해왔다.

그러나 구글은 이야기의 절반을 놓쳤다. 아리스토텔레스 프로젝트가 끝나고 1년 뒤 두 심리학자가 심리적 안정성이 팀 성과에 미치는 영향에 대한 연구 51건을 분석했다. 그 결과에 의하면 심리적 안전성은 팀 성과와 상관관계가 없는 경우도 많았다. 심리적 안전성을 고려해 훈련과 채용에 거액을 투자한 팀들도 어떤 때는 환상적인 성과를 냈지만 어떤 때는 일을 완전히 망쳤다. 이런 심리적 안전성의 작동 여부를 결정하는 요소가 따로 있었는데, 바로 원칙적인 불복종이었다. 집단 구성원들은 심리적으로 안전감을 느끼고 싶어 한다. 하지만 연구가 보여주듯 심리적 안전성이 집단의 탁월한 성과로 확실하게 이어지려면 반드시 소수 의견이 충분하고, 집단 안에서 그런 의견을 기꺼이 허용하고 수용해야 한다. 당신이 소수 의견을 용인할 수 있더라도 그 의견의 자극이 다른 구성원들에게 영향을 미치는지는 별개의 문제이다. 조직심리학자 캐서린 클라인Katherine Klein과 데이비드 해리슨David Harrison이 강조하듯 "한 팀원이 다른 팀원의 해결책을 개선하는 것만으로는 충분하지 않다. 그가 개선한 해결책이 팀 전체에서 차선의 실행 방안으로 인정받아야 한다." 원칙적인 불복종의 자극을 활용하지 못하는 사람이 매우 많다. 집단 안에 심리적 안전성과 건설적인 이견과 일탈을 환영하는 분위기가 갖춰져야만 지속적으로 다양한 사고에 마음을 열고 정보를 더 많이 수용하며 훌륭한 결정을 내리고 혁신성을 유지할 수 있다.

원칙적인 불복종이 그토록 중요하다면 정확히 어떤 이유에서 그럴까? 심리학자들이 제시하는 대표적인 이유는 다음과 같다.

이유 1: 원칙적인 불복종은 우리의 인지 편향을 무력화한다

인간은 아무리 똑똑하더라도 합리적인 판단을 내리는 데 어려움을 겪는다. 우리는 확고한 신념에 위배되는 정보를 접하면 자신의 세계관과 충돌하는 관점을 무시하고 방어적이고 자동적으로 반응한다. 그 주된 이유는 인지 편향 때문이다. 우리의 커다란 사피엔스 뇌는 정보 처리 능력이 제한되어 있다. 우리는 특정 시점에 오로지 제한된 양의 자극에만 집중할 수 있다. 무한한 정보가 넘쳐나는 세상에서 살아남기 위해 우리 뇌는 인지적 지름길을 택하게 되고, 그 결과 기본적인 인지 편향을 보인다.

우리에게는 또 특정한 감정과 믿음을 경험하고 다른 감정과 믿음을 피하고 싶어 하는 동기가 있다. 우리는 스스로 옳다고 믿고 싶어 한다. 우리는 남들의 호감을 얻고 싶어 한다. 우리는 자신의 정체성을 인정받고 싶어 한다. 우리는 남들이 하는 말 때문에 특정한 사람, 목표, 스포츠 팀, 아이디어를 신경 쓴다. 우리는 소중히 여기는 것을 비판자들로부터 방어하려 한다. 그 결과 우리의 현실 감각은 편향되고 왜곡된다.

지금까지 심리학자들은 우리가 빠지기 쉬운 100여 가지의 인지 편향을 세 범주로 나누었다. 인지 편향의 첫 번째 범주는 내집단(가치관과 행동 양식이 비슷해 구성원이 애착과 일체감을 느끼는 집단—옮긴이)에 속해 있다고 느끼고 싶은 욕구와 관련된다. 우리는 내집단을 좋아한다. 우리 뇌는 진화적인 경험을 바탕으로 자칫 잘못해 위험한 낯선 이에게 접근하느니 차라리 친절하고 공감적이고 이타적인 낯선 사람을 놓치는 쪽이 더 안전하다고 믿는다. 그래서 인종, 성별, 국적, 사회적 지위, 정치적 신념, 심지어 채식주의 등에 기초한 온갖 종류의 내집단에 충성을 다짐한다. 우리는 외부인보다 내집단 구성원들에게 더 잘해주고 다른 도덕적 잣대를 적용하며 더 활발히 교류하고 그들의 아이디어와 제안을 더 호의적으로 평가한다. 이 책의 주제와 관련해 가장 중요한 점은 우리가 낯선 생각과 그런 생각을 제시하는 낯선 사람을 연관시키는 경향이 있어 기존의 신념을 바꾸는 데 거부감을 느낀다는 사실이다.

인지 편향의 두 번째 범주는 학자들이 말하는 '동기 부여된 추론'과 관련 있다. '동기 부여된 추론'이란 우리가 순전히 객관적인 방식이 아니라 원하는 결론을 토대로 새로운 근거를 평가하는 경향이 있음을 의미하는 용어이다. 우리는 이미 알고 있다고 믿는 바를 확인해주는 정보를 들으면 그렇지 않은 정보보다 쉽게 받아들이는 경향이 있다. 또 기존의 신념에 부합하지 않는 정보는 피하려는 경향이 있다. 그렇다 보니 비슷한 말을 하고 비슷한 생각을 하는 사람들에 둘러싸여 살아가는 편이다. 사람들은 자신의 관점이 대단히 공정하고 진실하다는 착각에 빠져 살기 쉽다. 이처럼 정보를 획득하고 처리하는 과정에서 편향이 생기면 더욱 가치 있는 대안적 아이디어를 인식하고 수용하는 능력에 지장이 생긴다.

인지 편향의 세 번째 범주는 학자들이 말하는 '동기 부여된 확신'과 관련 있다. 정치심리학자 코리 클라크Cory Clark와 보 와인가드Bo Winegard가 설명한 바처럼 "동기 부여된 추론이 신념의 '내용'과 관련된다면 동기 부여된 확신은 신념의 '추진력'과 관련된다." 간단히 말해 우리 인간은 자신의 입장을 지나치게 확신한 나머지 그에 따른 비용을 인식하지 못하는 경향이 있다. 우리는 자기가 아주 똑똑하거나 적어도 옳다고 믿는다. 예를 들어 이민자들이 자유롭게 국경을 넘나들며 그들이 원하는 곳에서 거주할 수 있어야 하고, 인간이면 누구나 언제 어떤 이유로든 자신의 젠더를 결정할 수 있어야 하며, 유전학이 남녀의 차이를 설명하지 못한다고 믿을지 모른다. 꿈의 세계에서는 그런 입장을 유지하는 데 비용이 들지 않는다. 하지만 현실 세계에서는 그런 입장을 유지하려면 비용이 든다. 어떤 아이디어를 내고 실행하는 데 돈과 관심, 감정을 투자할수록 점점 자신의 입장을 확신하려는 동기가 부여된다. 이상하게도 불확실성이 커질수록 그런 동기는 점점 커지고 신념에 대한 확신도 강해진다. 그러면 어느새 현실 감각이 사라지고 있는데도 인식조차 못 한다. 우리의 사고를 엉망으로 만드는 10가지 편향은 다음과 같다.

1. **확증 편향** 기존의 신념에 부합하는 정보를 선호하는 경향
2. **친숙성 편향** 이미 아는 사람이나 대상을 선호하는 경향
3. **순진한 현실주의** 자신은 세상을 있는 그대로 객관적으로 인식하지만 다른 의견을 가진 사람들은 정보가 부족하거나 비이성적이거나 편파적이라고 믿는 경향
4. **지식의 착각** 다른 사람들이 무슨 생각을 하는지 다 안다고 생각하는 경향
5. **근본적 귀인 오류** 타인의 실수와 실패는 그들의 내적 요인 탓으로 돌리면서 자신의 실수와 실패는 상황과 불운 탓으로 돌

리는 경향

6. **자기 일관성 편향** 자신의 태도와 신념, 행동이 실제로는 계속 변화하는데도 늘 한결같다고 믿는 경향
7. **투사 편향** 자신의 선호, 믿음, 행동을 다른 사람들이 실제보다 많이 공유하고 있다고 생각하는 경향
8. **권위 편향** 유명하거나 힘 있는 사람이 주장하는 아이디어를 더 높게 평가하는 경향
9. **고정관념 편향** 한 집단 구성원에게서 어떤 특성을 발견하면 해당 집단의 일부 또는 전체 구성원이 그런 특성을 공유한다고 믿는 경향
10. **편향 맹점** 자신의 편향도 인식하지 못하면서 타인의 편향을 쉽게 발견할 수 있다고 믿는 경향

이처럼 인지 편향이 주변에 만연하고 사람들의 사고가 편향에 얽매여 왜곡된다면 우리 인간은 대단히 어리석어질 수밖에 없다. 하지만 희망은 있다. 그런 편향을 용감하게 비판하는 영웅적 무리가 우리와 어울려 살아가기 때문이다. 그런 사람들을 비순응주의자라 부른다. 엘리자베스 제닝스처럼 남들과 다르게 생각하고 자기 생각을 드러내는 데 두려움이 없는 사람들과 함께하면 자신의 편향을 발견하고 바로잡을 기회가 더 늘어난다. 그러면 더 이상 지적으로 정체된 상태에 머무르지 않고 세상에 대해 호기심을 더 많이 갖게 된다.

슈테판 슐츠하르트Stefan Schulz-Hardt 박사는 독일 기업 관리자들

의 인지 편향을 없애는 가장 좋은 방법을 찾기 위해 실험을 진행했다. 슐츠하르트는 특히 확증 편향을 집중 공략했다. 그는 소그룹들을 구성해 두 나라 중 어느 한 곳에 투자할 기회를 선택하는 과제를 부여했다. 그룹들은 국가의 과세율, 경제 성장, 환경법 등의 14가지 요소를 따져봐야 했다. 또 두 나라에 정통한 경제 전문가들이 작성한 기사를 12개까지 찾아볼 수 있었다. 그런 기사의 절반은 한 나라가 이상적인 투자국이라 주장했고, 나머지 절반은 다른 나라가 이상적인 투자국이라 주장했다.

그룹들은 과연 최초의 투자국 선택에 힘을 실어주는 정보를 찾으면서 나머지 정보는 무시할까? 그룹에 반대 의견을 가진 사람을 투입하면 생각이 비슷한 사람들 그룹과 비교해 의사 결정 과정이 어떻게 변할까? 슐츠하르트는 반대자를 투입한 관리자 그룹이 동질적이고 이념적으로 유사한 그룹에 비해 최초의 투자국 선택과 상충되는 기사를 요청할 가능성이 2배 높다는 점을 발견했다. 지나치게 양극화되거나 편향된 방식으로 생각하는 경향을 깨고 싶다면 안전한 반대 의견을 조금씩 주입해보자.

물론 집단 안에 반대자가 있으면 그만큼 대가가 따른다. 반대자가 있는 그룹은 동질적인 그룹에 비해 (대안적 관점에 대해 이런저런 논의를 하느라) 대화에서 2배나 논란이 많이 발생했다. 그로 인해 집단의 긍정성, 응집력, 의사 결정력이 모두 타격을 입었다. 반면 반대자가 없는 동질적인 그룹은 최초에 정해놓은 결론을 정당화하는 정보 위주로 찾아보고 아무리 유용해도 그룹의 의견에 배치되는 정보는 무시하면서 강한 확증 편향에 빠진 모습을 보였다. 반대자가 없는 동질적인 그룹은 의사 결정을 위해 제공되는 정보의 절반만 찾아보고도 반대자가 있는, 폭넓게 사고하고 질문하는 그룹에 비해 놀랄 만큼 높은 수준의 자신감을 보였다.* 병원, 법원, 브로드웨이 뮤지컬 제작, 사회 운동을 대상으로 삼은 연구자들도 모두 관찰을 통해 비슷한 결과를 얻었다. 집단에 반대 의견을 투입하면 자신감이 감소하고 논쟁 횟수가 증가했다. 이는 집단이 문제 해결력과 창의력을 높이기 위해 치르는 비교적 작은 대가라 할 수 있다.

> “집단에 반대자가 1명이라도 있으면 특별한 일이 일어난다. 무조건 반대자의 의견이 옳다고 가정할 수는 없다. 대신 사안을 신중하게 고려하면서 반대자의 입장을 뒷받침하는 충분한 근거를 검토하려는 동기가 생기게 된다.”

반대자의 입장을 접하면 우리는 상반된 입장을 지지하는 근거를

* Stefan Schulz-Hardt, Marc Jochims, and Dieter Frey, "Productive Conflict in Group Decision Making: Genuine and Contrived Dissent as Strategies to Counteract Biased Information Seeking," *Organizational Behavior and Human Decision Processes* 88, no. 2 (2002): 563~86면, https://doi.org/10.1016/s0749-5978(02)00001-8. 이 연구의 마지막 발견은 언급할 가치가 있다. 진정한 반대 의견이 있는 경우에는 그룹에서 누군가에게 진짜가 아닌 악마의 옹호자 역할을 맡기는 경우보다 편향이 줄어들고 의사 결정이 개선된다는 측면에서 이점이 훨씬 많았다. 후속 연구에서 이 연구자들은 진정한 반대자가 있는 그룹에 확증 편향이 줄어들고 정보 수집과 불편한 대화를 참으려는 의지가 늘어나면서 (동질적인 그룹보다 훨씬 우수한) 더 나은 해결책과 의사 결정으로 이어진다는 사실을 재확인했다. Stefan Schulz-Hardt et al., "Group Decision Making in Hidden Profile Situations: Dissent as a Facilitator for Decision Quality," *Journal of Personality and Social Psychology* 91, no. 6 (2006): 1080~93면, https://doi.org/10.1037/0022-3514.91.6.1080 참조.

검토할 가능성이 높아진다. 현실을 점검하는 데 마음을 열고 자신의 입장에 대해 의문을 제기한다. 동기 부여된 추론과 확신에 계속 얽매이기보다 더 비판적이고 균형 잡힌 시각을 갖추게 된다. 편파적으로 생각하는 성향이 줄어들고 사심 없이 진실을 추구하는 과학자처럼 생각하기 시작한다. 일반적으로 집단 안에 반대자가 있으면 구성원들은 노력이 덜 드는 정신적 지름길을 포기하고 좀더 정교하고 깊이 있게 정보를 처리하는 태도로 전환된다. 3가지 범주의 인지 편향이 사라지는 것이다.

이유 2: 원칙적인 불복종은 창의성을 북돋운다

질문을 하나 해보겠다. 초등학생들이 50년 뒤 창의적인 혁신가로 인정받을지 여부를 가장 정확히 예측하는 요인은 무엇일까? 아이들이 지금 유아용 점토로 특이한 것들을 만드는지 아닌지가 아니다. 아이들의 호기심이나 지능 수준도 아니다. 바로 아이들이 "'소수' 입장에 서는 것을 편안하게 여기는지" 여부이다. 조지아 대학교 마크 런코Mark Runco 박사와 동료들이 발표한 연구에서는 어릴 때 소수의 목소리를 내는 데 불편해하지 않았던 아이들이 성장해 60세가 된 시점에 평생 동안 창조적인 성취를 더 많이 이룬 것으로 나타났다. 그들은 책과 연극을 발표하고, 사업으로 큰돈을 벌고, 대중의 찬사를 얻으며, 타인에게 더 많은 영향력을 끼쳤다. 물론 이 어린 불복종자들은 현상 유지에 도전하려는 성향 때문에 우정이 깨지고 핍박을 당하는 등 정서적인 고통을 겪었다. 하지만 그들이 집단에 속하게 되면 순응적인 동료들보다 훨씬 더 창의적인 트렌드세터로 재능을 꽃피웠다.

다른 연구에서는 집단 구성원들이 원칙적인 불복종을 접하게 되면 다양한 사고가 자극되어 의사 결정이 더욱 창의적으로 이뤄진다는 점을 발견했다. 연구에서는 연구자들이 특정한 작업팀들을 구성하고 각 팀에서 무작위로 한 사람씩 골라 원칙적인 불복종자로 훈련시켰다. 그 후 10주에 걸쳐 각 팀은 새로운 상품을 만들고 도덕적으로 의문스러운 경영 상황을 찾아내는 등 다양한 창의적인 업무를 수행했다. 이런 팀의 구성원들은 훈련받은 불복종자가 없는 팀의 구성원들에 비해 (외부 전문가들의 객관적인 평가에 의하면) 더 독창적인 아이디어를 만들어냈다. 불복종자가 있는 팀에서는 대화가 논쟁으로 흐를 때가 많았고 일부 불복종자들은 고립감과 긴장감을 느꼈다. 한 불복종자는 "그 역할이 쉽지는 않았"다고 보고했다. 또 다른 불복종자는 "대부분 경우 다른 팀원들과 심하게 다퉜"다고 말했다. 그런데도 팀원들은 결국 불복종자의 기여를 인정했다. 불복종자는 동료들에게서 다른 팀원들보다 성과를 높이 평가받았다. 처음에는 불복종자들의 존재가 집단의 업무 속도를 늦추고 집단의 화합을 방해했다. 그러나 시간이 흐를수록 원칙적인 불복종자의 존재는 각 구성원이 역할을 명확히 하도록 도왔고 결과적으로 성과와 창의성을 향상시켰다.

많은 사람이 스스로 차이와 반대, 일탈의 가치를 높이 평가하는 관용적인 사람이라고 자부한다. 하지만 기존 집단에 반대자를

1~2명씩 투입하면 내부에 긴장이 폭발하고 화합이 깨지면서 다들 짜증스러워진다. 그렇더라도 모두의 이익을 위해서는 감정을 극복하고 불복종을 포용해야 한다.

> "창의력은 타고난 재능이 아니다. 창의력은 사고방식이다. 비순응적인 견해를 가진 사람들과 계속 어울리면 우리 사고방식도 창의적으로 변해가게 된다. 당장 지지받지 못하더라도 대안적인 의견을 거침없이 제시하는 반항자들이 있다면 집단은 부분의 합보다 나아질 것이다."

이유 3: 불복종은 더 많은 불복종을 부추긴다

2장에서 확인했듯 다수 의견에 순응하라는 압박은 지독할 정도로 강하다. 하지만 원칙적인 불복종에도 나름의 설득력이 있다. 집단에 반대자 1명을 투입하고 일정 기간 자리를 비워보면 처음보다 반대자가 늘어났을 가능성이 높다. 이런 사실을 알게 된 것은 내가 가장 좋아하는 연구 중 하나인 샬런 네메스Charlan Nemeth의 실험 덕분이다. 네메스 박사와 동료들은 일부 사람들이 권위와 집단 압력에 저항하게 만드는 요인이 무엇인지 밝혀내고자 했다. 연구자들은 처음에 참가자들에게 파란색 슬라이드 20개를 보고 색깔을 소리 내어 말하라고 지시했다. 단독 실험에서 참가자들은 슬라이드를 보고 전부 파란색이라고 답했다. 그런 다음 연구자들은 참가자들을 4인

1조로 나눠 각 조에 다수 의견의 반대자 역할을 하는 배우를 1명씩 투입했다. 배우들은 그들 차례가 왔을 때 파란색 슬라이드를 보고 녹색이라고 아주 자신 있게 대답했다. 명백히 파란 슬라이드의 색깔을 보고 반대자가 잘못 대답한 것이 분명한 상황에 직면하자 참가자들은 반대자의 의견을 무시하고 모든 슬라이드가 파란색이라고 답했다.

이 실험이 흥미로워지는 것은 이때부터이다. 연구자들은 참가자들을 새롭게 4인 1조로 구성한 다음 각 참가자를 개인 방에 데려왔다. 새로운 세 조원은 보이지 않았지만 마이크를 통해 집단원 간에 소통이 가능했다. 참가자들은 새롭게 슬라이드 세트를 받았는데 이번에는 모두 빨간색이었다. 그들에게 무슨 색을 보았느냐고 묻자 각 슬라이드에 대해 다른 세 조원은 모두 마이크에 대고 같은 단어를 말했다. "주황색이요." 순응을 부추기는 조건이 모두 갖춰진 셈이다. 연구자들은 이런 상황에서 참가자들이 어떻게 반응하는지 궁금했다. 연구의 이전 단계에서 별다른 반대 의견을 경험하지 못한 참가자들은 다수의 잘못된 판단에 도전하기를 주저했다. 그들은 단 29.6퍼센트만이 "빨간색?"이라고 소심하게 말했다. 하지만 이전 단계에서 한 배우의 반대 의견을 목격한 참가자들은 어느새 변화해 그중 76.1퍼센트가 용기 있게 정답을 외쳤다. "빨간색이 확실해요!" 여기서 주목할 것은 연구의 이전 단계에서 다수가 옳았고 반대자들이 엉뚱한 대답을 했는데도 이런 변화가 일어났다는 사실이다. 연구의 이전 단계에서 반대자의 의견에 참가자들이 공개적으로 동의하지 않았는데도 말이다. 이 점을 한번 생각해보자. 불복종 행위는 처음에 그들을 무시했던 사람들에게도 영향을 미쳤다. 어떤 식으로든 불복종 행위에 노출된 경험은 그 후로 사람들이 세상을 보는 방식을 바꾼다.*

> "불복종 행위는 대개 처음부터 다수의 지지를 얻지는 못한다. 대신 그들이 뿌려놓은 의심의 씨앗은 시간이 흐르면서 새로운 관점으로 무르익어간다."

세계 최고의 설득 전문가 중 1명인 로버트 치알디니Robert Cialdini 박사는 현상 유지에 반대하는 사람들이 보통 처음에는 다른 사람들의 태도와 인식을 바꾸는 데 실패한다는 점을 발견했다. 하지만 수주나 수개월이 지나고 다시 확인해보면 다른 사람들의 생각과 행동에 변화가 생겼다는 사실을 목격하게 되었다. 불복종 행위는 처음에는 충격적이어도 시간이 흐를수록 점점 더 깊은 영향을 미치면서 궁극적으로 사람들이 자신과 타인, 세상을 바라보는 방식을 바꾸게 한다.

---

* Charlan Nemeth and Cynthia Chiles, "Modelling Courage: The Role of Dissent in Fostering Independence," *European Journal of Social Psychology* 18, no. 3 (1988): 275~80면, https://doi.org/10.1002/ejsp.2420180306. 사람들이 반대 의견을 목격하면 정신적으로 자유로워지고, 특히 처음에는 우리에게 대놓고 동의하지 않던 사람들이 그렇다는 사실을 발견한 획기적인 연구의 반복 검증이자 확장이라는 점을 지적할 가치가 있다. Serge Moscovici, Elisabeth Lage, and Martine Naffréchoux, "Influence of a Consistent Minority on the Responses of a Majority in a Color Perception Task," *Sociometry* 32, no. 4 (1969): 365~80면, https://doi.org/10.2307/2786541 참조.

기본적으로 개방적인 태도를 취하자

불복종의 효과에 대한 연구들을 소개하면서 나는 당신에게 2가지 영감을 불어넣고 싶다. 첫째, 당신이 좀더 반항적으로 행동하고, 다르게 생각하고, 목소리를 높이고, 행동을 취하기를 바란다. 둘째, 당신이 주변에서 만나는 반항자들을 좀더 열린 마음으로 대하고, 특히 그들의 의견에 동의하지 않을 때도 그러기를 바란다. 내가 평소에 자주 하는 말처럼 불복종은 인접한 가능성을 여는 문이다. 불복종은 우리가 경험과 지혜의 부족이나 편견 때문에 스스로 찾아내지 못하는 새로운 가능성에 접근할 수 있게 해준다. 앞서 보았듯 원칙적인 불복종은 크고 작은 사회적 변화를 가능하게 한다. 세상의 모든 비순응주의자에게 동의할 필요는 없다. 그저 그들의 말을 끝까지 들어보자. 새로운 관점을 접할 때는 기존의 의견을 고집하지만 말고 무엇이든 파격적인 시도를 하면서 기본적으로 개방적인 태도를 유지하자.

학자들의 연구 결과에 따르면 다수에 속하는 사람들의 개방성이 중요한 이유는 반항자들이 혼자서는 멀리 갈 수 없기 때문이다. 연구자들은 한 무리의 사람들이 확립된 사회 규범을 변화시키려면 어떤 요건이 필요한지 밝혀내려 했다. 연구자들은 참가자 194명을 20~30명으로 구성된 그룹에 배정한 뒤, 각 그룹에 낯선 사람의 얼굴 사진을 보여주고 그에게 어떤 이름을 붙일지 결정하게 하는 실험을 진행했다. 연구자들은 그룹 안에서 그 사람의 이름 선택과 관련해 대화를 나누도록 권유했다. 참가자들에게는 알리지 않았으나 그들 중에는 다수가 동의해 어떤 이름이 결정되기 직전 다른 제안을 해서 결정을 뒤엎는 임무를 맡은 반대자들이 섞여 있었다. 연구 결과 반대자들이 집단의 25퍼센트가 넘으면 그 집단은 결국 대안으로 제시된 이름을 결정하는 것으로 나타났다. 반면 반대자들이 집단의 20퍼센트 미만이면 소수자들의 의견은 최종적인 이름 선택에 영향을 미치지 않았다. 엘리자베스 제닝스처럼 용감한 반항자 1~2명이 특정한 정책에 변화를 일으킬 수도 있지만 한 집단의 신념이나 행동을 변화시키려면 적어도 전체 인원의 약 4분의 1이 소수자들의 의견을 지지하는 탄탄한 기반이 필요하다.

이 책 후반부에서는 당신이 주변의 비순응주의자들에게 더욱 수용적인 입장을 취하고 그들의 이상한 아이디어를 최대한 활용해 그 빛나는 25퍼센트의 일원이 되는 방법을 소개할 것이다. 그 전에 먼저 당신이 외부의 반항자라면 어떻게 더 많은 사람을 설득해 그 25퍼센트의 장벽을 넘어 변화를 실현시킬 수 있을지 살펴보자. 그런 방법의 상당 부분은 반항자들이 소통하는 방식에 달려 있다. 당신에게 전 지구를 뒤흔들 최고의 아이디어가 있다고 해도 효과적으로 의사를 전달하는 방식을 모른다면 멀리 나아가기 힘들다. 과학자들은 사회적 약자들이 세상 사람들의 의심을 불식시키고 자신의 의견을 가장 잘 전달하는 방법에 대해 흥미로운 통찰을 제시해왔다. 세상이 진보하는 데 이바지할 아이디어가 있는데도 사람들에게 지지를 얻지 못하고 있다면 제발 내 말대로 해보자. 지금 보는 유튜브 영상을 일시 중지하고 인스타그램 확인도 그만하고 제발 집중하자. 세상은 당신을 절실히 필요로 한다.

불복종의 기술

1. 당신의 팀에 반대자들을 투입하자. 반대자의 입장을 접하면 현실을 점검하는 데 마음을 열고 자신의 입장에 대해 의문을 제기하게 된다. 지지받지 못하는 대안을 제시하는 반대자가 1명만 있어도 그 집단은 확증 편향과 동기 부여된 추론이 줄고 창의적인 성과가 늘어난다.
2. 인내심을 갖자. 원칙적인 불복종자들은 대개 처음에는 다른 사람들의 태도를 바꾸는 데 실패한다. 하지만 불복종 행위는 시간이 흐를수록 점점 더 깊은 영향을 미치면서 궁극적으로 사람들이 자신과 타인, 세상을 바라보는 방식을 바꾸게 된다.
3. 기본적으로 개방적인 태도를 취하자. 세상의 모든 비순응주의자에게 동의할 필요는 없다. 그저 기존의 의견을 고집하지만 말고 그들의 말을 끝까지 들어보자.

2부

불복종자를 위한 매뉴얼

4장 상대를 자기편으로 만드는 방법

이번에는 다 같이 '푸가지'Fugazi 이야기에 한번 주목해보자. 푸가… 뭐라고? 아니다. 내가 말하려는 것은 15만 달러짜리 이탈리아 스포츠카 브랜드도 아니고, 이탈리아 할머니가 주먹을 휘두르며 내뱉는 욕설도 아니다. 물론 『어번 딕셔너리』*Urban Dictionary*•에서는 이것이 참전용사들 사이에서 '망한' 상황을 가리키는 속어라고 하니 이탈리아 할머니라면 알지도 모르겠다. 어쨌거나 지금부터 이야기할

• 'Fugazi'는 'Fuck Up Got Ambused Zipped Into a body bag'(망했다, 매복에 당했다, 시신 운반용 부대의 지퍼가 잠겼다는 의미—옮긴이)의 머리글자를 딴 약어로, 베트남전에서 참전 용사들이 직면했던 일상적인 위협을 나타낸다. "Fugaze/Fugazi," Urban Dictionary, June 7, 2018, https://www.urbandictionary.com /define.php?term=Fugaze%2FFugazi; Mark Baker, Nam: The Vietnam War in the Words of the Men and Women Who Fought There (New York: Berkley, 1981) 참조.

푸가지는 4인조 펑크록 밴드로, 아마도 지난 30년간 음악계에 가장 큰 영향을 미친 아티스트일 것이다.

이는 매우 대담한 주장이다. 그럼 너바나Nirvana는? 또 제이지JayZ는? 물론 그들도 영향력 있는 아티스트이지만 이 점을 한번 생각해보라. 푸가지는 너바나뿐 아니라 제이지, 펄잼Pearl Jam, 레이지 어게인스트 더 머신Rage Against the Machine, 레드 핫 칠리 페퍼스Red Hot Chili Peppers, 로드Lorde, 블링크-182Blink-182, 케샤Kesha, 푸 파이터스Foo Fighters, 심지어 (친오빠의 음악 취향 때문에) 빌리 아일리시Billie Eilish에게도 직접적으로 영향을 미쳤다. 이들은 모두 푸가지의 열렬한 팬을 자처한다. 푸가지의 영향을 받은 수많은 뮤지션 자신도 영향력이 큰 유명인이라는 점을 고려할 때 이 독특한 이름의 밴드가 없었다면 오늘날 음악업계 지형은 근본적으로 달라졌을 것이다.

한 음악 저널리스트에 따르면 푸가지는 다수의 레게, 펑크, 재즈 아티스트를 딛고 서서 "터무니없이 안전 지향적인 순응주의 문화에 대한 적대감에서 비롯된 혼란, 분노, 걱정을 분출하는 채널"로서 밴드의 정체성을 확립했다. 돈 버는 기계로 전락한 비틀스Beatles, 레드 제플린Led Zeppelin, U2, 가스 브룩스Garth Brooks 같은 거물들과 달리 푸가지는 예술적 진실성, 대담한 정치적 행동주의, 반소비주의, 반기업주의 그리고 DIYDo-it-yourself 정신을 상징했다. 푸가지의 적은 자만심, 쇼맨십 그리고 '장삿속'이었다. 1980년대 후반과 1990년대의 어떤 록 밴드나 팝 밴드보다도 푸가지는 과장된 포장을 벗겨내고 음악 팬들을 알랑거리는 숭배자에서 능동적인 참가자로 끌어올렸다.

푸가지는 영혼이 있는 하드코어 예술가들이었다. 그들은 유명세와 상관없이 팬들에게 콘서트 티켓 가격으로 5달러, 음반 가격으로 10달러만 받았다. 대신 기본 경비를 낮추기 위해 뮤지션들이 부득이 고용하는 지방공연 매니저, 기획사, 배급업자, 회계사, 그 외 돈벌이에 열 올리는 전문가 서비스를 거부했다. 푸가지의 멤버들은 앨범을 직접 녹음했다. 팬들의 거실에서 잠을 잤다. 그들은 뻔한 록스타가 되는 일에는 아무 관심이 없었다. 10대 시절 콘서트 입장이 금지되어 얼마나 짜증스러웠는지를 떠올리며 전 연령대의 팬들이 관람할 수 없는 공연은 아예 열지 않았다. 그들은 일반적인 포용의 윤리를 받아들였고, (그들이 성적으로 대상화하지 않는) 여성과 (그들이 '타자'로 취급하지 않는) 유색 인종을 포함한 모든 사람을 팬으로 환영했다. 오늘날 많은 대중음악이 여성 혐오, 동성애 혐오, 폭력, 경제적 불평등, 물질주의, 비윤리적인 정부 개입 등 다양한 사회적 불의에 맞서고 있는데, 이런 움직임이 바로 푸가지의 산물이다.

푸가지의 멤버들은 음악적 경험이 술기운에 흐려지는 것을 원치 않아 술집 공연을 사절했다. 그들은 감수성이 예민한 10대 독자들을 대상으로 술과 담배 광고를 게재하는 주류 대중잡지들을 배척했다. 창작에 대한 통제력을 유지하기 위해 대규모 음반 레이블의 수백만 달러짜리 제안을 거절했다. MTV 같은 채널에 납부하는, 성적 매력을 지나치게 강조하는 콘텐츠를 질색해 뮤직비디오도 찍지 않았다. 팬들과의 금전 거래를 최소화하기 위해 공연에서 티셔츠, 스티커, 배지 등을 판매하지 않았다. 푸가지의 우선순위는 명확했다. 음악이 최우선이고 팬들이 바로 다음이었다. 푸가지는 언제나 한결같이 거대 기업보다 작은 개인들을 지지했다.

흔히 예술적 진실성과 상업적 성공은 양립할 수 없다고 생각하지만 푸가지는 이런 통념을 깨뜨렸다. 그들은 17년 동안 활동하며 300만 장 넘는 음반 판매고를 기록했다. 2003년부터 '공백기'에 접어들었지만 이 글을 쓰는 지금도 매월 150만 명 넘는 청취자가 푸가지의 음악을 스트리밍하고 있다. 더 심오한 차원에서도 푸가지는 수많은 음악가가 실패한 지점에서 성공을 거뒀다. 푸가지의 멤버들은 풀뿌리 운동, DIY, 사회적 의식이 있는 음악 예술 등의 변화를 주도하며 문화계의 판도를 바꿨다. 이 밴드는 음악에 담긴 도덕적 관심사의 범위를 확장시켰고, 바로 그런 이유에서 커트 코베인Kurt Cobain과 에디 베더Eddie Vedder 같은 유명한 뮤지션들은 푸가지의 예술적 진실성이 사회적으로 확산되기를 희망하며 인터뷰에서 푸가지 멤버들의 이름을 언급했다.

푸가지가 원칙적인 불복종자로서 성공을 거둔 비결은 무엇일까? 첫 번째 비결로는 굳건한 결의를 꼽을 수 있다. 푸가지는 1987부터 2003년까지 라이브 공연을 1,000회 이상 열었는데, 이는 다시 말해 17년 연속으로 대략 5일에 한 번씩 공연을 이어갔다는 의미이다! 이 정도면 대단히 눈에 잘 띄어 사람들에게 주목받을 수밖에 없다. 그렇지만 두 번째, 더 중요한 비결이 있다. 푸가지가 영향력을 얻게 된 것은 그 멤버들이 이른바 '언더독이 영향력을 얻는 노하우'에 통달해 있었기 때문이다. 찰스 다윈이 그랬듯 푸가지도 음악업계의 실세들과 그전까지 펑크록에 관심 없던 팬들 등 다수의 구성원을 사로잡는 방식으로 자신들의 메시지를 전달하는 특출한 재주가 있었다.

과학자들은 소수자에 해당하는 사람들(의미상 반항자들)이 지나치게 경직되지 않은 태도로 일관된 주장과 행동을 보이면 변화를 일으키기가 더 쉽다고 주장한다. 푸가지는 이 사실을 몸소 입증했다. 이 밴드는 마약, 음주, 흡연, 육식, 합의되지 않은 성관계 등을 거부하는 이른바 '스트레이트 엣지'straight edge 정신에 따라 살았다. 밴드 멤버들은 이런 가치관을 지지하면서도 그것을 결코 팬들에게 강요하지 않았다. 무대 위에서, 인터뷰에서, 얼굴을 마주한 대화에서 푸가지의 멤버들은 그들의 가치관이 인생을 사는 하나의 접근법일 뿐 유일한 접근법은 아니라고 분명히 밝혔다. 그들은 다른 가치관을 선택한 사람들에 대해 판단하기를 거부했고, 팬들이 자신들을 따라 하거나 추종하기를 기대하지도 않았다. 팬들은 푸가지를 설교자로 보지 않았기 때문에 더욱더 푸가지의 의견을 귀담아 듣고 '스트레이트 엣지' 생활방식을 스스로 선택하려는 경향을 보였다.

과학자들은 소수 의견을 가진 사람들이 다른 사람들을 설득하는 가장 효과적인 방법에 대해 여러 흥미로운 통찰을 얻었다. 이런 통찰은 전향 이론Conversion Theory, 갈등 정교화 이론Conflict Elaboration Theory, 맥락/비교 모델Context/Comparison Model, 출처맥락정교화 모델SourceContextElaboration Model, 정교화 가능성 모델Elaboration Likelihood Model 등의 다양한 심리학 이론으로 정립되었다. 이런 전문적인 학술용어들의 바다를 헤치고 나면 마침내 반항자들이 주장의 설득력을 높이는 데 사용할 수 있는 몇 가지 중요한 원칙에 다다랐다. 이 원칙들을 무시한다면 계속 실패를 향해 나아가는 셈이다. 이 원칙들은 추구하라. 그러면 푸가지 같은 원칙적 불복종자들처럼 자신의 뜻을 펼치기에 훨씬 더 유리한 위치에 서게 될 것이다.

"어떤 밴드를 가장 좋아하세요?"라는 질문에 내 대답은 열세 살 때부터 변함없었다. "푸가지요." 상대방이 어리둥절한 표정을 지으면 나는 한참 동안 푸가지에 대한 정보를 상세하게 떠들다가 그들의 가장 위대한 앨범 〈리피터〉Repeater를 틀어준다. 나는 운동할 때나 장시간 차로 이동할 때나 한바탕 기분을 풀고 싶을 때 푸가지의 음악을 듣는다. 내 딸들도 푸가지를 안다. 아버지날에 밴드 이름이 새겨진 보온병, 앨범 커버를 직접 그려 만든 책갈피, 노래 가사가 적힌 도자기 머그잔 등을 선물하기도 했다. 워싱턴 D. C. 교외로 처음 이사했을 때 동네 교회 콘서트에서 나는 푸가지의 리드 보컬 이언 맥케이Ian MacKaye를 만났다. 매춘부들의 위생적인 주사 바늘과 피임을 위해 수익금 전액을 기부한다는 콘서트였다. 이번 장을 다 읽고 나면 푸가지의 문화적인 기여뿐 아니라 카타르시스가 느껴지는 퓨전 음악도 꼭 한번 감상해보기 바란다. 각 앨범에서 아름다운 곡을 하나씩만 꼽자면 'Waiting Room' 'Repeater' 'Recovery' '23 Beats Off' 'Bed for the Scraping' 'Break'를 추천한다.

반항자들이 메시지의 잠재적인 설득력을 극대화하는 데 적용할 수 있는 5가지 중요한 원칙이 있다.

원칙 1: 내부인의 위치에서 설득하자

반항자들이 주목해야 할 점이 있다. 사람들은 당신을 외부인이 아닌 내집단의 일원으로 볼 때 당신 말에 귀를 더 기울인다. 1990년대 중반 애리조나 대학교에서 진행한 실험 같은 연구들로 이런 사실이 알려졌다. 당시 동성 결혼 합법화는 상상할 수도 없는 일이었다. 오죽하면 정부 차원에서 남성 성소수자들이 자신의 성적 정체성을 감추는 한 군복무를 허용하는, 악명 높은 "묻지도 말고 말하지도 말라don't ask, don't tell" 정책을 시행했을 정도였다. 이런 사회적 분위기에서 연구자들은 동성애자의 권리를 지지하는 학생들에게 "군대 내 동성애자들에 대한 반대 의견"이라는 기사를 읽게 했다. 그러고 나서 첫 번째 그룹에는 애리조나 대학교 학생회에서 이 기사를 작성했다고 알려주었다. 이 말은 이 기사가 학생 커뮤니티의 다수 의견을 반영한다는 의미였다. 두 번째 그룹에는 애리조나 대학교의 한 소규모 급진적 보수 단체에서 이 기사를 작성했다고 알려주었다. 이는 곧 이 기사가 애리조나 대학교 학생들 중 소수 의견을 반영한다는 의미였다. 세 번째 그룹에는 다른 대학의 급진적인 단체가 이 기사를 작성했다고 알려주었다.

이 동성애 반대 기사에 반대하는 학생들(즉 이 기사가 자신들의 주된 신념에 상충된다고 보는 학생들)은 이 기사를 애리조나 대학교 주류 학생들이 썼다고 믿는 경우 그 주장을 긍정적으로 바라볼 확률이 2배 이상 높았다. 반면 같은 대학 학생들 중 소수자들이 이 기사를 썼다고 생각한 경우에는 이 기사의 메시지를 꼼꼼히 분석하는 데 시간을 더 많이 들이고 정보를 더 많이 찾아보았다. 이처럼 소수자들이 자신과 청중들 사이에 공통된 정체성이 존재한다는 점을 분명히 밝히면 특별한 설득력을 지니게 되고, 사실상 그런 경우에만 설득할 수 있다.

이런 현상의 기저에 깔린 메커니즘은 무척 흥미롭다. 집단 안에서 남들과 다르게 생각하는 사람이 있다면 그 반대자는 집단 구성원 대다수의 호기심을 유발한다. 그들 머릿속에는 2가지 의문이 떠오른다. "이 사람은 왜 우리와 생각이 다를까?" "이 사람은 알지만 나는 모르는 정보가 대체 무엇일까?" 단기적으로 보면 반대 의견은 긴장이나 갈등을 일으켜 집단을 불안하게 만들 수 있다. 그러나 궁극적으로 새로운 아이디어, 미해결된 과제, 폭넓은 대안들에 관심을 집중시켜 혁신을 부추긴다. 집단 구성원들은 지식과 지혜를 얻기 위해 진지하게 반대 의견에 귀를 기울인다. 그들은 기존의 신념, 행동, 정책을 재검토해가며 어떤 부분이 시대에 뒤처지거나 실행 불가능해졌는지 결정한다. 반대자가 내부인일 경우 외부인에게는 없는 신뢰 관계가 있어 집단의 변화를 촉진하기에 더 유리하다.•

" 당신이 시간을 들여 먼저 청중과 공통된 유대감을 형성하고 특히 집단 규범과 긍정적인 집단 정체성을 지지하는 태도를 보이면 사

• 예외인 경우도 있다. 외부인이 전문적이고 탁월한 기술을 보유한 경우에는 집단 구성원들이 외부인의 메시지에 귀 기울일 가능성이 더 높아진다. (벤 골드에이커, 『배드 사이언스: 우리를 속이고 주머니를 털어가는 그들의 엉터리 과학』, 강미경 옮김, 공존 2011; 마이클 셔머, 『왜 사람들은 이상한 것을 믿는가』, 류운 옮김, 바다출판사 2007 참조.)

> 회과학자들이 말하는 '괴짜 점수'(idiosyncrasy credits, 집단의 규범에서 벗어나도 처벌받지 않는 재량권—옮긴이)를 얻게 된다. 평소에 이렇게 행동하면 당신의 문화 자본이 쌓이게 된다. 그러면 혁신적인 아이디어를 제안할 때 이 문화 자본을 '사용하는' 대가로 집단 구성원들의 지지를 얻을 수 있다. ”

만약 당신이 정치적으로 보수주의자이면서 다른 보수주의자들에게 총기안전법안을 수용하도록 설득해야 하는 상황이라면, 당신이 그들과 공유하는 보수주의 신념과 그동안 공화당에 투표해온 전적을 먼저 상기시킬 필요가 있다. 그런 다음 당신의 의견을 피력해보자. 길거리 전도사들이 대부분 행인들을 설득하는 데 실패하는 이유는 '내부인'으로서 공통의 유대감을 형성할 수 없기 때문이다. 행인 대부분은 듣기도 전부터 그들의 메시지를 거부한다. 우리는 이보다 잘할 수 있고 잘해야 한다.

원칙 2: 두려움 대신 호기심에 불을 지피자

당신은 어쩌면 세상에서 가장 똑똑한 사람이라 최고의 아이디어를 갖고 있을지도 모른다. 그렇더라도 당신이 다른 사람들을 위협하고 소외시킨다면 그들은 당신에게 조그만 관심조차 주지 않을 것이다. 이그나스 제멜바이스Ignaz Semmelweis 박사가 이 사실을 증명한다. 아직 의학계에서 세균 관련 지식이 크게 부족하던 1847년 제멜바이스스 박사는 손을 씻기만 해도 인간의 질병을 예방할 수 있다고 주장했다. 당시 사람들은 질병이 소위 '4대 체액'인 혈액, 가래, 흑담즙, 황담즙의 상대적 불균형에서 기원한다고 믿었다. 그렇지만 제멜바이스 박사는 다른 결론을 지지하는 데이터를 갖고 있었다. 그는 빈 종합병원 산부인과에서 일하면서 산파 병동보다 의사 병동에서 분만하는 산모가 훨씬 많이 죽는다는 사실을 발견했다. 제멜바이스 박사는 그 원인을 찾으려고 사망한 모든 산모의 시신을 부검했다. 그 결과 시신에서 나온 작은 유기물 입자들이 산모의 체내에서 곪아 온몸을 오염시킨 것으로 밝혀졌다. 당시에는 산모의 분만을 돕는 의사들이 사망한 환자의 부검도 같이 실시했다. 그 과정에서 의사들이 손을 씻지 않아 시체에서 나온 질병의 잔해가 산모들에게로 옮겨갔던 것이다. 결국 해결책은 의사들이 분만실에 들어가기 전에 염소로 손을 씻는 일이었다.

산부인과 의사들이 시험 삼아 손을 씻자 산모 사망률은 0퍼센트에 가깝게 줄었다. 놀랍지 않은가! 그런데 더 놀랍고도 비극적인 사실은 아무도 이 조언을 귀담아듣지 않았다는 점이다. 의료계에서 의사들의 손 씻기를 표준 안전 지침으로 채택하기까지는 100년의 세월이 더 흘러야 했다. 고학력의 권위 있는 의사들이 자신의 더러운 손 때문에 환자들이 사망한다는 사실을 받아들이는 데는 어려움이 있었다. 그렇지만 제멜바이스 박사 역시 그들을 설득하기 위해 노력하지 않았다. 그는 기존의 질병에 대한 통념인 4대 체액 이론과 자신의 발견을 연결시켜 설명하려고 시도하지 않았다. 대신 자신의 이론을 거부한 의사들을 공격하는 데 온 힘을 바쳤다. 자신의 발견에 의문을 제기한 프라하의 한 산부인과 의사를 공격하는 데 64쪽짜리 논문 한편을 통째로 할애했을 정도였다.

제멜바이스 박사는 데이터와 강력한 주장만 있으면 기득권층의 잘못된 오해를 바로잡기에 충분하다고 믿었다. 하지만 절대 그렇지 않다. 당신이 얼마나 격분했든 당신의 메시지를 위협적이지 않은 방식으로 전달하는 데 온갖 노력을 기울여야 한다. 소수자 입장에서 주장을 관철시키기란 참으로 어려운 일이다. 다수의 구성원은 다수의 입장을 대변하는 주장보다 당신의 주장을 훨씬 면밀히 검토할 것이기 때문이다. 집단에서 대단히 신뢰받는 구성원들이 당신의 메시지를 개인적인 위협으로 여기면 당신의 주장에 반박할 여지가 아무리 없어도 대다수 사람은 집단 안 엘리트나 중심인물의 의견과 행동을 훨씬 열렬히 지지할 것이다. 일반적으로 두려움, 당혹감, 죄책감 같은 감정이 경이로움과 호기심을 압도하게 되면 당신이 영향력을 미칠 수 있는 범위는 대폭 축소된다.

> “당신이 원칙적인 불복종자라면 진솔한 태도와 회유적인 접근 방식을 취해야 한다. 현상 유지를 지지하는 사람들을 망신 주거나 비난하거나 폄하하지 말자. 기존 통념의 옹호자들을 앞으로 당신의 협력자가 될 사람들로 여기자.”

원칙 3: 객관성의 아우라를 부여하자

우리가 다수에 속하든 소수에 속하든 객관적이고 검증 가능한 주장을 할 때 모든 사람에게 더 설득력 있다는 인상을 심어주게 된다. 이 책에서 왜 이처럼 연구 결과를 많이 소개한다고 생각하는가? 창의적인 실험들은 객관적으로 검증 가능한 사실들이 존재할 때 특히 원칙적인 불복종자들이 주류에 미치는 영향이 확대될 가능성이 높다는 점을 확인했다.

한 연구에서는 참가자들에게 대학 입학사정관 역할을 하며 새로운 지원자들을 평가하는 임무를 맡으라고 지시했다. 연구자들은 모든 참가자에게 지원자들에 대해 동일한 정보를 제공하면서 입학사정관 절반에게는 합격 여부를 결정하는 데 확실한 역할을 하는 자료가 객관적이라고 알리고, 나머지 절반에게는 합격 여부를 결정하기 위해 주관적이고 많은 정보를 해석해야 한다고 알렸다. 입학사정관들은 다른 동료들의 의견을 고려하기 전에 먼저 개인적으로 합격 여부를 결정했다(집단 사고의 가능성을 피하는 최고의 방법 중 하나이다).

여기에서 반전이 등장한다. 연구자들은 입학사정관들이 각자 선택한 다른 입학사정관들에게 추가 의견을 구하도록 했다. 참가자들은 그들의 관점에 동의하거나 동의하지 않는 다른 참가자에게 두 번째 의견을 얻었다. 그러자 입학 결정이 주관적이라고 믿는 참가자들은 의도적으로 자신과 생각이 비슷한 사람들에게 의견을 구했다. 반면 입학 결정이 객관적이라고 믿는 사람들은 상반되거나 불일치하거나 대안적인 의견을 구하며 편견에 빠지지 않으려는 태도를 보였다.

이런 결과가 시사하듯, 우리는 논쟁에 객관적인 근거가 있다고 생각하면 마음을 열고 성장할 기회를 찾으며 다양한 의견을 즐기려는 경향을 보인다. 그러나 논쟁이 주관적이라고 생각하면 마음의 문을 닫는다. 왜 그러는지를 이해하기란 어렵지 않다. 증거가 충분한 주장을 들으면 우리는 무지하고 무책임하며 게으른 사람처럼 보이지 않으려고 이른바 '예방적' 또는 '방어적' 사고방식을 택해 그 주장에 대해 더 알려는 동기가 생긴다. 또 모순적인 증거에 대해서도 더 알려고 하는데, 단순히 실수나 오류를 최소화하기 위해서가 아니라 최선의 답을 얻고자 하는 열망 때문이다. 이것을 과학자들은 '촉진 사고방식'promotion mindset이라 부른다.

> "당신이 발표자라면 청중들에게 촉진 사고방식이 갖춰져 있을 때 수용적인 청중을 사로잡을 가능성이 훨씬 더 높아질 것이다. 확신한 근거가 있는 지식을 제공하는 때와 개인적인 의견을 밝히는 때를 명확히 구분해 청중들의 촉진 사고방식을 부추기자. 객관적인 지식을 풍부하게 전달해가며 청중들이 시대에 한참 뒤떨어진 주류 아이디어를 고수하는 대신 새롭고 더 나은 방식을 채택함으로써 혜택을 얻을 방법을 가급적 자세히 설명하자."

원칙 4: 용기 있는 자기희생을 드러내자

앞서 3장에서 반항자들이 현상 유지를 거부하는 데 따르는 심각한 위험을 살펴보았다. 다윈의 불운한 선배 과학자들의 안타까운 운명이나 윌트 체임벌린이 언더핸드 방식의 자유투를 잠깐 시도하며 느꼈던 자괴감을 떠올려보라. 반항자의 삶은 실로 고난의 연속일 수 있다. 하지만 여기에는 좋은 점도 있다. 자신의 의견이 얼마나 가치 있는지를 사람들에게 설득할 때 반항자들은 몸소 겪어온 심리적 피해와 사회적 위험을 본인에게 유리하게 활용할 수 있다.

> "우리는 어떤 사람이 위험을 무릅쓰는 영웅처럼 보이면 그를 더 신뢰하는 경향이 있다. 반항자들은 그동안 다수와 다른 입장을 고수하느라 치러온 개인적인 희생과 대가를 드러내 본인의 용기를 알림으로써 사람들의 인식을 바꿀 수 있다."

형사재판 배심원단 대상의 한 실험에서는 소수자들이 명백히 불편한 상황임에도 자신의 목소리를 내는 경우 더 큰 영향력을 발휘한다는 점을 발견했다. 소수의 배심원이 반대해 만장일치 판결을 막는 경우 다수 의견의 배심원들이 보이는 조롱은 오히려 반대자들에게 유리하게 작용하는 것으로 나타났다. 다수 의견의 다른 배심원들은 반대자들이 (부당하거나 심하게) 비난받는 모습을 보고 그들의 용기를 존중하며 그들의 견해를 곱씹어보는 데 시간을 더 많이 할애하고 그들의 관점을 채택하려는 의지를 더 크게 보이기 때문이다.

이때 1가지 유의할 점이 있다. 배심원 다수가 설득력 있고 근거에 입각한 강력한 주장을 제시하면 배심원들은 다수 의견과 반대 의견이 둘 다 설득력 있다고 생각한다. 하지만 배심원 다수가 엉성한 주장을 내놓으면 도저히 상대 안 되고 무력해 보이던 반대자들이 점차 설득력을 얻게 된다. 왜 그럴까? 배심원들이 반대자들을 더 헌신적이고 진실하며 신뢰할 만한 사람으로 여기기 때문이다.

또 하나 유의할 점은 만약 반대자들이 그저 불평불만만 늘어놓는 멍청이로 보인다면 아무도 그들이 말할 용기를 쥐어 짜내는 어려움에 주목하지 않으리라는 것이다. 그러니 투덜거리기만 하는 못난이처럼 굴지 말자! 반대자라도 다수 의견에 좋은 점이 있으면 그들과 연대하는 모습을 보이자. 그런 식으로 호감 '점수'를 쌓아놓아야 나중에 다른 의견에 격렬히 반대할 때 써먹을 수 있다.

그렇다고 조롱받는 모습을 보이는 것만이 사람들에게 용기 있다는 인상을 심어주는 유일한 방법은 아니다. 연구 결과에 따르면 반대자들이 통념과는 다른 의견을 주장하기 위해 사비를 털어 비용을 부담하는 경우에도 더욱 신뢰할 만한 사람으로 비춰진다고 한다. 사람들은 반대자들이 기꺼이 희생할 용의가 있다는 데 (좋은 의미로) 놀라고, 그러면 반대자의 제안을 실행하는 데 더 수용적인 태도를 보인다. 반면 소수 반대자가 사익을 추구하며 명백한 이해 충돌을 보이면 신뢰감은 사라진다. 사회적으로 신뢰를 얻던 내부 고발자들도 수익성 높은 출간 계약을 맺는 등 사익을 챙기게 되면 관심과 매력을 잃는다. 이런 사실을 잘 아는 구성원 다수는 이해관계가 감춰진 기미가 보이면 그게 무엇이든 까발려 반대자들의 신뢰를 깎아내리려 할 것이다.

그러니 반대자로서 당신이 겪어온 희생을 (너무 과장해 역효과가 나지 않는 선에서) 강조하자. 의견을 제시하면서 당신의 심리적 취약성을 같이 드러내자. 소리 내어 말해보라. "나는 사실 반대하는 입장을 취하기가 정말 불편해요"라고. 당신의 의견을 밝혀야 할지 말지를 고민하느라 간밤에 한숨도 못 잤다고 사람들에게 알리자. 설령 당신의 의견이 주목받게 되더라도 금방 신나서 의기양양해하지 말고 당신이 겪어온 실질적인 희생을 계속해서 강조하자. 사람들은 공개적으로 이의와 의문을 제기하는 일이 얼마나 두려운지 이해한다. 당신이 그간 걸어온 고된 여정을 진솔하게 표현해 주장의 설득력을 높이자.

원칙 5: 유연하게 일관성을 유지하자

1994년 듀크 대학교 웬디 우드Wendy Wood 박사와 동료들은 소수자들이 영향력을 발휘할 수 있는 조건에 대한 연구 143건을 효과적인 통계 도구를 활용해 종합했다(그렇다, 학자들은 꽤 오랫동안 이런 연구를 해왔다!). 그 결과 소수자들이 사용할 수 있는 가장 좋은 방법은 시간이 지나도 일관된 메시지를 유지하는 것이었다. 소수자들이 현실에 굴복해 모순의 조짐을 보이거나 더 나쁘게는 위선적으로 보인다면 불복종은 실패하고 만다. 오랜 시간에 걸쳐 안정적으로 일관된 메시지를 전달하는 일은 원칙적인 불복종이 다른 사람들의 신념을 변화시키는 데 성공할지 여부를 예측하는 최고의 변수이다.

변화를 일으키려면 당신부터 진정한 신봉자처럼 보여야 하고, 이상적으로는 실제로도 그래야 한다. 사람들은 변화가 부담스럽게 느껴질 때 반대자들이 입장을 바꾸거나 소신이 부족해 보였던 때를 꼬투리 잡아 변화하지 않을 구실을 찾는다. 그렇지만 반항자를 어떤 대의의 살아 있는 화신으로 인정하게 되면 감명받지 않을 수 없다. 이는 원칙 4와도 연결되어 반항자들의 일관성은 그들이 대의를 위해 헌신하느라 그동안 수많은 사회적 비용과 고초를 치러왔을 가능성을 시사하기 때문이다. 그렇더라도 앞서 말했듯 진정한 신봉자들은 다른 사람들을 소외시키고 두려움을 유발하지 않기 위해(원칙 2) 자신의 생각을 남들에게 억지로 강요하지 않는다. 결국 답은 유연한 일관성이다.

> “어떤 이슈를 너무 중요하게 여겨 거기에 기꺼이 목숨을 바치려 할 수 있다. 다른 이슈에 대해서는 그 정도까지는 아닐 수도 있다. 그 차이를 알고 일관성을 유지하자.”

중요한 목표를 추구할 때는 일관성이 반드시 필요하다. 반항자들은 자기 입장을 완강하게 고수해야 하며 집단을 이뤄 일관된 신념을 펼쳐야 한다. 단 한 번의 변절로 사람들은 신임을 거둘 수 있다. 당신에게 중요도가 낮은 사안에 대해서는 허리를 굽히려 노력하자. 이런 부분은 흔쾌히 양보하자(연구 결과 작은 양보가 쌓이면 상대방은 더 대하게 보답하려 노력한다고 한다). 변화에 반대하는 사람들에게 진심 어린 관심을 보이자. 변화를 위해 그들이 감수해야 하는 노력과 희생에 공감을 표하자. 당신과 어울릴 때 그들 기분이 좋아지게 만들자. 그들에게 존중을 표하자. 연구 결과에서 보듯 그런 노력이 쌓이면 다른 사람들이 당신의 관점에 점점 스며들어 당신의 일관된 주장을 점점 더 존중하게 된다는 사실을 깨달을 것이다.*

변화는 일어날 수 있다, 시도만 한다면

이번 장에서 살펴보았듯 다른 사람들에게 새로운 관점을 설득하기 위해 대책 없이 무작정 덤벼들 필요가 없다. 새로운 아이디어로 옹호자 다수를 뒤흔들 가능성을 높이는 방법을 최신 연구 결과들에서 확인할 수 있기 때문이다. 내부인의 입장에서 의견을 제시하자. 두려움이 아닌 호기심을 불러일으키자. 우리 주장의 어떤 부분이 객관적으로 옳은지를 분명히 전달하자. 용기 있게 희생하며 살아왔다는 인상을 심어주자. 유연하면서도 일관성 있게 행동하자. 이 중 특별히 실천에 옮기기 어려운 것은 없다. 그저 의견을 제시할 때 조금만 시간을 들여 청중들에 대해 고민하고, 그들의 두려움과 요구에 공감하며, 그에 따라 발언 내용을 조정하면 된다. 푸가지가 해냈

* 마지막 몇 분 동안 상호 존중을 느끼게 하고 만남을 마무리하면 사람들이 변화를 현명하다고 생각하는 데 긍정적인 영향을 미친다.

듯이 당신도 얼마든지 해낼 수 있다!

그러나 원칙적인 불복종의 연구 결과에서 얻은 통찰을 적용한다고 해서 반드시 성공이 보장되지는 않는다. 이런 기술을 부지런히 활용하더라도 원하는 결과를 얻지 못할 수 있다. 그렇다고 절망하지는 말자. 당신의 영향력은 생각보다 클지 모른다. 장기적인 변화는 서서히 진행되어 다른 사람들이 당신의 의견이나 제안을 심사숙고하는 동안 수면 아래에 거품처럼 떠 있을 수도 있다. 새로운 아이디어를 접했을 때 기존의 신념을 저버리고 과감히 새로운 시도에 나서는 사람은 극소수에 지나지 않는다. 대다수 사람은 공개적으로 현상을 유지하는 입장을 고수하면서도 개인적으로는 마음속에 의심의 씨앗을 품게 된다. 우리의 정체성을 바꾸기란 심리적으로 어려운 일이고, 특히 우리가 신뢰하고 좋아하고 싫어하는 것들을 기록한 공식 문건이 서류상으로 남아 있다면 더욱 그렇다. 새로운 아이디어를 접한 사람들의 최초 반응은 대개 긍정적이거나 부정적이지 않고 오히려 양가적이다. 반감과 흥미, 혼란과 슬픔, 희망과 실망이 뒤섞인 상태이다.

이런 양가감정이 꼭 나쁜 것만은 아니다. 구성원 다수는 양가감정이 들면 자연스레 불확실한 느낌이 들어* 노선의 변경에 따르는 비용과 효익을 따져봄으로써 그 불확실성을 해소하고 싶어 한다. 당신이 반항자로서 불확실한 느낌을 충분히 심어준다면 사람들은

* 행동하지 않은 고통은 위험을 무릅쓰고 한 행동이 실수였음을 깨닫는 후회보다 훨씬 강렬하고 오래간다.

나중에 후회하지 않기 위해서라도 당신의 아이디어를 한번쯤 공정하게 검토해야 한다는 압박감을 느낄 것이다. 그리고 시간이 흐를수록 양가감정이 해소되고 의견과 행동이 변하게 된다. 과학자들은 이것을 '수면자 효과'(sleeper effect, 신뢰도나 지지도가 낮은 메시지의 설득 효과가 시간이 지날수록 오히려 증가하는 현상—옮긴이)라 부른다. 연구자들은 비전형적인 소수자가 예상치 못한 아이디어를 제시하는 경우에는 양가감정의 반응이 변화의 초기 징조라는 점을 발견했다. 양가감정에 빠진 사람들은 아이디어의 좋고 나쁨을 결정할 수 있을 만큼 충분한 정보를 수집해 자신들의 믿음을 업데이트한다. 소수자의 아이디어를 계기로 개인, 집단, 사회가 새로운 지식을 얻음으로써 변화와 개선이 가능해지는 것이다.

당신은 반항자로서 지금 당장 변화를 원할 것이다. 그 마음은 이해하지만 보통은 그렇게 되지 않는다. 그래도 일단 실제로 시작된 변화는 오랫동안 지속되는 경향이 있다. 권력을 쥔 구성원 다수가 다른 사람들에게 그들의 생각에 따르라고 강요할 수도 있지만 깊은 수준에서 사람들을 변화시키기는 어렵다. 이에 반해 반항자들은 구성원 다수가 근본적으로 생각을 바꾸게 만들 수 있다. 처음에는 단순히 다수 의견의 기저에 깔린 개념 틀 일부를 허무는 데 그칠 수 있다. 그러다 구성원 다수가 반대 입장을 면밀히 검토하면서 공감대를 더 많이 형성하게 된다. 근거가 늘어날수록 반항자들은 신뢰를 얻고 주장의 영향력도 커진다. 그러면 다수의 행동이 처음에는 눈에 띄지 않게, 나중에는 확연하게 변하기 시작한다.

연구 결과에 따르면 내집단의 소수자들은 처음 메시지를 전달할 때뿐 아니라 나중에 메시지가 충분히 내재화되었을 때도 집단이 입장을 바꾸도록 영향을 미칠 수 있다. 동물실험 금지를 주장하는 운동가의 말을 듣고서 바로 그날 밤 향수 회사 실험실에 화염병을 던지는 집회에 참여하지 않을 수는 있다. 하지만 우리는 듣는다. 그리고 생각한다. 얼마 지나지 않아 향수 불매운동을 시작한다. 향수를 광고하며 후원받는 텔레비전 쇼와 웹사이트를 공개적으로 비난한다. 또 동물실험을 중단시켜야 한다고 주장하는 정치인들에게 투표한다. 변화는 눈에 띄지 않아도 명백하게 일어난다.

당신은 반항자로서 굳세게 버텨야 한다. 사람마다 얻는 결과가 다양하며 인종, 성별, 젠더, 외부로 보이는 성격적 특징에 따라 원칙적인 불복종의 표현은 다르게 해석된다. 처음부터 호감을 얻으리라 기대하지 말자. 장기전을 예상하자. 혁명이 아니라 진화를 목표로 삼자. 그리고 5가지 원칙을 반드시 실천에 옮기자. 주류의 사고는 결국 진화한다. 원칙적인 불복종 행위가 하나둘씩 영향력을 얻을 때마다 우리는 더 나은 세상에 점점 다가간다. 그런 변화의 주체가 되는 것은 반항자인 당신의 소명이자 특권이다. 당신의 사명을 받아들이자.

하나 다행스러운 점은 당신 혼자서 사명을 완수할 필요가 없다는 것이다. 당신의 성공 가능성을 높이려면 다른 사람들을 참호 속으로 끌어들여 함께 싸워야 한다. 다음 장에서 살펴볼 몇 가지 원칙에 따르면 중요한 협력자들을 설득하는 능력을 키울 수 있다. 효과적인 불복종을 위해 사회적 관계를 최적화하는 방법에 대한 최신 연구 결과들은 주류의 잘못된 사고방식을 바로잡으려는 선의의 위칙적인 불복종자들에게 유용한 해법을 제시한다.

불복종의 기술

1. 동료 집단 구성원들과 유대감을 형성하고 집단의 규범을 지지하며 긍정적인 집단 정체성을 조성하는 데 에너지를 쏟자. 그러면 사회과학자들이 말하는 '괴짜 점수'를 얻게 된다. 사회적으로 지지받고 설득할 기회를 얻는 데 이 문화 자본을 '사용'할 수 있다.
2. 당신의 용기를 알리자. 원칙적인 불복종자는 기존 체제에 반대하는 과정에서 겪었던 개인적인 희생을 공개함으로써 사회적 인식을 바꿀 수 있다. 물론 너무 과장하지는 말자. 역효과가 생길 수 있다.
3. 당신의 비순응적인 아이디어가 모든 사람을 바로 매료시킬 것이라 기대하지 말자. 새로운 아이디어를 접한 사람들의 초기 반응은 대개 긍정적이거나 부정적이지 않고 오히려 양가적이다. 당신이 반항자로서 기존의 통념이 불확실하다는 느낌을 충분히 심어준다면 사람들은 당신의 아이디어를 한 번쯤 공정하게 고려해야 한다고 압박감을 느낄 것이다.

5장 혼자서 세상을 바꿀 필요는 없다

화창한 여름날의 이른 아침, 당신은 이제 막 사흘간의 하이킹 여행을 떠나려는 참이다. 하이킹은 처음이고, 솔직히 말해 소파와 냉장고 사이를 왔다 갔다 하는 일 외에 운동은 처음이다. 격렬한 신체 활동은 당신의 적성에 맞지 않는다. 하지만 의사가 콜레스테롤을 낮추라고 권해 마지못해 운동을 해보려고 한다. 자외선이 차단되는 등산복을 입고 새로 산 등산화를 신은 뒤 온갖 먹거리와 살충제 스프레이 3종으로 가득 찬 배낭을 등에 멘다. 드디어 만반의 준비를 마쳤다. 그런데 정말 그럴까? 하이킹 코스의 출발 지점에 도착해 당신은 눈앞의 엄청나게 큰 언덕, 사실상 산을 보고 어처구니없어 한다. 어떻게 13.6킬로그램짜리 배낭을 짊어진 이 무거운 몸으로 사흘 내내 저 산을 오르내릴 것인가?

여기서 이 딜레마의 체력 부분은 어쩔 도리가 없다. 이 책은 그런 분야가 아니니까. 하지만 원칙적인 불복종 행위를 비롯해 어떤 종류의 힘든 일이든 동기를 부여해 한결 수월하게 만드는 방법은 공유할 수 있다. 버지니아 대학교 데니스 프로핏Dennis Proffitt 박사는 일련의 흥미로운 연구에서 참가자들을 언덕 아래로 데려가 하이킹을 준비하라고 시켰다. 프로핏 박사와 팀원들은 참가자들이 눈앞에 있는 등산로 경사도와 등산 난이도를 심하게 과대평가한다는 점을 발견했다. 참가자들은 10도 정도인 언덕 경사를 30도 정도로 보았다. 그런 다음 연구팀은 참가자들에게 짐을 가득 채운 배낭을 메고 언덕으로 다가가라고 지시했다. 그러자 언덕은 더욱 가파르게 느껴졌다. 건강이 좋지 않은 사람들은 언덕에 가까이 갔을 때 10도 경사의 오르막길을 훨씬 더 비탈지게 보았다.

이런 오해는 우리 뇌가 예산 편성을 은밀하게 결정하며 발생한다. 우리 몸은 생존을 위해 신진대사 에너지를 보존하도록 진화했다. 어떤 일을 앞두고 우리 뇌는 그 일을 함으로써 얼마나 많은 에너지를 소비할지, 그리고 합리적인 대안을 찾으면 얼마나 많은 에너지를 아끼게 될지 계산한다. 언덕 경사를 더 가파르게 판단하는 것은 우리 뇌가 우리에게 힘이 덜 빠지는 일을 우선적으로 선택하라고 넌지시 유도하는 방법이다. 실제로 게으름은 우리 종족의 비밀스러운 생존 메커니즘이다(우리 상사들에겐 그다지 비밀도 아니겠지만).

이런 게으름에는 꽤나 흥미로운 측면이 또 있다. 연구팀은 참가자들에게 신뢰하는 친구와 함께 그 언덕을 올려다보게 했다. 그러자 놀랍게도 참가자들은 같은 언덕을 13퍼센트 덜 가파르게 보았고, 실제로도 친구 없이 언덕을 바라본 사람들보다 언덕을 오르는데 에너지를 더 적게 소비하며 체력적인 도전을 더 쉽게 여겼다. 참가자들은 신뢰하는 친구와 함께 있는 것만으로도 현실에 대한 시각적 인식을 바꾸고 신체적 난관을 극복할 수 있다고 자신했다. 이런 실험 결과는 조금도 이상하지 않다. 다른 연구에 따르면 수염이 덥수룩한 테러범이 눈앞에서 총을 겨누는 상황에서 친구들과 함께 있는 남성은 혼자 서 있는 남성보다 그 테러범을 더 왜소하고 약하며 덜 위협적이라 보았다.

고난과 시련을 겪을 때는 곁에서 도와주는 친구가 꼭 필요하다. 이것도 역시 우리 뇌가 설계된 방식과 관련 있다. 우리는 최대한 게으름을 유지하려고 친구들에게 의존하는 경향이 있다. 이것이 딱히 훌륭한 일은 아니지만 우리는 '사회적 기준선'을 참조해 신체적, 정신적 자원을 어떻게 투자할지 결정한다. 여기서 사회적 기준선이란 우리가 신뢰할 만한 사회적 관계를 가깝게 인식하는 정도를 말한다. 어떤 도전에 직면하면 우리는 신속히 멘탈 스캔을 실시해 도움이 될 만한 사회적 자원에 접근할 수 있는지 판단한다. 만약 가능하다면 수행 능력이 향상된다. 우리 뇌는 정신적, 육체적, 사회적 도전에 부딪힐 때 협력자가 있으면 함께 일을 거들어줄 손이나 뇌가 늘어났다고 해석한다. 그래서 "휴, 이제 살았네!" 하고 안도한다. 우리 뇌에서 협력자는 말 그대로 '나'의 일부로 인식된다. 우리는 친구들이 무거운 짐을 나눠지리라 기대하고 에너지 부담을 줄여 신진대사 에너지를 아끼라고 뇌에 신호를 보낸다. 비유가 아니라 말 그대로 가깝고 신뢰할 만한 협력자의 자원을 우리 것으로 빌려 쓰는 셈이다.

언덕을 오르거나 눈앞에서 신체적인 위협을 당할 때처럼 기존 체제에 반대하며 사람들에게 새로운 아이디어를 수용하도록 설득하는 일은 우리의 정신력을 엄청나게 고갈시킨다. 이럴 때 믿을 만한 협력자들이 곁에 있다면 힘겨운 일을 추진하는 과정에서 압박감을 어느 정도 줄일 수 있다. 어떤 친구는 우리에게 그 자리에 모인 청중이 동의할 수 있는 이야기로 말문을 열어야 한다고 일러줄 것이다. 어떤 친구는 우리의 이야기를 들으며 안심하는 미소를 짓거나 고개를 끄덕여 우리를 격려해줄 것이다. 어떤 친구는 회의론자들이 제기하는 예상치 못한 반박에 대응하도록 도와줄 것이다. 친구들과 함께라면 우리는 모든 것을 기억할 필요가 없다. 모든 것을 옳게 말할 필요도 없다. 혼자서 모든 분야의 전문가가 될 필요도 없다. 그렇다면 앞으로 반항자가 되려는 사람들은 어떻게 해야 가장 도움이 되는 협력자들을 찾아내고 관계를 유지할 수 있을까? 연구 결과를 바탕으로 다음과 같은 기본 원칙 3가지를 도출할 수 있다.

> “혼자서 세상을 바꿀 필요는 없다. 힘겨운 시기에 당신을 지지해 줄 신뢰할 만한 협력자들을 끌어모으자.”

원칙 1: 당신의 사회적 자본을 최대한 활용하자

당신이 협력자를 찾는 반항자라면 비록 직관적이지는 않아도 사람을 선택하는 안목을 갖추고 싶을 것이다. 당신은 외부인이니 아무래도 영향력이나 권력, 재산이 많거나 비공개 정보에 접근 권한이 있는 사람을 고르는 쪽이 유리하다고 생각할지 모른다. 물론 부유하고 힘 있는 사람들은 매우 좋은 친구가 될 수 있다. 당신이 많은 사람에게 당신의 신념을 알리려는 계획이 있을 때 갈라파고스에 정박된 당신 친구의 자쿠지 딸린 고급 요트에서 행사를 연다면 더 즐거울 것이다. 하지만 연구 결과들에 따르면 당신의 지적 능력이나 정서적 능력을 보완해줄 협력자를 찾는 쪽이 낫다. 그들이 당신의 통찰력과 지혜를 키워주는가? 더 좋은 질문을 던지도록 능력을 향상시키는가? 문제 해결을 도와주는가? 당신의 자존감을 높여주는가? 그렇다면 그들은 돈이나 권력이 많든 적든 협력자로 영입하기에 좋은 후보이다. 현상 유지에 반기를 들려면 다른 사람들과 친밀한 관계를 맺어 자기를 확장하는 일이 필수적이다. 근거에 기반한 자기계발서는 자기 확장에 도움이 된다. 다큐멘터리도 마찬가지이다(특히 〈니콜라스 바클레이의 진실〉The Imposter 〈스펠바운드〉Spellbound 〈서칭 포 슈가맨〉Searching for Sugar Man 등을 추천한다). 그렇지만 자기를 확장하고 강화하는 데 가장 빠르고 효과적인 방법은 사람들과 관계를 맺는 것이다.

이 조언을 바꿔 생각하면 반항자들이 자신과 다른 사람을 찾아야 신뢰할 만한 협력 관계가 된다는 뜻이기도 하다. 이런 사람이 당신과 같은 음식을 먹고 같은 책을 읽고 같은 음악을 듣고 같은 사회 집단에서 활동한다면 당신과 같은 생각을 할 가능성이 높다. 그러면 당신은 그 관계에서 공감받는다고 느끼기는 해도 당신의 역량을 향상시키지는 못할 것이다. "위대한 인물들은 똑같이 생각한다"라는 옛말을 아는가? 아니, 그렇지 않다. (서로 협력 관계인) 위대한 인물들은 서로 다르게 생각한다.

> "당신을 보완해줄 사람들을 찾자. 흥미롭고 도전적이며 깨달음을 주는 파트너들 말이다. 새로운 아이디어와 시각을 꾸준히 접하게 해 좋은 의미로 당신에게 큰 충격을 주는 사람들이 필요하다."

또 당신의 감정 폭을 넓혀줄 수 있는 협력자들을 찾자. 일레인 청Elaine Cheung 박사는 특정한 감정을 다스리는 일을 도와주는 특정한 사람들의 존재라는 '이모션십'emotionship 개념을 제시했다. 다양한 정서적 욕구를 해소하도록 도와주는 협력자가 많아질수록 당신 삶의 만족도와 반항자로서의 잠재적 역량도 증가할 것이다. 같은 맥락에서 미시간 대학교 킴 캐머런Kim Cameron 박사가 말하는 '순 긍정적인 에너자이저'net positive energizer 역할을 하는 협력자들을 찾아 나서자. 어떤 사람들은 몇 시간만 함께 어울려도 에너지가 완전히 충전되는 느낌을 준다. 어떤 사람들은 에너지를 너무 고갈시켜 (위스키나 퍼마시면서) 몸을 한껏 웅크리고 인간종 자체를 피하고 싶게 만든다. 권력에 굶주린 사람들과 싸우는 입장에서 당신은 우울하고 불만 많은 사람보다는 순 긍정적인 에너자이저를 곁에 두고 싶을 것이다. 순 긍정적인 에너자이저들은 당신에게 관심을 보이고, 당신과의 관계를 소중히 여기고, 약속을 지키고, 새로운 가능성에 열려 있고, 의견이 불일치할 때도 호기심을 갖고 접근한다. 그들은 당신이 새롭게 도전하고 위험을 감수하고 혁신할 수 있도록 힘을 불어넣을 것이다. 순 긍정적인 에너자이저들은 당신의 개인적인 성장을 위한 레드불Red Bull이다.

이모션십 테스트

당신 삶에는 당신이 느끼는 중요한 감정을 조절하게 도와줄 사람들이 있는가? 주변인 중 다음과 같은 역할을 하는 신뢰할 만한 사람은 누구인가?

- 당신을 응원해주는 사람은?
- 당신을 기운 나게 하는 사람은?
- 당신 마음이 평온해질 때까지 긴장을 가라앉혀주는 사람은?
- 당신이 장난기 어린 모습을 보여줄 수 있는 사람은?
- 당신이 슬플 때 위로해주는 사람은?
- 당신 곁에서 중압감과 싸워주는 사람은?
- 당신을 웃게 만드는 사람은?
- 당신과 지식이고 깊은 대화를 나누는 사람은?

위와 같이 다양한 방식으로 지지해주는 사람들이 당신 곁에 꼭 있기를 바란다. 당신 혼자서도 변화를 일으킬 수 있겠지만 다양한 정서적 성향과 능력을 가진 친구들에게 도움을 받으면 당신의 반항은 훨씬 효과적일 수 있다.

당신의 친구들은 순 긍정적인 에너자이저인가?

함께 어울릴 때 그들이 정신적, 신체적으로 집중하는가?
— 에너자이저들은 단지 관심을 보이는 척만 하지 않고 다른 사람들과 그들의 관심사에 진심으로 흥미를 보인다.
그들이 관계의 진전을 중시하는가?
— 에너자이저들은 다른 사람을 배려하며 결코 목적을 위한 수단으로 대하지 않는다.
그들이 약속한 바를 행동에 옮기는가?
— 약속해놓고 바람맞히는 것보다 더 사람을 김새게 만드는 일은 없다. 에너자이저들은 그런 행동을 꿈에도 하지 않을 것이다.
그들이 가능성을 찾는가, 아니면 문제점을 찾는가?
— 에너자이저들은 쉴 새 없이 비판하며 당신의 기발한 아이디어에 재를 뿌리지 않는다. 그들은 일단 '좋다'라고 말해주는 사람들이다.
의견 차이가 있을 때 그들이 호기심을 보이는가, 아니면 방어적인 태도를 보이는가?

— 에너자이저들은 모든 논쟁에서 이기려 들지 않는다. 그들은 자기가 모든 것을 안다고 생각하지 않는다. 그리고 자기 입장을 고수할 때도 상대방을 적대시하지 않는다.

그들이 자신의 지식과 기술을 적절하게 사용하는가?

— 에너자이저들은 자기 실력을 과시하려고 성급히 해결책을 찾거나 대화를 장악하기보다 협업을 통해 아이디어를 발전시키는 데 만족한다.

그들이 모든 사람에게 똑같이 대하는가? 아니면 사람마다 다르게 대하는가?

— 에너자이저들은 자신의 방식에 맞추라고 남들에게 요구하기보다 대화와 프로젝트에 사람들을 참여시켜 그들이 기여할 수 있는 기회를 찾는다. 에너자이저들은 힘들어하는 사람을 보면 그에게 무엇이 필요할지 넘겨짚기보다 그의 이야기를 들어주길 바라는지, 아니면 도움의 손길을 원하는지 물어본다. 에너자이저들은 다양한 성격과 성향을 가진 사람들의 잠재력을 이끌어내기 위해 그들에게 어떻게 대화를 나누면 더 편한지 묻는다.

우리를 확장시켜주는 사람을 만나기란 쉽지 않다. 연애든 다른 관계든 자기 확장이 가능한 관계를 시작하려는 시도에는 위험이 따른다. 내 첫 번째 연구에서는 사람들이 언제 자기와 비슷한 파트너보다 다른 파트너를 선택하는지 알아보는 실험을 했다. 나와 동료들은 모의 데이트 사이트를 이용해 연구 참가자들을 두 그룹으로 나눴다. 한 그룹은 자신과 흥미나 가치관이 비슷한 사람들의 프로필을 보고 있다고 믿었고, 다른 그룹은 성격과 관심사가 자신과 완전히 다른 사람들의 프로필을 보고 있다고 믿었다. 실험 결과, 참가자들에게 어떤 매력적인 사람이 그들의 프로필을 마음에 들어 해서 만나기를 원한다고 말하자 참가자들은 자신과 다른 사람을 강하게 선호했다. 반대로 참가자들에게 매력적인 사람이 그들을 마음에 들어 한다는 정보를 제공하지 않자 참가자들은 자신과 비슷한 사람을 강하게 선호했다. 우리 인간은 자기 확장이나 탐구보다 소속감을 훨씬 갈망한다(조금 뒤에 더 자세히 이야기하겠다). 만약 관계를 찾는 '쇼핑'에서 다른 사람들이 우리를 받아줄지 의심하게 되면 성장의 기회를 포기하고 자신과 비슷한 사람들에게 안주하기 쉽다. 반대로 그런 의심을 품지 않거나 현재의 자신을 편안하게 느낀다면 우리가 배우고 성장하도록 도와줄 파트너를 찾아 나서게 된다.

매력적이고 흥미로운 사람에게 거절당할 때 그 상처의 아픔은 더 강하고 오래간다. 그리고 제안이 부정적으로 받아들여지면 그 일을 개인적인 일로 여겨 기질에 따라 한동안 사회 불안을 겪기도 한다. 사회 불안은 지극히 정상적인 반응이고, 특히 처음 관계를 맺는 단계에서는 더욱 그렇다. 반항자로서 협력자를 찾고 있다면 원하는 잠재적인 협력자에게 접근하기 전에 거절에 대한 두려움이 잦아들 때까지 기다리자. 혹은 두렵더라도 용기를 내 접근해보자. 너무 깊이 생각하지 말고 그냥 일단 해보자. (불안을 어떻게 극복할지는 다음 장에서 아이디어를 더 많이 소개할 것이다.) 마음을 준비하기 위해 자기 확장이 왜 당신에게 도움이 되는지 몇 분 동안 상기해보자.

연구 결과 성장 기회의 가치를 떠올릴 때 낯선 사람과 처음 만나는 불확실한 상황 속에서도 용기를 내 접근할 동기가 생긴다고 한다.* 도움이 되는 협력 관계는 기꺼이 자존심을 굽히고 위험을 무릅쓰면서 자신의 사명을 함께하고픈 사람들에게 다가가려는 의지에서 비롯된다.

우월 의식을 버리고 성장을 추구하자

사회적 지위를 중시하는 사람들과 달리 성장을 추구하는 사람들은 낯선 이들과의 만남을 흥미로운 도전이자 자신의 시야를 넓힐 기회로 여긴다. 당신과 다른 이야기, 다른 지식 체계를 가진 사람들에게서 배울 수 있는 기회를 절대 놓치지 말자. 당신은 새로운 사람이나 아이디어를 접할 때마다 한 인간으로서 점점 발전하고 확장해 나갈 수 있다. 선택은 당신에게 달려 있다. 당신이 가진 지식과 지혜로 남들에게 깊은 인상을 남기려 안간힘 쓰지 말고 의도적으로 당신을 확장하고 성장시킬 방법을 모색하자. 그러면 당신은 점점 더 강하고 현명해질 것이다. 그리고 사람들은 당신을 훨씬 더 좋아

* 연구자들은 백인 성인들이 (안정을 추구하는 경우에 비해) 자기 확장의 메시지를 생각해보고 나면 다른 인종과의 상호 작용에 적극적으로 임한다는 점을 발견했다. 이 연구 결과의 시사점은 명확하다. 가치관, 기술, 관심이 다른 사람들과 함께 있으면 긴장하고 난처할 수 있으나 안전하고 편안한 내집단을 벗어나야만 더 빠르게 성장하고 시야가 넓어진다. 자기 확장이 왜 이로운지 5분만 생각해보면 안전하고 친숙한 내집단의 매력에서 벗어나려는 동기를 자극할 수 있다.

하고 매력적으로 여길 것이다.

원칙 2: 힘든 시간을 함께 견뎌내자

일단 잠재적인 협력자들을 찾으면 그들과 의미 있고 견고한 관계를 구축해야 한다. 가장 좋은 방법은 고통스러운 도전을 함께 겪어보는 것이다. 마이클 아가일Michael Argyle과 모니카 헨더슨Monika Henderson 박사는 대인관계에 대한 과학적 연구를 통해 우정의 기본적인 특징 6가지를 도출했다. 좋은 친구들은 (1) 상대방이 정서적인 지지를 필요로 할 때 곁에 머물러준다. (2) 상대방이 힘들 때 자진해서 돕는다. (3) 상대방이 없을 때도 그를 옹호한다. (4) 상대방을 신뢰하고 속내를 털어놓는다. (5) 상대방과 함께 있을 때 그를 행복하게 해주려고 노력한다. (6) 성공과 승리의 경험을 공유한다. 이런 규칙을 어기면 우정은 깨진다. 그렇지만 앞의 4가지 규칙이 행복과 관련되지 않았다는 점을 주목하자. 이 규칙들은 친구가 힘들어할 때 판단을 유보하고 공감하며 곁에 있어주는 것으로, 당신이 협력자들과 공동의 도전을 겪는 상황에서도 유용한 덕목이다. 마지막 두 규칙 역시 공동의 도전에 따른 어려움과 관련 있다. 당신이 스트레스를 받을 때는 당신의 행복을 신경 써주는 사람이 곁에 있는 편이 좋다. 당신이 적들을 물리치고 나서 함께 기쁨을 나눌 사람이 있는 것도 좋다.

한 연구에 따르면 사회적 동물들은 고통을 통해 서로 연결되도록 설계되었다.* 우리가 우정을 나누는 사이라면 당신의 고통이 곧 나의 고통이 된다. 당신이 고통을 느낄 때나 내가 고통을 느낄 때나 우리 뇌의 같은 부위가 활성화된다. 그러므로 고통을 분담하는 일은 사람들을 하나로 뭉치게 하는 전략이 될 수 있다. 대부분 사람은 먼저 타인과의 신뢰가 쌓인 뒤에나 자신의 결점, 불안, 실패와 고통을 드러낼 수 있다고 믿는다. 이런 생각은 사실 순서가 뒤바뀐 셈이다. 패트릭 맥나이트Patrick McKnight, 시몬 맥나이트Simone McKnight, 리사 알렉산더Lisa Alexander 박사와 나는 연구를 통해 사람들이 역경을 함께할 때 서로 신뢰가 생긴다는 점을 발견했다. 우리는 혼자서 중요한 목표를 달성할 수 있을지 불확실하고 누군가에게 의지해야 한다고 생각할 때 타인을 신뢰하게 된다. 취약성이 먼저이고 신뢰가 뒤따른다.

고통은 친밀감이 형성되는 속도를 앞당겨 서로 유익한 관계로 향하는 지름길을 제공한다. 한 연구에서는 고통이 없는 일을 함께한 낯선 사람들보다 고통스러운 일을 함께한 사람들이 서로 유대감을 더 크게 느낀다는 점을 발견했다. 시련을 함께한 동지들끼리는 서로 더 협력하는 경향이 있었다. 다른 연구에서는 고통스러운 활동을 함께 견뎌낸 그룹 구성원들이 고통을 함께 견디지 않은 그룹 구성원들보다 서로 더 자주 눈을 마주치고 웃고 격려하고 위로

* Lane Beckes, James A. Coan, and Karen Hasselmo, "Familiarity Promotes the Blurring of Self and Other in the Neural Representation of Threat," *Social Cognitive and Affective Neuroscience* 8, no. 6 (2013): 670–77면. 이와 유사한 발견은 Sören Krach et al., "Your Flaws Are My Pain: Linking Empathy to Vicarious Embarrassment," *PloS One* 6, no. 4 (2011): e18675 참조.

하는 경향이 있다고 밝혔다. 이런 역학관계는 실험실 밖에서도 늘 상 펼쳐지고 있다. 미 해군 특수부대에서 24주간의 초강력 수중폭파 훈련을 함께 받은 남녀 대원들은 수십 년이 지나도 상대의 결혼식, 출산, 장례식에 참석할 정도로 끈끈한 유대감을 자랑한다. 마찬가지로 감정적 소모가 심한 리더십 개발 프로그램을 운영하는 기업들 역시 의도치 않게 직원들의 오랜 우정을 북돋운다.

> “당신의 대의에 협력자들이 동참하길 바란다면 힘겨운 도전들에 맞서 함께 싸우고 고통스러운 순간을 나누는 데 주저하지 말자. 힘닿는 범위 안에서 역경을 함께 맞이하는 순간들로 최대한 뛰어들어보자. 남들에게 자신의 취약한 모습을 내보이기란 쉽지 않지만 그럼으로써 우리는 더 연결감을 느끼고 용기를 얻게 된다.”

철학자 알랭 드 보통Alain de Botton의 말처럼 “우리가 진실로 남들에게 사랑받고 낯선 이들과 친구가 되는 것은 오로지 우리의 슬프고 당황스럽고 우울하고 불안한 일면을 드러내는 순간뿐인데도 우리가 세상 앞에 그토록 강하게 보이려고 많은 노력을 쏟아야 한다는 것은 매우 가슴 아픈 일이다.”

원칙 3: 순응과 개성의 균형을 맞추자

협력자 1명을 찾는 일도 힘들지만 하나의 팀을 구성하는 것은 훨씬 더 대담한 도전이다. 어떻게 해야 팀원들을 통합해 모두 팀에 기여하도록 용기를 내게 할 수 있을까?

사회심리학자 마릴린 브루어Marilynn Brewer 박사는 사람들이 자기를 규정할 때 소속된 사회 집단뿐 아니라 자기의 고유성을 기준으로 삼는다고 주장한다. 어떤 사회 집단의 일원으로 자신을 정의할 때 우리는 자연히 생기는 2가지 상반된 심리적 욕구를 충족시키려 한다. 첫째, 우리는 다른 사람들과 어울리며 소속감을 느끼기를 원한다. 둘째, 우리는 다른 집단 구성원들의 소모품이나 들러리가 아니라고 느끼기를 원한다. 우리는 자신에게 남다른 인생 경험과 고유한 성격이 있음을 확인하고 싶어 한다. 우리는 가장 자기답게 존재하며 자신의 독특한 관점, 경험, 강점으로 집단에 기여하고 싶어 한다. 동지애를 느끼는 일을 아무리 좋아해도 우리는 결코 자신의 고유성과 생각, 그리고 자신이 집단에서 원하는 바를 포기하고 싶어 하지 않는다.

당신이 협력자 팀에 현재 상황을 타파하려는 동기를 부여하고 싶다면 그들 개개인이 이런 상충되는 욕구의 균형을 이룰 수 있도록 도와주자. 다른 한편으로는 그들이 팀에 소속감을 느끼도록 도와주자. 조직 안에서 사람들과 잘 어울리는지, 자신의 입지가 안전한지 걱정하는 일은 지극히 당연하다고 그들을 안심시켜주자(이런 불안감을 감추고 사는 사람이 매우 많다). 아예 몇 가지 사실을 알려주는 방법도 있다. 예를 들어 미국인의 34퍼센트는 자신의 사회생활에 다소 또는 매우 불만족한다. 또 미국인의 40퍼센트는 친한 친구가 1명도 없다고 말한다.* 18세 이상의 성인 2만 96명을 대상으로 한 설문조사에서는 미국인의 절반 이상이 아무도 자기를 잘 알지 못하며 제대로 이해하지 못한다고 응답했다![**] 52개국의 청소년 14만 8,045명에게 얼마나 자주 외롭다고 느끼는지 질문한 연구에서는 10퍼센트가 지난 1년 동안 거의 또는 항상 외로웠다고 대답했다. 그들에게 사람들과 어울리는 문제로 걱정하는 일이 전혀 이상하지 않다고 알려주자. 이 점을 충분히 이해하면 그들은 집단에 소속된 상태에서도 자기답게 살고자 하는 딜레마를 해결할 수 있다.

소속감을 부여하는 1가지 좋은 방법은 공통점을 중심으로 집단 구성원들과 연결되는 것이다. 당신과 협력자들의 과거에서 즉각적인 연결감을 느낄 수 있는 공통된 경험을 찾아보자. "어린 시절 친한 친구들과 뭐 하고 놀았어요?" "어릴 때 어떤 일에 관심과 흥미를 느꼈어요?" "어릴 때 칭찬받거나 벌받았던 기억 중 떠오르는 일 있어요?" "과거의 어느 한 순간을 다시 경험할 수 있다면 언제로 돌아가고 싶어요? 그 이유는 무엇인가요?" 등 과거에 대한 질문을 던져 친밀감을 쌓아보자. 현재의 공통점 역시 소속감을 공유하는 데 도움이 된다. "당신에게 우정은 어떤 의미인가요?" "당신이 1년 안에

• 영국의 시장조사기관 유고브(YouGov)가 2019년에 성인 1,254명을 대상으로 실시한 여론조사 결과이다. "Friendship," YouGov RealTime, data gathered July 3-5, 2019, https://d25d2506sfb94s.cloudfront.net/cumulus_uploads/document/m97e4vdjnu/Results%20for%20YouGov%20RealTime%20 (Friendship)%20164%205.7.2019.xlsx%20%20[Group].pdf.

•• "New Cigna Study Reveals Loneliness at Epidemic Levels in America," Cigna's U.S. Loneliness Index, May 1, 2018, https://www.multivu.com/players/English/8294451-cigna-us-loneliness-survey/ 참조.

갑자기 죽게 된다면 현재 인생에서 뭘 그대로 간직하고 뭘 바꾸고 싶어요?" "당신에게 가장 값진 경험이 된 실패는 무엇인가요?" 같은 질문을 던져보자. 또 미래에 대한 질문도 잊지 말자. "만약 복권에 당첨된다면 어떻게 할 거예요?" "당신이 오랫동안 꿈꿔온 일은 무엇인가요? 왜 그 일을 시도하지 않았어요?" 같은 질문을 해볼 수 있다.

이런 질문을 주고받다 보면 서로의 공통점과 소속감을 느낄 수 있는 대화로 이어진다. 이런 대화의 목표는 서로 번갈아 가며 흥미로운 이야기를 꺼내 상대방을 매료시키는 것이 아니다. 그보다는 두 사람이 같은 집단에 속해 있음을 명확히 느끼는 것(과 작게는 의미 있는 공감대를 형성하는 것)이다. 이런 대화의 효과를 높이려면 다음과 같은 소속감의 단서들을 자유롭게 활용해보자.

소속감을 빠르게 형성하는 18가지 신호

1. 상대방이 기대하는 것보다 친절하게 대하라.
2. "그 외에 또 있어요?" "왜 그런 일이 일어났다고 생각해요?" "만약 다르게 행동했다면 어떻게 했을까요?" 같은 호기심 어린 질문을 던져 진심으로 경청하는 태도를 보여라.
3. 질문했으면 실제로 대답에 귀를 기울여라.
4. 열정적인 에너지로 대화에 참여하라.
5. 어떻게 도와줄 수 있을지 묻지 말고 그냥 도와라.

6. 누군가가 웃기려고 하면 일부러 더 미소 짓거나 웃어라.
7. 대화를 시작하기 전에 확실히 눈에 띄게 전화기를 치워라.
8. 누군가와 함께 있을 때는 문자메시지나 전화가 와도 무시하라.
9. 대화 중에는 다른 사람이 지나가도 고개를 그쪽으로 돌리지 말라.
10. 상대방과 함께 바보 같은 짓을 하는 순간을 만들라(그냥 소리로 흉내만 내도 좋다).
11. 당신이 함께 있는 사람에게서 좋아하는 점을 강조하라.
12. 당신 마음에 드는 상대방의 행동을 자세히 묘사하라.
13. 당신이 즐겁거나 의미 있는 일을 하면서 누군가가 떠올랐다면 나중에 그 사람에게 말해주라.
14. 상대방이 관심을 가질 만한 지식을 공유하라.
15. 누구도 희생양으로 삼지 않는 농담을 하라.
16. 상대방이 자신의 이상하거나 특이한 점을 고백할 때는 열린 마음으로 대해주라.
17. 당신이 갈망하거나 시기하거나 후회하거나 슬퍼하거나 꿈꾸는 것과 같이 강력한 통찰을 드러내라.
18. 당신이 상대방에게 느끼는 긍정적인 감정을 가끔씩 표현하라.

집단의 포용력과 소속감이 충분하다면 협력자들이 개성을 유지하려는 욕구를 충족시킬 수 있도록 돕는 일도 잊지 말자. 집단 구성원들이 집단 의견에서 벗어나는 일을 공공연히 환영해 마음 편히 말할 수 있는 분위기를 조성하자. 집단 안에서 일탈의 가치를 분명히 알리자. 반대자들이 집단이 잘못된 계획을 수립하지 않도록 지켜주고 독특한 해결책과 참신한 아이디어를 제시해 집단의 성과를 향상시킨다는 점을 구성원들에게 상기시키자. 단순히 반대자들을 환영하는 정도로는 부족하다. 각 구성원이 집단에 어떤 고유한 가치를 불어넣는지를 적극적으로 조사해 반대 의견의 가치를 타당화하자. 각 구성원에게 다음처럼 질문하는 일을 조직 문화로 정착시키자. "대부분 사람과 달리 당신은 무엇을 믿고 읽고 생각하는가?" "당신의 견해, 철학, 가치관은 동일한 성별, 인종, 나이, 정당에 속한 다른 사람들과 어떻게 다른가?"

사람들에게 본인이 다른 구성원들과 어떻게 다른지 생각해보라고 하면 집단의 틀을 깨고 가장 자기다운 일을 하도록 자극하게 된다.* 사소하지만 눈에 보이는 일탈 행동을 장려하는 것도 한 방법이다. 실리콘밸리 CEO들이 정장과 넥타이가 아니라 청바지와 후드티셔츠 차림으로 상원 청문회에 참석하는 이유를 생각해보라. 하버드 대학교 경영대학원의 여교수가 강의할 때 값비싼 고급 정장에 빨간색 스니커즈 운동화를 신어 일말의 반항기를 내비치는 이유를 생각해보라. 집단 구성원들에게 음악, 책, 팟캐스트 등에 대한 자신의 특이한 생각을 자유롭게 표현하도록 장려하자. 구성원들이 의사

* 그러나 자신이 다른 사람들과 얼마나 유사한지를 생각하다 보면 이런 상태에서 벗어나 더 독창적으로 되려고 노력한다는 '역설적인 결과'에 대한 다른 연구 결과도 있다. Kimberly Rios and Zhuoren Chen, "Experimental Evidence for Minorities' Hesitancy in Reporting Their Opinions: The Roles of Optimal Distinctiveness Needs and Normative Influence," *Personality and Social Psychology Bulletin* 40, no. 7 (2014): 872~83면.

결정의 필수적인 과정으로 다양한 생각을 꾸준히 추구하는 문화를 조성하자.

> “협력자들을 하나의 팀으로 결속시키려면 개개인의 심리적 욕구를 고려할 필요가 있다. 각 구성원이 소속감과 고유성을 유지하도록 도우면 집단 안에서 잘 어울리면서 협력자로서 집단에 기여하려는 동기를 지속시킬 수 있다. 소속감과 고유성의 균형을 유지하는 일은 일회적인 노력으로는 어렵다. 개개인의 행동 변화, 집단 규범, 집단의 성패를 주시하면서 꾸준히 신경 써야 한다.”

아무도 가보지 않은 길로 대담하게 나아가자

아마 중장년층 독자라면 TV 역사상 최초로 흑백 인종간의 키스가 스크린에 등장했던 획기적인 순간을 기억할지도 모른다. 바로 1968년에 〈스타 트렉〉Star Trek 시리즈에서 엔터프라이즈호의 늠름한 커크 선장과 아름다운 우후라 중위가 키스하는 순간이었다. 두 인물을 연기한 배우들, 즉 백인 남성인 윌리엄 샤트너William Shatner와 흑인 여성인 니셸 니콜스Nichelle Nichols는 인종 차별을 넘어 TV 드라마가 가본 적 없는 지점까지 대담하게 나아갔다. 오늘날 대부분 사람은 다른 인종 간의 키스에 대해 별로 거리낌이 없을 것이다. 하지만 시민권 운동이 뜨겁게 불타오르던 당시 이는 매우 도발적인 사건이었다. 불과 1년 전 타인종 간 결혼의 합법성에 이의를 제기한 소송에서 미국 대법원이 남부 16개 주에 불리한 판결을 내린 상황이었다. 그러다 보니 특히 남부에서는 이 드라마에 시청자들이 반발하고 나설 가능성이 다분했다.

그렇다면 두 배우는 어떻게 이 키스를 해낼 용기를 냈을까? 샤트너의 경우에는 주변의 여러 친구가 그를 설득했다. 〈스타 트렉〉의 크리에이터 겸 프로듀서인 진 로든버리Gene Roddenberry 역시 이 키스에 열렬히 찬성했다. 샤트너에 비해 입지가 약한 흑인 여배우인 니콜스는 더욱더 잃을 것이 많았다. 그렇지만 마틴 루서 킹Martin Luther King이 그녀에게 드라마에 계속 출연하며 커크 선장과 잘해보라고 조언했다(몸에 딱 붙는 미래형 제복을 입은 남성을 누가 거부할 수 있겠는가?) 니콜스는 그와 대화한 일을 다음과 같이 꽤 자세히 회상했다.

> 그는 이렇게 말했어요. "자네는 그만둘 수 없어. 알겠나? 하늘에서 정해준 일이야… 자네는 텔레비전의 세상을 영원히 바꿨어. 자네가 맡은 인물은 흑인 역할이 아니니까. 여성 역할도 아니고. 누구든 해도 되는 역할이지. 어떤 인종의 여성이나 남성이라도 맡을 수 있는 역할이야. 다른 클링온(Klingon, 〈스타 트렉〉에 나오는 외계 종족—옮긴이)이나 외계인이 맡을 수도 있겠지… 그건 우리가 추구하는 평등한 삶에 숨길을 불어넣는 이 시대만의 독특한 역할이자 지침이야. 게다가 자네는 지휘관 중 4인자잖나." 그때 나는 아무도 내게 그렇게 말해준 적이 없다고 생각했어요. "게다가 니셸, 자네는 텔레비전의 영향력을 잘 몰라. 자네가 맡은 인물은 23세기의 우리에게 어떤 일이 벌어지는지 보여줬어. 현실

을 창조하고 있는 거지. 23세기를 사는, 어떤 남성이나 여성도 해 본 적 없는 5년짜리 임무를 수행하는 우주선 통신 장교이자 서열 4위의 지휘관이라니. 이건 오늘날 우리가 하고 있는 일이 원하는 곳으로 향하는 시작점에 불과하고 목적지에 다다르려면 한참 멀었다는 뜻이야. 자네는 떠날 수 없어. 게다가 〈스타 트렉〉은 아내 코레타와 내가 아이들에게 밤늦게까지 안 자고 보도록 허락하는 유일한 드라마야. 니셸, 나는 차마 집에 가서 가족들에게 자네가 떠났다고 말할 수 없네. 자네는 내 가족의 영웅이니까."

현재 상황을 타파하려면 다른 자원 외에도 정신적 에너지가 엄청나게 소모된다. 그럴 때 우리 곁에서 지지하고 격려하고 두려움과 걱정을 들어주고 고통을 함께 나눠주는 친구들이 있다면 일이 한결 수월해진다. 이런 관계 덕분에 우리는 성취를 더 많이 이룰 뿐 아니라 행복감과 성취감을 훨씬 많이 느끼게 된다. 하지만 원칙적인 불복종자들에게 아무리 관계가 중요하다고 해도 친구들의 지원만으로는 한계가 있다. 불복종자 자신도 싸움을 계속 강행해나가야 한다. 당신의 눈앞에 펼쳐진 길이 몹시 고되고 불확실하며 오랜 세월이 걸린다는 것을 알면 심리를 어떻게 관리하겠는가? 과학적으로 입증된 효과적인 방법을 사용하면 회복력을 어느 정도 안정적으로 기를 수 있다.

불복종의 기술

1. 당신을 도와줄 협력자들을 구하자. 당신의 생각, 기술, 약점을 보완하는 사람들이 곁에 있다면 현상 유지에 반대할 때 어느 정도 부담을 줄이고 당신의 역량을 향상시킬 수 있다.
2. 당신의 취약성을 드러내 협력자들과 신뢰를 쌓자. 사람들은 힘든 시간을 함께할 때 서로 신뢰가 싹튼다. 당신의 대의에 협력자들을 참여시키려면 힘겨운 도전에 부딪히며 고통스러운 순간들을 함께 나누자. 함께 나누는 고통은 관계의 접착제 기능을 한다.
3. 협력자들의 팀을 구성할 때는 집단에 속한 개인들의 상반된 2가지 심리적 욕구에 주의를 기울이자. 집단 구성원들이 집단에 대한 확실한 소속감을 느끼면서도 자신의 개성을 표현하는 데서 보람을 느끼도록 도와주자. 집단을 발전시키는 것은 (순응이 아니라) 그런 일탈임을 명확히 밝혀 이상적인 집단 구성원의 특징을 제시하자. 이런 상반된 심리적 욕구를 꾸준히 충족시키면 집단에 각자의 방식으로 기여하려는 동기가 구성원들에게 생겨날 것이다.

6장 유연한 마음의 중요성

다수에 반대하는 일이 얼마나 어려운지는 앞에서 살펴보았지만, 순수하게 정신력에 대한 이해가 필요한 상황이라면 마사 고더드Martha Goddard의 이야기가 도움 될 것이다. 과거 1970년대에는 성폭행 피해자들이 범죄를 신고하겠다고 나서도 대부분 경찰관이 어떻게 대응해야 할지 잘 몰랐다. 경찰은 피해자들에게 안전한 피난처를 제공하기는커녕 그들의 말을 묵살하고 물적 증거를 허술하게 처리해 형사 사건 해결을 어렵게 만들었다. 경찰이 수사 과정에서 피해자의 셔츠를 가위로 잘라 증거를 훼손하는 일도 있었다. 또 수사관들은 부주의로 머리카락, 땀, 정액에서 나온 유용한 DNA 샘플을 손상시켰다. 한 피해 여성의 경우에는 경찰이 셔츠와 속옷을 벗기고 얇은 종이 가운만 입혀 경찰차로 귀가시키는 바람에 그녀가 사는 동네 이웃들에게 이 사건이 거의 광고되다시피 했다. 병원 응급실

사정도 별반 다르지 않아 피해자가 냉대받기는 마찬가지였다. 상황이 이렇다 보니 많은 여성이 성폭행당한 뒤에도 괜히 경찰서나 병원에 찾아가 트라우마를 키우지 말라고 주변에 조언할 정도였다.

당시 일선에서 청소년 노숙자를 지원하던 고더드는 사법, 의료 현장에서 성폭행 피해자들을 홀대한다는 소식을 듣고 마음이 아팠다. 그래서 조치에 나섰다. 당시 성폭행 피해자를 옹호하던 임상심리학자 딘 킬패트릭Dean Kilpatrick 박사가 내게 말했듯, 고더드는 1976년 "법 집행기관, 검사, 의학 전문가들과 협력해 성폭행 피해자들의 수요를 염두에 두고 표준화된 방식으로 증거를 수집하도록 설계된 표준 성폭행 증거 수집 키트rape kit를 개발했다." 이 키트 안에는 빗, 손톱깎이, 면봉, 혈액 샘플용 플라스틱 튜브, 시신이나 옷에서 나온 파편들을 담는 비닐봉투 여러 개와 가방 등이 들어 있었다. 이 키트의 장점은 "감식을 시작하기 전 증거 수집에 필요한 모든 도구가 미리 갖춰져 있고… 이런 내용물이 경험 없는 실무자들에게 현장에서 해야 할 일을 알려주고 유도하는 역할을 한다"라는 것이다. 1978년 『뉴욕 타임스』 기사에 따르면 이 키트는 "일리노이의 성폭행범들에게 유죄 판결을 내리는 데 강력하고 새로운 무기"가 되었다.

이 키트는 강력했지만 사회적으로 널리 환영받지는 못했다. 책임자인 남성들은 이것을 대수롭지 않게 취급했다. 그 여자가 뭔데 자기들이 일하는 방식에 이래라저래라 하느냐는 식이었다. 고더드는 경찰과 의료진에게 성폭행 증거 수집 키트를 채택하도록 설득하려고 하루도 빠짐없이 경찰서와 병원을 방문했다. 또 성폭행 피해자들을 대신해 그들의 입장을 알리고 옹호하기 위해 모금 운동을 펼쳤다. 하지만 시카고의 어느 누구도 지갑을 열려 하지 않았다. 아무도 예상하지 못했던 한 사람을 제외하고는 말이다. 그는 바로 『플레이보이』*Playboy* 창간인 휴 헤프너Hugh Heffner였다. 세간의 인식이 어떻든 간에 그는 자기 소유의 비영리법인 플레이보이 재단을 통해 1만 달러 넘게 기부했다. 또 사무실 공간을 개방해 고더드가 모집한 자원봉사자들이 그곳에서 키트를 조립하도록 했다. 그러자 헤프너를 적으로 여기던 페미니스트들은 격분했다. 고더드는 이렇게 말했다. "나는 여성 운동계에서 극심한 공격을 당했지만 그래도 어쩔 수 없었다. 그래, 나는 그 일로 격렬히 비난받았다. 하지만 이것만은 짚고 넘어가자. 거기가 『펜트하우스』*Penthouse*였나, 『허슬러』*Hustler*였나? 둘 다 아니었다. 그래도 『플레이보이』 아니냐고? 제발 그 정도는 좀 봐달라."

여성 성폭행 피해자를 위해 정의를 추구하는 고더드의 굳건한 노력은 시간이 흐르며 차츰 결실을 맺었다. 1978년 말에는 시카고 지역의 20여 개 병원에서 성폭행 증거 수집 키트를 도입했다. 1980년에 이르자 전국의 수천 개 병원에서 의료계 종사자들이 이 키트를 사용했다. 경찰관, 형사, 의료 전문가, 검사 등은 DNA를 보관하는 윈스롭 패키지를 이용해 범행 혐의로 체포된 개인의 DNA와 성폭행 키트의 증거물을 대조하는 데이터베이스를 구축할 수 있었다. 딘 킬패트릭 박사는 "마사 고더드는 성폭행 반대 운동의 진정한 선구자였다"라며 그 후로 "성폭행 검사의 일부는 많은 여성이 성폭행당하는 것만큼이나 끔찍하게 여기던 일에서 피해자를 인간적으로 대우하고 용의자를 찾아 형사 기소하는 데 필요한 증거를 수집하는 일로 바뀌었다"라고 말했다. 그는 고더드의 끈질긴 노력이 미친 영향을 강조하면서 "그녀는 수많은 반대를 무릅쓰고 이런 대단히 중요한 변화를 일으킨 용기, 인내심, 끈기를 지녔다는 점에서 엄청난 찬사를 받을 만하다"라 덧붙였다.

미국에서 성폭행은 피해자들의 신고율이 25퍼센트에도 못 미칠 만큼 여전히 고발하기 매우 어려운 범죄이다. 하지만 고더드가 매년 모든 경찰서와 병원을 돌고 휴 헤프너를 찾아가는 등 열심히 싸우며 끝까지 버티지 않았다면 성폭행 피해자들은 지금보다 부당한 대우를 받고 있었을 것이다. 고더드가 활동했던 시기는 아직 '데이트 성폭행'이나 '부부 강간' 같은 용어조차 없었고 그런 행동이 처벌받지도 않던 시대였다는 점을 기억하자. 당시는 경찰관, 검사, 심지어 판사들도 "성욕을 충족시키는 비폭력적인 수단이 없어 성적으로 욕구 불만인 남성이 많다"라거나 "성폭행당하는 여성들은 옷차림이나 행동이 문란하다"라 주장하며 오히려 성폭행 행위를 두둔하던 시절이었다. 이런 적대적인 환경에서 고더드는 꿋꿋이 버티며 포기하거나 물러서고 싶은 유혹을 느낄 때도 선의의 싸움을 이어갔다. 어떻게 그럴 수 있을까? 고다드 같은 사람들은 온갖 박해와 외면, 외로움과 예상치 못한 좌절로 인해 정서적 고통을 겪으면서도 어떻게 그토록 인내하고 위험을 감수하며 오랫동안 반항을 이어갈까?

최근 수십 년간 개발된 거의 모든 정신건강 치료법은 고통에 대처하는 최선의 방법이 고통을 최소화하는 것이라는 가정하에 진행된다. 만약 당신이 역경을 만나 고통받고 있는 반항자라면 어떤 식으로든 고통을 진정시켜 더 잘 기능하고 싶다는 희망으로 치료사를 찾아가거나 다른 치료법을 강구할 것이다. 하지만 최근 들어 심리학자들은 고통을 줄이려는 노력이 오히려 고통을 더 야기할 수 있다고 주장한다. 그들이 지적하듯 고통은 본래 나쁜 것이 아니라 지극히 인간다운 경험이다. 정말 나쁜 것은 고통을 온전히 경험하기를 회피하고 꺼리는 일이다. 마감일이 다가와 걱정될 때면 우리는 해야 할 일을 미루며 소셜 미디어만 들락거린다. 슬프거나 외로울 때면 음식을 잔뜩 흡입하며 자신을 위로한다. 후회의 고통에 휩싸일 때면 현재를 살지 못하고 과거에 벌어진 일을 몇 시간씩 반추한다. 이처럼 고통에 대처하는 전략은 당장은 효과 있을지 몰라도 우리가 원하는 삶에서 더욱 멀어지게 만들어 시간이 흘러 더 큰 고통을 초래하는 경우가 많다.

어떻게 해야 고통을 견디는 법을 배워 고통 앞에 주저앉지 않을 수 있을까? 한 가지 강력한 방법은 과학자들이 말하는 '심리적 유연성'을 기르는 것이다. 심리적으로 유연한 사람은 아무리 끔찍한 일이 닥쳐도 충격받고 무너지지 않는다. 오히려 빠르게 회복해 새롭게 앞으로 나아가기 위해 조치를 취한다. 그저 고통을 참고 견디는 데서 벗어나 결연히 목표를 향해 나아가는 쪽으로 신속히 방향을 전환한다. 당신은 아마 이렇게 물을 것이다. 그러면 좋겠지만 그래서 어떻게 하라는 말인가? 좋은 질문이다.

> “고통을 더 잘 견뎌내려면 새로운 비상의 무기인 심리적 유연성을 기르자.”

대시보드를 활용하자

심리적 유연성을 기르는 데 효과적인 도구는 바로 심리적 유연성 대시보드Psychological Flexibility Dashboard이다. 근거에 기초한 여러 전략을 종합한 이 대시보드는 당신이 반항자로서 피할 수 없는 역경에 효과적으로 대처하도록 마음을 준비하는 간단한 4단계 성찰 과정이다. 감정이 격해지는 상황에서 이 대시보드를 활용하면 그 순간의 경험을 파악하고 압도적인 고통을 다뤄 건강하지 못한 대처 방식에서 벗어나 용기 있게 행동을 취하기 위한 동기를 얻을 수 있다. 이렇게 단기적인 어려움을 넘어서면 다시 새로운 활력을 되찾아 더 큰 목표를 향해 나아갈 수 있다.

간략히 설명하자면 대시보드는 다음과 같이 구성된다.

2단계 "나는 어떤 원치 않는 생각과 감정, 기억, 신체적 감각을 경험하고 있는가?"	**1단계** "나에게 중요한 것은 무엇이고 또 누구인가?"
← 고통 벗어나기	**의미 찾기 →**
3단계 "나는 원치 않는 생각과 감정을 줄이고 회피하고 통제하기 위해 어떻게 하는가?"	**4단계** "나는 원하는 가치를 추구하기 위해 무엇을 하고 있고 또 할 수 있는가?"

대시보드의 핵심은 정서적으로 힘든 일에 직면할 때 선택할 수 있는 2가지 기본 방향을 인식하는 것이다. '의미 찾기'의 방향을 택하면 우리는 현상 유지에 반대하거나 이탈하거나 반항하려는 목적을

스스로 상기하게 된다. 우리는 사회적 변화를 추구할 수도 있고, 자율성이나 고유성을 느끼고 싶을 수도 있고, 혁신을 추구할 수도 있다. 우리는 개인적으로 의미 있고 일시적인 희생을 감수할 만큼 중요하다고 생각하는 목적을 지향한다. 한편 '고통 벗어나기'의 다른 방향을 택하면 어떤 부정적인 생각과 감정이 떠오르든 스스로 통제해야 한다는 절박감과 외부에서 가해지는 힘겨운 압박감을 인정하게 된다. 대시보드에서 어떤 방향을 택하든 우리는 스스로 2가지 질문을 던지고 나서 자기 조절 능력을 향상시키는 데 효과적인 연습을 하게 된다. 평소 이런 질문들로 사고 능력을 연마하면 어려움에 직면했을 때 더 유연하게 대처할 수 있다. 심리적 유연성은 회복력을 키우는 씨앗을 제공한다. 이 4단계를 하나씩 살펴보자.

1단계: "나에게 중요한 것은 무엇이고 또 누구인가?" (자신이 반항하는 이유를 스스로 상기시키자)

자신의 사명과 도덕적 근거가 명확하다면 그렇지 않은 경우보다 더 심한 고통을 견뎌내며 안정감을 유지할 수 있다. 자신이 이루려는 목표를 확실히 알면 다른 사람들의 혹독한 비난에 개의치 않고 자기가 가려는 길을 자신 있게 걸어갈 수 있다(한 흥미로운 연구에 따르면 목적의식이 더 확고한 사람들은 소셜 미디어에 셀피를 올린 뒤 '좋아요' 수에 덜 민감하게 반응했다). 자신의 사명을 분명히 알면 아무리 공황 발작 증상(가슴 두근거림, 떨림이나 동요, 목 조임 등)으로 몸이 휘둘리거나 남들에게 손가락질당할까봐 두렵거나 실직할 우려가 높은 경우라도 자신의 대의를 지키기가 더 쉬워진다. 반대로 자신의 핵심적인 신념을 깨닫지 못하고 행동에 방향성이나 안정된 기반이 없으면 가뜩이나 버티기 힘겨운 상황에서 자신의 강점과 능력, 협력자들을 활용하기가 더 어려워진다.

스스로 고난을 헤쳐 나가며 도덕적 용기를 북돋우려면 애초에 당신이 왜 반항을 시작했는지 되짚어보자. 당신의 도덕적 잣대를 결정했던 신념을 떠올려보자. 당신이 맨 처음에 반대하고 나설 수밖에 없었던 그 신념 말이다. 고더드의 경우에는 "나는 여성들, 특히 소녀들이 온갖 말 못 할 고통을 겪는 동안 범인들은 종종 무죄로 풀려나는 꼴을 보는 데 질려 성폭행에 맞서 싸우게 되었다"라고 분명히 밝혔다. 그녀는 정의를 향한 열망, 피해자들도 목소리를 내야 한다는 믿음, 남녀가 법적으로 평등하게 보호받는 나라에서 살고 싶다는 갈망을 스스로 되새겼다. 이는 개인적인 일이었다. "나는 나부터 성폭행당한 사실을 밝혀야 한다는 것을 알았다. 그 일을 무슨 대단한 비밀로 취급하는 데 질렸고 지금도 마찬가지이다. 과거를 회상하는 일은 매우 고통스러웠지만 많은 성폭행 피해자에게 상당히 큰 도움이 되었다." 자신의 고통을 발판 삼아 다른 사람들을 도울 수 있다면 개인적으로도 의미 있고 치유적일 것이다. 고더드는 다른 여성들을 위해 더 나은 사회를 만들고자 애썼다. 그녀는 자신의 목적을 이루는 확고한 동기로 무장하고 애초에 현상 유지에 반대할 때 목표했던 바를 떠올림으로써 고통스러운 순간에도 마음을 굳게 다잡을 수 있었다.

빈 종이를 꺼내 다음 내용을 생각나는 대로 적어보자. (1) 당신에게 가장 중요한 사람들과 사건들. (2) 현재 당신이 살아가는 목적에 대한 자세한 사항(고더드의 목적은 성폭행 피해자들이 인간답게 대우받고 정의를 실현하도록 돕는 것이었다). (3) 해당 목적의 기저에 깔린 핵심 가치들. 충분히 시간을 들여 이런 내용을 진지하게 생각해보자. 되도록 많이 적어보자. 당신의 대답을 적은 종이를 부적처럼 가까이에 두고 그 내용을 자주 상기하자. 지갑을 열거나 스마트폰을 켤 때마다 이런 목적이나 다짐이 보이게 해놔도 원칙적인 불복종이 왜 고통을 감내할 만한 가치가 있는지 떠올라 효과가 있다. 다음과 같은 연습은 당신의 생각을 자극해 3가지 사항을 발견하는 데 도움이 될 것이다.

무엇이, 누가 중요한지 분명히 파악하기

1. 당신이 가장 고마워하는 사람들은 누구인가? 그들이 당신을 어떻게 도왔는지, 당신에게 어떤 역할 모델이 되었는지, 당신의 정체성에서 어떤 부분을 강화했는지 살펴보자.
2. 당신이 아는 가장 현명한 사람은 누구인가? 당신이 그의 어떤 점을 동경하고 본받고 싶은지 생각해보자.
3. 당신이 인생을 살아가는 주된 목적은 무엇이라고 생각하는가?
4. 당신을 강하게 만드는 것은 무엇인가? 당신이 일할 때, 놀 때, 사람들과 어울릴 때나 생활할 때 꾸준히 좋은 성과를 낼 수 있게 하는 여러 능력을 생각해보자. 사람은 누구에게나 강점 프로파일이 있다. 당신의 강점을 파악하고 받아들이자.

5. 만약 마법의 지팡이를 한 번 흔들어 모든 불안감이 사라진다면 어떤 것을 달리해보고 싶은가?
6. 만약 돈 걱정 없이 살 수 있다면 어떤 것을 달리해보고 싶은가?
7. 당신이 무엇이든 이룰 수 있다고 상상해보자. 어떤 것을 이루고 싶고, 그 이유는 무엇인가?
8. 인생을 끝마칠 때 어떤 사람으로 기억되고 싶은가?

자신을 알기 위한 가치 균형 찾기*

1. 다음 중 당신이 가장 받아들이기 어려운 것은 무엇인가?

— 부모의 죽음

— 형제자매의 죽음

— 배우자의 죽음

2. 다음 중 하나를 포기해야 한다면 어떤 것을 포기하겠는가?

— 경제적 자유

— 종교적 자유

— 정치적 자유

---

* 1, 2, 3, 9 문항은 다음 연구의 활동을 참조 및 변형한 것이다. Virginia R. Hash, "An Evaluation of a Values Clarification Seminar in the Preservice Education of Teachers," Ph.D. diss., Iowa State University, 1975.

3. 다음 중 당신이 가장 원치 않는 것은 무엇인가?
— 돌격해오는 적을 향해 근거리에서 총을 쏘는 소총수
— 비행기에서 적의 마을에 네이팜탄을 투하하는 폭파범
— 당신이 속한 공동체에서 공공연히 낙인찍힌 겁쟁이

4. 다음 중 당신이 가장 원치 않는 것은 무엇인가?
— 가난
— 질병
— 추한 외모

5. 다음 중 당신이 가장 원하는 것은 무엇인가?
— 평화로운 죽음을 맞이하는 짧고 영향력 있는 삶
— 평화로운 죽음을 맞이하는 길고 영향력 없는 삶
— 느리고 고통스러운 죽음을 맞이하는 길고 영향력 있는 삶

6. 다음 중 당신이 남은 생을 가장 고통스럽게 보내는 방법은 무엇인가?
— 아무것도 기억할 수 없는 상태
— 아무것도 잊을 수 없는 상태
— 한 가지 기억만 반복해서 떠오르는 상태

7. 다음 중 당신을 가장 힘들게 하는 연애 상대는 어떤 유형인가?
— 침울하고 시시껄렁한 사람

— 끊임없이 간섭하는 사람

— 너무 지저분한 사람

8. 당신에게 가장 잘 맞는 학습 방법은 무엇인가?

— 혼자 책 읽고 공부하기

— 강의 듣기

— 다른 사람들과 이야기하기

9. 당신이 우정에서 가장 중요하게 생각하는 것은 무엇인가?

— 정직함

— 너그러움

— 의리

10. 다음 중 어떻게 토요일을 보내고 싶은가?

— 좋아하는 일을 혼자서 한다.

— 관심 없는 일을 사랑하는 사람들과 함께한다.

— 새롭고 재미있는 일을 지인들과 함께한다.

11. 당신이 다른 사람에게 가장 중요하게 생각하는 점은 무엇인가?

— 지성

— 친절함

— 유머

12. 별다른 부작용이 없다면 다음 중 어떤 것을 가장 포기하고 싶은가?

— 식사
— 수면
— 운동

13. 다음 중 가장 내키지 않는 일은 무엇인가?

— 남은 평생 동안 독방에 갇혀 지내기
— 남은 평생 동안 집밖에서 보내기
— 원하는 곳을 어디든 갈 수 있지만 사랑하는 사람들을 1년에 6개월만 만나기

2단계: "나는 어떤 원치 않는 생각과 감정, 기억, 신체적 감각을 경험하고 있는가?"(자신의 불편한 마음과 접촉하자)

이제 당신이 현상 유지에 반대하는 동기를 확인했으니 당신이 느끼는 불쾌하거나 부정적인 감정을 받아들이는 데 도전하자. 일단 정신적인 의연함이 당신에게 어떻게 도움 되는지를 스스로 깨닫자. 만약 당신이 휴 헤프너와 제휴하면서 격분한 페미니스트들에게 지탄받게 된 마샤 고디크라면 아마 충격과 걱정, 두려움, 죄책감, 좌절, 분개, 의심, 절망, 실망 등 여러 복잡한 감정이 교차할 것이다. 어쩌면 당신 자신, 당신의 성격, 다른 사람들과의 관계, 당신의 미래 전망 등에 대해 온갖 자기 패배적인 생각에 빠지는지도 모른다. 위

이 바짝 마르고 심장박동이 빨라지고 숨이 가쁘고 손바닥에 땀이 차는 등 몸에서 다양한 고통의 징후와 증상이 나타날지 모른다. 이 모든 일이 무척 고통스럽게 느껴지겠지만 당신이 경험하는 일들을 되도록 충실히 기록해보자. 그러면 많은 사람이 발견했듯 묘한 해방감을 느낄 수 있다. 당신이 자신에게 가하는 정신적 고문이 눈앞에 드러나면서 당신의 고문 기술이 효력을 잃게 되는 것이다. 반대로 관습적인 사고에 도전하는 데서 비롯되는 고통을 인정하지 않으면 점점 더 약해지고 비효과적으로 변한다.

자신이 겪는 어려움을 묘사할 때는 구체적일수록 좋다. 내 연구에서 드러나듯 일상에서 경험하는 수많은 감정을 식별해 이름을 붙이기란 쉬운 일이 아니지만 일단 '감정에 이름 붙이기'emotion labeling에 능숙해지면 크게 도움이 될 수 있다. 한 연구에서 나와 동료 연구자들은 참가자들에게 일상생활에서 겪었던 강렬한 부정적인 감정을 휴대용 컴퓨터로 보고하도록 지시했다. 그러자 자신의 특정한 감정에 이름을 붙이는 데 능숙한 참가자들이 그렇지 않은 참가자들보다 스트레스로 인한 음주량이 40퍼센트 적다고 응답했다. 다른 연구에서 우리는 타인에게 정서적으로 상처를 받을 때 부정적인 감정을 더 잘 구분하는 사람들이 언어적, 신체적 공격으로 보복할 가능성이 (첫 번째 연구에서는) 20퍼센트, (두 번째 연구에서는) 50퍼센트 더 낮다는 점을 발견했다. 또 다른 연구에서는 2주 동안 자신의 감정을 더 능숙하게 표현한 참가자들이 거절당하는 경험을 더 잘 처리하는 것으로 나타났다. 그들은 비디오 게임에서 낯선 사람들에게 환영받든 거절받든 상관없이 정신적, 육체적 고통과 연관된 뇌 부위(섬엽과 전대상피질)에서 유사한 수준의 활성화를 보였다. 자신의 감정에 효과적으로 이름을 붙이면 스트레스가 심한 생활 사건 속에서도 더 차분해지고 원치 않는 고통스러운 생각과 감정에 덜 시달리게 된다. 그러면 다음에 어떻게 해야 할지 스스로 결정할 수 있는 능력이 커진다.

연구에서 시사하듯 자신의 감정에 효과적으로 이름을 붙이도록 훈련하면 사람들의 회복력이 향상된다. 한 연구에서는 거미를 무서워하는 참가자들에게 거미를 관찰할 때 느끼는 감정을 정확하게 표현하도록 훈련시켰다(예를 들면 "내 앞에 끔찍한 거미 한 마리가 있는데 역겹고 신경에 거슬리지만 그래도 흥미롭다"라는 식이다). 감정에 정확한 이름을 붙이도록 훈련받은 참가자들은 주의를 분산시키거나 긍정적인 생각을 떠올리도록 훈련받은 참가자들에 비해 이 실험을 하는 동안 실제로 거미와 함께 더 많은 시간을 보내고도 덜 혼란스러워했다. 자신의 감정을 정확히 표현하도록 훈련받은 참가자들은 일주일 뒤에도 심한 혐오감이나 두려움이 느껴지는 스트레스 심한 상황에 접근할 수 있었다.

반항자의 경우에도 감정에 이름을 붙이면 여러모로 명백한 이점이 있다. 첫째, 일단 이름을 붙인 감정은 관리하기가 쉬워진다. 우리가 어떤 감정을 온전히 느끼면 조절이 가능하고 목표 지향적인 에너지로 전환할 수 있게 된다. 예를 들어 우리가 분노를 느끼면 소송 절차가 진행되는 동안 더 크고 강력한 어조로 자신 있게 이야기할 수 있다. 또 불안이 심한 사람들은 감정에 이름을 붙이면 어떤 일에는 두려움이 줄어든다. 둘째, 적절한 단어를 사용해 자신의 느낌을 묘사하면 그 상황과 가능한 조치에 대한 정보를 전달하게 된다. 셋째, 격렬하고 고통스러운 감정을 더 잘 다스리게 되어 정서 조절에 소모되는 에너지가 줄어든다. 그러면 남은 에너지를 더 의미 있는 삶을 추구하는 데 쏟을 수 있다. 우리 연구팀은 자신의 정서 조절에 급급해하며 살아가는 참전용사들이 인생의 기쁨과 의미를 더 적게 느낀다는 점을 발견했다. 더욱이 그들은 가장 중요한 목표를 추구하는 데 노력을 더 적게 쏟아 그만큼 발전도 더뎠다. 결국 걱정하던 일에 대한 걱정이 줄어든 뒤에야 원칙적인 불복종과 관련된 중요한 과업에 바칠 여분의 에너지가 생기는 것이다.

반항에 따른 정신적, 신체적 어려움의 목록을 작성하고 나면 무엇보다 당신의 감정을 정확히 표현하는 데 집중하자. 각각의 감정에 어떤 이름을 붙일 수 있겠는가? 가급적 정확한 이름을 찾아보고 크고 작은 실패를 겪을 때마다 이 연습을 반복하자. 오른쪽 감정 단어 목록을 참고해도 좋다. 정확한 의미를 알기 어려운 단어들이 있으면 사전을 찾아보자. 자신의 감정에 이름을 붙이는 것은 타고난 재능이 아니다. 얼마든지 배우고 익힐 수 있는 능력이다. 그렇게 하다 보면 굳세게 버티며 현재 순간에 집중해 효과적으로 살아가는 능력도 향상될 것이다.

분노(볼드체), 공포(밑줄), 슬픔(이탤릭체) 같은 감정의 미묘한 차이를 표현하는 단어들이 얼마나 많은지에 주목하자. 감정을 표현하는 어휘를 늘리자. 당신이 느끼는 감정의 종류와 강도를 생생하게 전달하기 위해 더 정확한 용어를 사용하자.

ㄱ

거부감

걱정됨

겁먹음

격노함

격분함

경각심

경멸감

경악

고뇌

고립감

공포감

공허감

공황

과민함

괴로움

굴욕감

기진맥진함

긴장됨

끔찍함

ㄴ

낭패감

냉담함

노여움

놀라움

능욕감

ㄷ

당혹감

당황함

동요

동정심

두려움

ㅁ

마비됨

망설임

맹렬함

모멸감

모욕감

무력감

무례함

무망(無望)감

무서움

무안함

미침

ㅂ

반감

배신감

버림받음

번민

복수심

부끄러움

부러움

분개함

분노

불안감

불안정감

불쾌감

불편함

불행함

비애감

비참함

비탄

비통함

ㅅ

산만함

상처받음

섬뜩함

섬세함

성급함

소외감

수치심

슬픔

시기심

시무룩함

실망감

심각함

쓰라림

ㅇ

압도됨

압박감

약 오름

언짢음

역겨움

연민

열등감

염려

오만함

외로움

외면당함

우울함

울적함

원망

원한

위축감

유감스러움

음울함

ㅈ

적대감

절망감

좌절감

죄책감

증오

증오감

지루함

짜증스러움

ㅊ

참담함

초조함

충격

취약함

침울함

패배감

피곤함

피해의식

ㅎ

향수

혐오감

화남

환멸감

회의감

후회

히스테리

3단계: "나는 원치 않는 생각과 감정을 줄이고 회피하고 통제하기 위해 어떻게 하는가?" (자신의 대처 방식 파악하기)

당신이 전 단계에서 적어놓은 불쾌한 생각, 감정, 감각에서 벗어나기 위해 현재 어떻게 하고 있는지 파악하는 일도 중요하다. 기존에 대응하던 방식이 당신에게 도움이 되지 않거나 오히려 상처를 줄 수도 있다. 본래 사람들은 원치 않는 생각을 무시하려 애쓴다. 생각을 억누르거나 고쳐먹거나 긍정적인 생각으로 바꾸거나 주의를 분산시킬 방법을 찾는다. 만약 마사 고더드가 성폭행 증거 수집 키트를 제안하고 나서 불안감에 잠시 주의를 다른 데로 돌렸다면 아마 영화를 보는 2시간이나 아이스크림을 먹는 10분 동안은 기분이 좋아졌을 것이다. 하지만 다시 시카고의 미해결 성폭행 사건에 관한 밀린 일거리가 떠올랐을 때 그녀의 고통은 되살아났을지 모른다. 그렇다면 대체 어떻게 하란 말인가?

많은 사람이 그러듯 나도 온갖 건강하지 못한 방식으로 고통에 대응한다. 일단 가끔 약을 지나치게 많이 복용한다. 술도 너무 많이 마신다. 집중도 못 하면서 멍하니 TV 앞에 앉아 있는다. 억지로 주의를 돌리려 할 때도 있다. 사회적인 접촉을 피한다. 무리하게 운동한다. 낯선 이들이나 사랑하는 사람들과 괜한 말다툼을 벌인다. 온라인상에서 명분 없이 사람들을 거세게 공격한다. 정신없이 일에 파묻혀 지낸다. 친구나 가족들과 거리를 두고 집 안에 혼자 틀어박힌다. 아이들에게 소리를 지른다. 아내와 일체 말하지 않는다. 사람들과 어울리지 않고 보는 일을 거절하고 아무것도 하지 않으면서 빈둥빈둥 늘어놓는다. 혼자만의 생각에 빠져 있지 않으려고 온종일 음악이나 팟캐스트를 틀어놓는다.

종이 한 장을 꺼내 당신이 가장 자주 사용하는 대응 방법을 적어보자. 그런 방법이 당신에게 얼마나 효과가 있는가? 그 순간에는 고통이 완화되지만 나중에 다른 문제가 생기지는 않는가?

이렇게 고통에 대처하는 일반적인 전략의 대안으로 이른바 '인지적 탈융합'cognitive defusion을 시도해보자. 명칭이 너무 거창하지만 겁먹을 필요는 없다. 이것은 심리학자들이 발견한 접근법으로, 누구나 집에서 다른 사람의 도움 없이 쉽게 해볼 수 있으면서도 원치 않는 생각과 감정의 영향을 줄이는 데 효과적인 방법이다. 인지적 탈융합이란 당신과 지금 당신이 하는 생각 사이에 정신적 공간을 만드는 심리적 수련법이다. 이 공간을 만들 수 있다면 당신의 생각과 감정을 초연하게 바라보기가 더 쉬워진다. 더 이상 당신의 정체성이 그런 생각과 감정에 얽매이지 않아도 되기 때문이다. 만약 우리의 감정과 생각이 파이 여러 조각과 같다면 인지적 탈융합을 통해 파이 굽기 대회의 심사위원에서 지나가다 파이를 무료로 시식하는 무심한 행인으로 바뀌게 되어 파이 속의 따뜻하고 부드러운 사과 맛과 함께 얇게 부스러지는 껍질과 혀가 얼얼할 정도로 풍부한 계피 맛을 음미할 수 있게 된다(배고프지 않은가?). 그렇게 되면 우리가 맛본 파이 조각에 결함이 있더라도 화가 나지 않는다. 그저 지켜볼 뿐이다. 이렇게 관찰하는 행위는 우리가 느끼는 감정의 힘을 무력화한다.

생각과 감정에서 자신을 분리시키는 기술은 수십 가지나 된다. 그중 한 가지 효과적인 방법은 그저 생각과 감정을 사물처럼 다뤄

외재화하는 것이다. 과학적 연구에서는 참가자들에게 자신의 정체성에 대해 극도로 고통스러운 단어들(예컨대 '뚱뚱하다' '못생겼다' '매력 없다' '재미없다' '비호감이다' '왕따' 등)을 떠올리고 그것을 종이에 적거나 30~60초 동안 큰 소리로 말하게 했다. 이 과정에서 참가자들은 자신의 정체성에 대한 부정적인 생각들을 현실의 반영이 아닌 단순한 생각으로 바라보게 되어 덜 중요히 여기게 되었고, 그 결과 그런 말에 덜 괴로워하게 되었다. 이런 효과는 사람들이 이 방법을 연습하는 한 지속된다. 더 좋은 점은 연습하는 과정에서 이런 부정적인 생각을 점점 믿지 않게 된다는 것이다. 연구자들은 참가자들이 나쁜 생각을 다 적고 나면 그 내용을 읽을 수 없도록 종이를 갈기갈기 찢어 쓰레기통에 버리도록 지시한다. 이처럼 원치 않는 생각과 감정을 물리적인 사물로 만들어 비유적으로든 말 그대로든 파괴하는 간단한 행위만으로도 부정적인 영향이 줄어든다는 사실이 여러 연구로 확인되었다.

이밖에도 생각과 감정을 자신과 정체성으로부터 분리시켜 무력화하는 데 사용할 수 있는 몇 가지 방법은 다음과 같다.*

1. **마음을 별개의 생물처럼 대하자.** 마음이 우리의 나머지 부분과 분리되어 있다고 믿으라는 말은 아니다. 마음을 그저 의견 생성

* 이 중 대부분은 심리적 유연성을 가르치는 치료자들이 만든 연습을 변형한 것이다. (게오르그 에이퍼트, 존 포사이스, 『마음 챙김과 수용중심 불안장애치료의 실제』, 한호성 옮김, 시그마프레스, 2009; 스티븐 헤이스, 켈리 윌슨, 커크 스트로살, 『수용과 참여의 심리치료』, 문현미 옮김, 시그마프레스, 2009; 루스 해리스, 『행복의 함정』, 김미옥 옮김, 시그마북스, 2008)

기 정도로만 취급해도 심리적으로 강력한 일이 벌어진다. 당신의 마음이 나쁜 생각과 감정을 만들어낼 때 그것을 말로 표현하는 습관을 들이자. 장난스러워도 좋고 진지해도 좋다. "고마워 마음아, 오늘 아침에도 정말 도움이 안 되어줘서." 이런 질문도 해보자. "마음아, 이 섹션이 독자들을 설득할 수 있을 것 같아?" 마음이 만들어내는 생각과 감정에 "오 좋은데, 마음아" "새로운 반응이네" "아픈 데를 찌르는구나!" 같은 짧은 문구로 피드백 해주자. 이런 연습은 당신, 즉 생각하는 사람과 당신의 생각 사이에 거리를 두는 데 유용할 것이다.

2. **이야기에 이름을 붙이자.** 당신의 마음이 지어내는 점점 낡고 진부하고 지독히 지루해지는 이야기들에 이름을 붙일 수도 있다. 예를 들어, 뉴요커인 나는 다른 사람들이 종종 천천히 말해달라고 요청할 정도로 말 속도가 빠르다. 나는 이 점에 대해 다소 자의식이 있다. 이것은 나의 '속도광 이야기'이다. 또 내 몸에는 점, 모반, 갈색 반점이 많다. 오랫동안 나는 이런 점에 불만을 느껴 어디 가서 절대로 셔츠를 벗지 않았다. 이것은 나의 '초콜릿 칩 이야기'이다. 이렇게 이야기에 이름을 붙여 가지고 놀면 당신의 부정적인 생각이 점점 덜 아프게 느껴질 것이다.

3. **탐정 모드로 변신하자.** 우리는 혼잣말할 때 멈춰서 다음같이 질문하는 법이 거의 없다. 대체 누가 나한테 말하고 있는 거지? 그의 성별, 젠더, 인종, 나이는 어떻게 되지? 이제부터는 불쾌한 생각이 떠오르면 범인 찾기 모드로 변신해 이런저런 질문들에 대해 답을 찾아보자. 머릿속에서 들리는 목소리가 지금 뭐라고 하

는가? 누가 그 말을 하고 있는가? 목소리는 어디에 자리하는가? 목소리가 움직이거나 변하고 있는가? 목소리는 다음에 무슨 말을 할 것인가? 당신의 생각에 대해 높은 호기심을 보여 당신의 일부가 현재 벌어지는 일을 관찰하고 있으니 현재 들리는 목소리는 당신이 아니라는 점을 상기하자. 당신이 사물 자체이면서 동시에 사물의 관찰자가 될 수는 없기 때문이다(양자 물리학 게임을 하지 않는 한 말이다).

4. **생각하는 기계를 변경하자.** 당신의 뇌는 말이 많다. 말을 멈추는 일이 좀처럼 없다. 만약 당신이 그런 말과 맺는 관계를 변화시킨다면 현재의 순간에 더 잘 머무르며 당신에게 중요한 일을 해낼 수 있다. 목소리를 바꿔보자. 가장 좋아하는 TV 캐릭터를 골라 당신의 마음이 그 캐릭터의 목소리로 당신에게 말한다고 상상해보자(나는 애니메이션 시리즈 〈릭 앤 모티〉Rick and Morty의 모티를 골랐다). 당신의 생각이 신문사 웹사이트 맨 위의 속보처럼 스크롤 배너에 뜬다고 상상해보자. 또 당신의 생각을 멋진 캘리그라피로 새긴 카드에 적어보자(나는 둥글고 과장된 글씨체를 선호한다). 때로는 강 위에 떠 있는 나뭇잎을 상상해보자. 당신의 불쾌한 생각을 나뭇잎 위에 올려놓고 그것이 떠내려가는 광경을 지켜보자. 당신의 생각을 구름 위에 올려놓고 그것이 천천히 흘러가는 모습을 알아차리는 방법도 있다. 이렇게 오감을 활용해 생각이 나타나는 양상을 다양하게 실험해보면 그 생각이 행동에 미치는 영향은 줄어든다. 당신의 생각을 심상화하면 그런 생각 때문에 현재의 순간에 머물지 못하고 과거의 기억으로 끌려가 반추할

가능성은 낮아질 것이다.

다시 말하지만 인지적 탈융합의 핵심은 당신이 부정적인 생각과 감정을 벗어나거나 회피하거나 최소화하도록 돕는 것이 아니다. 오히려 당신이 부정적인 생각을 온전히 경험해 역경 속에서도 용감하게 행동하도록 돕는 것이다. 1963년 유명한 실존주의 심리학자 롤로 메이Rollo May가 남긴 불후의 명언도 이와 일맥상통한다.* "자유는 개인이 스스로 결단력 있는 사람임을 알고 자극과 반응 사이에서 잠시 멈춰 여러 가능한 반응 중 특정한 반응에 아무리 미미하더라도 자신의 무게를 더할 수 있는 능력이다… 나는 자극과 반응 사이에 있는 공간을 인식하고 그것을 생산적으로 사용하는 능력이 곧 정신 건강이라고 정의한다."

4단계: "나는 원하는 가치를 추구하기 위해 무엇을 하고 있고 또 할 수 있는가?" (기회 평가하기)

이제껏 당신의 목적을 재확인하고 당신의 생각과 감정을 받아들이

* Rollo May, *Freedom and Responsibility Re-Examined* (New York: Bureau of Publications, Columbia University, 1963) 101~2면. 이 말은 아마도 홀로코스트 생존자인 빅터 프랭클(Viktor Frankl)의 "자극과 반응 사이에는 공간이 있다. 그 공간에 우리의 반응을 선택할 수 있는 우리의 힘이 존재한다"라는 유명한 말에 영감을 주었을 것이다. 흥미롭게도 많은 사람이 빅터 프랭클의 이 말을 인용 표시나 출처 없이 사용한다. 누가 처음 이 말을 했는지는 불분명하지만 롤로 메이의 말도 이에 못지않게 심오한 뜻을 담고 있다.

고 거기에 대처하는 건강하지 못한 방법들을 중단했다면 마지막으로 한 단계가 남았다. 바로 의미 있는 삶에 이르는 목표 지향적 행동에 투자하는 것이다. 이 단계에서 당신은 급격히 방향을 선회해 심리적으로 힘들더라도 영웅적인 자신으로 거듭나는 데 온 힘을 기울이게 된다. 고통에서 벗어나려는 또 다른 시도에 얽매이기보다 더 나은 사회를 만드는 데 기여하는 쪽을 택하는 것이다. 그렇다면 개인적으로 의미 있고 건강한 사회적 변화를 이루려고 분투하는 과정에서 적들과 비판자들의 맹공격에 어떻게 대처할 것인가? 당신은 대체 어떤 유형의 사람이 될 것인가? 이제 이런 결정을 내리고 실천에 나서야 할 시점이다.

당신이 이미 하는 일 가운데 정서적으로 힘겨운 상황에서도 만족감과 성취감을 얻을 수 있는 일을 찾는 데서 출발하자. 고더드에게는 이런 일이 역경 속에서도 품위를 유지하는 것이었다. 그녀가 말했듯 "나에게 가장 중요한 전략은 험담하지 않는 것이다. 그와 더불어 친절해지고 약간의 품위를 지키면서 한 발은 조직 안에 걸쳐 놓고 다른 한 발은 밖으로 빼놓아 원하는 어디로든 갈 수 있어야 한다. 좌우, 전후, 상하 어느 방향으로든 말이다." 또 다른 사람들에게는 그런 만족감과 성취감을 얻는 일이 어떤 사안에 대한 타인의 관심을 묻거나, 새로운 지식과 지혜를 얻거나, 지식을 공유해 다른 사람을 돕거나, 잘 먹고 잘 자고 운동해 건강을 증진하거나, 그날 배운 교훈과 예외적인 순간에 대해 일기를 쓰거나, 진심 어린 사과를 하거나, 친구와 연락해 성공과 실패를 함께 나누며 시간을 보내는 일일 수도 있다.

당신이 지금 어떻게 가치를 추구하고 있는지 돌아볼 때는 의도를 명백히 하자. 처음 만난 사람들에게 당신을 소개할 때 그동안 늘 사용해온 피상적인 표현에 의존하지 말자. 오히려 잠시 멈춰 그동안 당신이 가꿔온 공적인 페르소나와 당신 마음속의 진짜 '나'를 구분해보면 더 도움이 된다는 점을 발견할지도 모른다. 당신의 말을 들을 사람이 아무도 없는 무인도에 있다고 가정해보자. 당신은 어떤 음악을 즐겨 듣고 어떤 책을 읽고 어떤 영화를 보고 어떤 대화 주제를 흥미롭다고 생각하겠는가? 아무도 듣는 사람이 없다면 당신 자신을 어떻게 소개하겠는가?

일단 당신이 어떻게 가치를 추구해왔는지 살펴봤다면 이제 현재 활동을 고려해 앞으로 며칠 또는 몇 주 동안 제한된 시간을 의도적으로 투자할 목표를 어떻게 세우면 좋을지 고민해보자. 이런 목표를 '방향성'이라 부를 수도 있다. 여기에는 지금 당장 '힘쓰고' 있는

• 지난 7년 동안 나는 매일 가장 예외적인 3가지 순간에 대해 일기를 써왔다. 3은 내가 감당할 수 있는 숫자이다. 예외적인 순간이란 건강하거나 건강하지 않거나 단지 흥미로운 순간일 수도 있다. 누군가 기억에 남는 말을 하면 나는 그 말을 그대로 입력한다. 인생에서 가장 좋았던 순간들은 덧없이 흘러가버려 우리는 그 순간을 간직할 수 없다. 나는 일기를 쓰면서 내게 영감을 주는 것, 내게 영향을 미치는 것, 나를 울고 웃게 하는 것, 가슴 아픈 순간들, 내 모습의 변화 추이에 대해 지속적으로 파악할 수 있다. 사실 우리 삶은 매 순간의 태피스트리에 지나지 않는다. 그런 순간들을 포착하는 데 실패하면 우리 인생도 실패하게 이런 메시지는 나의 오랜 공동 연구자인 로버트 비스워스 디너(Robert Biswas-Diener)가 2014년 TED 강연 "당신의 가장 행복한 날은 당신 뒤에 있습니다"에서 잘 전달했다. 이 모든 것이 이른바 임무의 완수(7장에서 자세히 설명하듯 이런 일은 거의 일어나지 않는다)만을 추구하고 고집하느라 그 여정에서 만나는 이정표를 좀처럼 음미하지 못하는 원칙적인 불복종자들과 관련 있다. Robert Biswas-Diener, "Your Happiest Days Are Behind You," TEDxUNLV, Las Vegas, April 11, 2014, 13:18, https://www.youtube.com/watch?v=-QTVv9tAlIE 참조.

일과 앞으로 계속해서 추구하려 계획한 일이 모두 포함된다. 예를 들어 매일 또는 매주 꼭 성공하지는 못하더라도 '더 설득력 있는 주장을 제시하려 노력하기'를 방향성으로 정하는 일처럼 말이다.

방향성은 포괄적으로 정의할 수도 있고('내 열정을 직업으로 바꾸려고 노력하기' 등) 더 구체적으로 정의할 수도 있다('전업 예술가로 전환하기 위해 재정적 후원을 받을 방법 물색하기' 등). 또 긍정적으로 정할 수도 있고 부정적으로 정할 수도 있다. 우리가 성취하거나 지키려는 바, 피하거나 막으려는 바를 표현할 수도 있다. 예를 들어 남들에게서 관심을 더 많이 얻으려 노력할 수도 있고 남들의 시선을 끌지 않으려 노력할 수도 있다.

방향성은 '친절하다' '지성적이다' '정직하다' 같은 성격 형용사를 쓰지 않고도 자신을 묘사하는 꽤나 멋진 방법이라는 데 주목하자. 이제 성격 형용사는 잊자. 오로지 당신이 현재 진행하고 있거나 계속 추진해나갈 개인 프로젝트를 정의하는 데 초점을 맞추고 노트에 그 아이디어를 적어보자. 당신이 인생에서 소중히 여기는 일이 무엇인지 곰곰이 생각하면서 "나는 ~하려고 노력하고 있다"라는 문구의 6가지 방향성을 작성해보자. 당신이 추구하는 바와 남들이 추구하는 바를 머릿속에서 비교하지 말자. 설령 당신의 성취를 아무도 알아차리지 못하더라도 당신이 추구하려는 바에 대한 생각으로 계속 되돌아가자. 힘겨운 상황에서 당신의 정확한 감정을 세심하게 묘사하면 도움이 되듯이, 당신의 삶을 개인적인 방향성으로 정확히 세분화하면 도움이 될 수 있다.

이제부터는 당신의 고통을 받아들이고 핵심 가치에 맞춰 행동하면 어떻게 느껴질지 생각해보자. 당신은 무엇을 하고 싶은가? 당신은 어떤 사람이 되고 싶은가? 고통을 피하려는 방향에서 의미를 찾으려는 방향으로 전환하면 어떤 상황에서든 많은 것을 성취할 수 있다. 또 긍정적인 행동 변화에 힘을 기울이면 멀리 나아갈 수 있다. 나와 내 동료들은 연구를 통해 심각한 사회 불안 장애를 앓는 성인들도 긍정적인 행동 변화나 개인적으로 의미 있는 목표를 위해 노력하는 날에는 사실상 건강한 성인들과 똑같은 자존감을 느낀다는 점을 발견했다. 일상생활의 의미에 대한 척도는 19퍼센트 상승했고 긍정적인 감정을 경험하는 횟수는 14퍼센트 증가했다. 반면 부정적인 감정 경험은 10퍼센트 감소했다.

당신이 원칙적인 불복종에 투자하는 노력을 늘리고 싶다면 당신의 계획을 동료들과 공유하자. 이런 방법은 우리의 다양한 목표를 달성하는 데 효과적이다. 한 연구에서는 주로 앉아서 생활하는 과체중 성인 324명이 16주 동안 '온라인 커뮤니티 걷기 프로그램'에 참여하게 했다.* 그 결과 온라인 토론 게시판에 자신의 목표와 노력, 진행 상황을 공유한 참가자들은 그런 접근 권한이 없었던 참가자들에 비해 그 프로그램을 끝까지 유지할 확률이 13퍼센트 높게 나타났다.

개인적인 방향성을 누구에게 공개하는가도 중요하다. 사명과 관

---

* Caroline R. Richardson et al., "An Online Community Improves Adherence in an Internet-Mediated Walking Program. Part 1: Results of a Randomized Controlled Trial," *Journal of Medical Internet Research* 12, no. 4 (2010): e71.

련된 개인적인 목표의 성과를 극대화하고 싶다면 당신이 존경하고 숭배하고 의견을 존중하는 사람에게 그런 방향성을 알리자. 당신보다 지위가 낮다고 보는 사람에게 계획을 공유하거나 일기장에 목표를 기록해둬봐야 별 도움이 되지 않는다. 다음 장에서 살펴보겠지만 우리는 다른 사람들에게 긍정적인 인상을 남기려 애쓰기에 목표를 달성하지 못하면 그들이 어떻게 볼지 걱정한다. 바로 그런 걱정 때문에 '의미 찾기'를 위해 더 열심히 노력할 가능성이 높아진다. 불안은 에너지이다. 그러니 적합한 사람들을 신중하게 골라 계획을 알림으로써 당신의 결심을 보여주자. 협력자들이 우리의 결심을 알고 있다면 우리에게 도움이 된다.

'의미 찾기'가 효과적이려면 우리 내부와 외부의 방해물에 대비해야 한다. 마틴 루서 킹, 넬슨 만델라Nelson Mandela, 마하트마 간디Mahatma Gandhi, 에멀라인 팽크허스트Emmeline Pankhurst, 아흐메트 알탄Ahmet Altan 같은 영웅적인 해방자들이 겪었던 징역살이를 생각해보라. 이런 제약 때문에 그들의 목표를 달성하는 능력이 얼마나 손상되었을지 상상해보라. 하루를 시작할 때 당신이 방향성을 위해 어떤 노력을 쏟을지 생각하는 동시에 어떤 혼란이 있을지도 예상해보자. 나는 마르쿠스 아우렐리우스Marcus Aurelius의 명상이 유익하다고 본다.

> 아침에 일어나면 스스로에게 이렇게 말하자. 오늘 내가 상대하는 사람들은 참견이 심하고 배은망덕하고 오만하고 정직하지 못하고 시기하고 무례할 것이다. 그들은 선악을 구별하지 못하기

> 때문에 그런 것이다. 하지만 나는 선의 아름다움과 악의 추악함을 보았고, 나쁜 짓을 하는 사람도 내 본성과 연관되어 있다는 것을 깨달았다. 우리가 혈통이나 출신이 같아서가 아니라 궁극적으로 같은 마음이며 신성의 일부를 공유하고 있기 때문이다. 그렇기에 아무도 나에게 상처 줄 수 없다. 아무도 나를 추악한 일에 연루시킬 수 없다. 나 역시도 친지들에게 화를 내거나 미워할 수 없다. 우리는 두 발과 두 손, 두 눈, 윗니와 아랫니처럼 함께 살아가기 위해 태어났다. 서로가 서로를 방해하는 것은 부자연스럽다. 누군가에게 분노를 느끼고 등을 돌리는 것도 부자연스럽다.•

장애물을 예상하는 데 그치지 말고 장애물에 대처할 계획을 세워두자. 다음과 같은 질문에 자주 답해보자. "오늘 내 의도대로 목표를 향해 노력을 기울이는 데 방해가 될 만한 요인은 무엇인가? 그리고 그런 경우에 어떻게 대응할 것인가?" 당신은 재량껏 사용할 수 있는 대비책을 원할 테니 방향성에 에너지를 쏟을 수 있도록 가급적 다양한 경로를 모색해두자. 간단히 말해 최선을 바라되 최악에 대비하자. 긍정성만으로는 정신적인 의연함을 기르는 데 도움이 되지 않는다. 심리적 유연성의 항아리를 활짝 열어두어야 한다. 무엇보다 역경 앞에 움츠러들지 말자. 심리적 유연성 대시보드의 4단계를 유용한 도구로 활용해 당신의 잠재력을 최대한 실현하겠다는 만만치 않은 도전에 나서보자.

• 마르쿠스 아우렐리우스, 『명상록』, 천병희 옮김, 도서출판 숲 2005.

어떻게든 반항하자

심리적으로 유연한 반항자들은 고통을 무릅쓰고 반대를 계속할 수 있는 부러운 능력을 갖고 있다. 그들은 고통에 시달리면서도 어떻게든 반항한다. 심리적 유연성 대시보드를 단계별로 따라가다 보면 단순히 고통을 피하는 데서 벗어나 새로운 목표를 추구하는 방향으로 경로를 재설정하게 된다. 당신은 가치를 명료화하고("나에게 중요한 것은 무엇이고 또 누구인가?") 당신이 경험하는 불쾌한 감정과 생각을 발견하며("나는 어떤 원치 않는 생각과 감정, 기억, 신체적 감각을 경험하고 있는가?") 그런 감정과 생각에 대한 습관화된 반응을 분석하고("나는 원치 않는 생각과 감정을 줄이고 회피하고 통제하려고 어떻게 하는가?") 목표 지향적인 해결책을 확인하는("나는 원하는 가치를 추구하기 위해 무엇을 하고 있고 또 할 수 있는가?") 등 다양하고 복잡한 단계를 거치게 된다. 그 과정에서 줄곧 당신의 경험에 주목하면서 앞으로 당신이 추구하는 삶을 어떻게 만들어나갈지 계획해보자. 공통된 언어와 일련의 질문을 통해 당신의 생각과 감정을 자세히 살펴보면서 의도적이고 실행 가능한 행동을 모색해보자.

오랫동안 이 대시보드를 사용하면 심리적으로 유연해질 수 있다. 그러면 낡은 패턴과 편견에서 금방 벗어나 새롭고 건강한 행동으로 바꾸는 법을 배우게 될 것이다. 당신이 지닌 행동의 자유를 분명히 자각하게 되면 순간순간 떠오르는 비순응적인 생각에 따라 행동할 가능성이 높아질 것이다. 그 핵심은 질문을 던지는 것이다. 너무 간단하게 들리지만 기존의 가정을 새로운 분석 대상으로 삼으면 창의성과 원칙적인 불복종의 새로운 가능성을 만들어낼 수 있다. 새롭고 더 나은 방법을 추구하는 데 따른 정서적 어려움은 더 이상 기존의 아이디어, 프로세스, 제품에 집착하는 일만큼 불안해 보이지 않는다.

이제 당신이 고통을 잘 견디고 충분히 오랜 싸움을 이어간 끝에 마침내 기득권 세력을 무너뜨렸다고 가정해보자. 당신이 승리한 것이다! 그렇지만 승리의 영광을 만끽하려는 순간 당신은 또 다른 선택을 마주하게 된다. 권력과 명성을 잃은 기득권 세력을 어떻게 대할 것인가? 과거의 적을 동료나 친구, 때로는 협력자로 대하면서 당신의 파트너 관계를 확장할 것인가? 아니면 당신이 한때 처절히 배척당했듯 당신의 새로운 권력을 행사해 그들을 배제시킬 것인가?

집단의 역동 속에서 관계의 변화를 다루는 일은 힘겨운 싸움을 이어가면서 회복력을 유지하는 일만큼이나 어려운 과제로 밝혀졌다. 사람들은 흔히 고통에 대처할 때는 치료사를 찾아가지만 역경에 부딪혀 이겨냈을 때는 거의 그러지 않는다. 하지만 우리가 개인이든 집단이든 건강한 방법으로 승리에 적응하려면 도움이 필요하다. 우리가 반항자로서 추구해온 바로 그 대의를 해치지 않으려면 말이다. 연구 결과들이 입증하듯 우리가 다른 사람들에게 가한 상처는 궁극적으로 우리에게 돌아오게 마련이다. 따라서 반항에 성공하려면 우아하고 포용력 있게 승리할 줄 알아야 하며 그동안 가꿔온 인간적인 가치와 사명에 계속 충실하도록 노력을 게을리하지 말아야 한다. 지금까지는 반항에 따르는 고통에 대해 이야기했다. 이제부터는 승리에 따르는 책임으로 시선을 돌려 그 책임을 어떻게 훌륭히 수행해나갈지 살펴보자.

불복종의 기술

1. 고통을 의연하게 견디려면 새로운 비장의 무기인 '심리적 유연성'을 개발하자. 심리적으로 유연한 사람들은 생각, 감정, 행동을 주어진 상황에 적절히 맞추면서도 반드시 자신에게 중요한 일에 중점을 두고 행동하려 노력한다.
2. 심리적 유연성 대시보드를 사용하자. 4가지 질문을 따라가면 정신적으로 고통스러운 문제의 실행 가능한 해결책을 찾을 수 있다. 첫째, 현상 유지에 반대하는 이유를 스스로 상기하자. 둘째, 당신의 불편한 마음과 접촉하자. 셋째, 당신의 대응 방식을 파악하자. 넷째, 기회를 평가하자.
3. 끝까지 포기하지 말자. 대시보드를 사용해 심리적 유연성을 기르는 일은 결코 쉽지 않지만 노력할 만한 가치가 있다. 당신의 잠재력을 최대한 실현하려는 만만치 않은 과제에 도전해보자.

7장 승리자의 책임

볼리비아의 전 대통령 에보 모랄레스Evo Morales는 극빈층의 삶이 어떤지 잘 알았다. 볼리비아의 소외된 원주민 사회에서 태어난 모랄레스는 작은 방 하나가 부엌, 식당, 침실 역할을 겸하는 전통적인 어도비 농가에서 가족과 함께 살았다. 모랄레스의 6남매 중 4명이 어려서 죽었고, 그는 살아남은 대가로 어릴 때부터 노동을 해야 했다. 모랄레스는 다섯 살 때부터 가족들의 끼니 걱정을 덜려고 라마 목동으로 일했다.

1980~90년대에 모랄레스는 원주민 농부들의 필수 작물이자 볼리비아 전통 문화의 주산물인 코카나무 생산을 합법화하려는 풀뿌리 운동에 참여해 그가 속한 공동체를 위기에서 구하는 데 헌신했다.* 당시 원주민 문화를 대변하는 일은 매우 위험했다. 미국 정부가 '마약과의 전쟁'을 벌이면서 미국 땅에 마약이 유입되는 일을 막기

위해 볼리비아의 세습적인 기득권층에 자금을 대고 있었기 때문이다. 그러나 부패한 볼리비아 정부 관료들은 마약 밀매를 막고 마약상을 체포하는 대신 가난한 원주민 농부들을 단속하며 코카 잎을 압수하고 뇌물을 챙겼다. 또 농부들을 잡아들여 담뱃불로 지지고 전기 충격을 가하고 독성 물질을 주입하고 팔다리를 총으로 쏘고 머리를 오랫동안 물속에 처박는 등 집요하게 고문하고 심문했다. 잡혀간 농부들 중에는 감금된 채 사망하는 경우도 많았다. 모랄레스 역시 수차례 구타당하고 투옥되었으며 한번은 정부군이 그를 외딴 지역에 내버려둬 죽을 뻔한 적도 있었다.

1990년대 중후반쯤 모랄레스는 선거 정치에 적극적으로 뛰어들어 소외된 사회 구성원들의 경제적 지위와 권력 신장 정책을 위해 싸웠다. 2006년 그는 미국 정부의 반대에도 빈곤 감소, 교육 및 병원 투자, 최저임금 인상, 부유층 세금 인상, 원주민의 정치적 권리 확대 등 좌파 공약을 내세워 마침내 대통령으로 당선되었다. 모랄레스는 집권한 뒤에도 상당수 공약을 이행해 볼리비아의 경제를 전면적으로 성장시켰다. 그는 외국 에너지 기업들로부터 석유와 가스 개발 통제권을 회수해 이전까지 해외로 유출되던 수십억 달러를 정부 금고로 끌어들였다. 볼리비아 국민의 임금은 증가했고 실업률은 50퍼센트 감소했으며 문맹률이 줄었다. 그가 선출된

• 코카나무는 코카인의 주원료이기 때문에 코카나무를 금지하고 재배를 불법화할지에 대한 논란이 계속되고 있다. (스벤 하르텐, 『탐욕의 정치를 끝낸 리더십, 에보 모랄레스』, 문선유 옮김, 예지 2015 참조.)

지 4년 만에 세계은행은 볼리비아의 국가 분류를 가장 낮은 단계인 '저소득 경제'에서 다음 단계인 '중저소득 경제'로 상향 조정했다. 이런 변화는 1인당 국민총소득의 3~4배 증가로 이어졌고 볼리비아 정부는 더 낮은 금리로 돈을 빌릴 수 있게 되어 결과적으로 부를 훨씬 많이 창출할 수 있는 기반을 마련했다. 볼리비아의 경제는 2005~18년에 걸쳐 라틴 아메리카에서 가장 빠른 성장세를 기록했다.

그러나 모랄레스의 통치에는 어두운 단면이 있었다. 그의 정권은 권력의 기틀을 공고히 다지는 과정에서 반대 세력을 탄압했다. 2013년 모랄레스는 시민사회단체를 해산시킬 수 있는 광범위한 권한을 정부에 부여하는 대통령령을 발표했다. 그의 정권은 언론인들을 위협했고 반대자들을 닥치는 대로 블랙리스트에 올렸다. 2011년에는 아마존 열대우림 보호구역에 고속도로를 건설하려는 모랄레스의 계획에 볼리비아인 수천 명이 항의 시위를 열자 경찰이 출동해 최루탄과 고무탄으로 시위대를 잔인하게 진압했다. 인설에 따르면 "여성 시위대가 반대 의견을 외쳤을 때 모랄레스 정권의 경찰은 그들의 얼굴에 강력 접착테이프를 붙여 입을 막았다"라고 한다. 볼리비아 헌법상 대통령 임기는 2선까지로 제한되지만 모랄레스는 권력에 집착하며 3선까지 연임했고, 선거 조작 혐의로 군부에 축출당하지 않았다면 4선까지 욕심냈을 것이다.

많은 불복종자가 일단 성공해 권력을 얻으면 기존의 가치를 내팽개치고 자신이 약속했던 대의를 이루는 데 실패해 기대에 못 미치는 행보를 보인다. 블라디미르 레닌Vladimir Lenin은 모든 러시아 국민에게 '평화, 빵, 토지'의 비전을 제시하며 노동자 혁명을 이끌었다. 그래서 어떻게 되었던가? 또 자유, 평등, 박애의 기치를 내걸었던 프랑스 혁명은 결국 단두대로 상징되는 막시밀리앙 로베스피에르 Maximilien Robespierre 치하의 공포 시대로 막을 내렸다. 이처럼 혁명의 크고 작은 성공을 면밀히 분석해보면 오랜 희생 끝에 성공한 불복종자들이 벅찬 승리의 감격에 취해 애써 얻은 기회를 탕진하거나 오점을 남기면서 건강한 변화를 일으키고 유지하는 데 실패했다는 점을 발견하게 된다. 물론 이를 불복종이 종종 유발하는 극단주의 탓으로 돌릴 수도 있다. 특히 기득권 세력의 장기화된 억압이 끝난 직후라면 더욱 그렇다. 하지만 이런 사실은 의문을 불러일으킨다. 인간 심리에서 어떤 부분이 그런 병폐를 부추기는 것일까?

인간의 부족주의를 향한 잠재적 충동은 그런 현상을 설명하는 데 큰 도움이 된다. 우리는 같은 집단 구성원들에게 공감하고 자부심과 기쁨을 나누며 그들의 요구에 응하지만 외부인에게는 그렇게 행동하지 못한다. 우리는 같은 집단 구성원들이 '타자'에 대해 공격적이고 폭력적이며 착취적으로 행동할 때는 못 본 척하고, 외부인을 공공의 적으로 지목해 그들의 반대편으로서 우리 집단을 규정한다.* 힘든 상황에서는 우리 자신보다 다른 사람이나 대상을 비난하는 편이 더 편리하기 때문이다. 이런 역학관계로 인해 성공한 불복종자들이 기존 다수파 구성원들을 모질게 탄압하고 불필요한 고통을 초래하는 일이 매우 자주 반복된다. 또 불복종자들은 이 몰락한 다수파의 잠재적으로 유용한 의견을 묵살해 향후 분쟁이 발생할 빌미를 제공한다.

연구자들은 성공한 불복종자들에게서 나타나는 몇 가지 심리적 요소를 밝혀냈는데, 이런 요소들이 서로 맞물리면서 그들의 부족 중심적인 충동을 자극해 몰락한 다수파 구성원들이 파괴적으로 행동하게 만든다. 마틴 루서 킹이 말했듯 "우리는 형제로서 다 함께 사는 법을 배워야 한다. 그러지 않으면 모두 바보가 되어 함께 멸망할 것이다."

"인간이 천성적으로 얼마나 부족 중심적이며 특히 권력이 교체되는 시점에 그렇다는 점을 알면 한때 우리를 의심하거나 박해했던 사람들을 악마로 몰아가고픈 충동을 자제하고 좀더 사려 깊고 합리적으로 행동할 수 있다."

• 집단은 종종 적과의 관계를 통해 자신들을 정의한다. 공화당원들에 맞서 분발하는 민주당원들이나 잔인한 육식주의의 건강하고 도덕적인 대안으로서 자신을 규정하는 채식주의자들을 생각해보라. 적을 식별하는 일은 한 부족으로서 유대감을 형성하는, 심리적으로 건전한 전략이다. 적의 존재만으로도 부족의 정체성이 무엇이고 부족이 무엇을 지지하며 무엇에 맞서 싸울지에 대해 의식을 명확히 하고 창조하고 유지하도록 자극하기 때문이다. 일반적인 통념과 달리 최고의 강적은 슈퍼히어로 코믹북의 중독성 있는 줄거리 이상을 제공한다. 연구 결과에서는 장기 실업을 겪거나 사랑하는 연인을 잃는 등의 특정한 상황에서 사람들이 다른 대상을 비난함으로써 자아의 고통을 보편한다는 점을 보여준다. 이처럼 현실성 있는 희생양은 사람들이 통제력과 자신감을 회복하도록 돕는다. 그러나 불행히도 이런 심리적 이점을 악용하면 불필요한 갈등을 일으키거나 사상자를 유발할 위험도 있다. 우리도 모르는 사이에 적들에게 우리를 미래의 공격 목표로 삼을 명분을 제공하기 때문이다. Douglas, Scapegoats; Landau et al., "Deriving Solace from a Nemesis"; Sullivan, Landau, and Rothschild, "An Existential Function of Enemyship" 참조.

반항자의 불만

기존의 다수파에서 성공한 불복종자들에게로 권력이 넘어갈 때 어떤 하위 집단도 전체적인 집단 정체성이 이전과 동일하다고 보지 않는다. 이때 비순응주의자들은 내가 '반항자의 불만'이라 부르는 일을 종종 경험한다. 그들은 과거에는 자신들의 견해를 무시했지만 이제는 지지자로 돌변한 사람들과 거리를 두기 위해 그 집단을 떠나고 싶어 한다. 기존의 소수자들이 이제야 집단에서 최고의 위치에 올랐는데 왜 권력을 휘두르며 즐기려 하지 않는 것일까? 사실 그것이 말처럼 쉽지는 않다. 핍박받는 약자로 고통받으며 입었던 상처들이 여전히 아물지 않았기 때문이다. 너무 심한 고통을 겪다 보면 반항자로서의 정체성이 굳어져 이전에 자신을 무시하고 학대했던 사람들을 용서하기가 어려워진다. 대체 패배한 기존의 다수파를 왜 배려해줘야 한다는 말인가?

샌디에이고 주립대학교 라드밀라 프리슬린Radmila Prislin 박사가 실시한 일련의 최첨단 실험 덕분에 우리는 반항자의 불만을 엿볼 수 있다. 당신이 낯선 사람들의 집단에서 논쟁적인 주제를 토론하고 있다고 상상해보자. 처음에는 집단에서 당신의 의견을 받아들이는 사람이 거의 없다. 하지만 시간이 지날수록 집단 안에서 당신 의견에 동의하는 사람이 늘어난다. 반대로 처음에는 대부분 사람이 당신의 의견에 동의하다가 시간이 지날수록 지지가 줄어들더니 결국 당신과 반대되는 관점을 채택한다고 상상해보자. 자, 이제는 이 모든 사람이 배우이고 모든 토론이 인기와 권력의 변화에 당신이 어떻게 대응하는지를 알아보기 위한 실험이었다고 상상해보자. 프리슬린은 이런 방식으로 연구를 진행해 몇 가지 놀라운 결과를 도출했다.

권력 교체는 새로운 다수파와 소수파 모두의 집단 정체성에 대한 생각을 뒤바꿔놓는다. 집단이 구조적인 변화를 겪고 나면 사람들은 그 집단 구성원 자격이 무엇을 의미하는지, 그것이 왜 중요한지를 이해하는 데 어려움을 겪는다. 당연하게도 기존 다수파의 패배한 구성원들, 즉 '새로운 약자들'은 더 이상 그 집단을 자기네 정체성의 연장선으로 보지 않는다. 이제는 집단 구성원 대다수가 그들의 의견에 동의하지 않기 때문에 더 커진 집단이 탐탁지 않고 낯설게 보이는 것이다. 한편 기존의 소수파 구성원들, 이른바 '승리한 반항자들' 역시 그들 나름대로 심리적인 혼란을 겪는다. 그들은 기존의 다수파가 마침내 그들의 의견을 받아들이기까지 너무 오랜 시간이 걸린 데 실망하고 언짢아하며 서로 충돌했던 전력 때문에 기존 다수파를 거의 신뢰하지 않는다(경우에 따라서는 불신에 가깝다). 아직 원한이 남아 있는 승리한 반항자들은 새로운 약자들을 열등하게 취급하고, 그런 이유로 집단을 떠나기를 원한다. 프리슬린이 그녀의 실험에서 도발적으로 지적했듯 "그 집단을 간절히 떠나고 싶어 하는 것은 계속 불리한 지위에 남아 있는 사람들(불변의 소수자들)이 아니다… 집단 안에서 지위가 향상된 사람들(기존의 소수자들)이 집단과의 분리를 원할 가능성이 가장 높다."

“ 실제 상황에서는 집단의 공통적인 정체성이 사라지면 승리한 반항자들이 새로운 약자들의 잠재적으로 중요한 의견을 무시하거나 불화를 조장하는 방식으로 행동할 여지가 있다. ”

만약 당신이 오랜 싸움 끝에 드디어 염원을 이룬 반항자라면 이런 역학관계에 계속 주의를 기울이며 당신과 새로운 약자들의 온갖 공통점을 파악하는 데 힘써야 한다. 부족주의의 충동을 억누르고 과거의 적들에게 손을 내밀며 힘닿는 데까지 공통의 정체성을 강화하자.

어떤 면에서는 다른 사람들과 거리감을 느낄지 몰라도 우리는 대체로 공통의 관심사, 생활 환경, 과거 경험 덕분에 서로를 이어주는 비이념적인 공통의 정체성을 발견하는 경우가 많다. 예를 들어 역도 선수, 시가 애호가, 해산물 마니아, 이혼 가정의 자녀, 놀이동산의 가장 위험한 놀이기구에서 살아남은 사람들(이런 이야기는 한 번도 들어본 적이 없다고? 내 어린 시절 영상을 보러 가자!) 등의 정체성을 공유할지도 모르고, 이런 공통점은 얼마든지 찾아낼 수 있다.

당신의 유년기, 청소년기, 성인기의 정체성을 목록으로 작성하고 적대 관계로 굳어진 사람들과 공통적으로 지닌 정체성에 주목해보자. 원래 당신이 속한 집단의 외부자로 간주하던 사람들을 모두 아우르는 새로운 규범이나 의식을 만들 수 있겠는가? 당신이 새로운 약자들에게 느낄 수 있는 지속적인 반감이나 우월감을 제쳐두려고 노력하자. 마틴 루서 킹의 가르침대로 “우리가 이 땅에서 평화를 유지하려면 우리의 충성심은 분파적이지 않고 보편적이어야 한다. 우리의 충성심은 인종, 부족, 계급, 국가를 초월해야 하며, 이는 곧 우리가 세계적인 관점을 발전시켜야 한다는 의미이다.” 당신도 이제 집단의 분파에 대해 더 거대한 ‘세계적인 관점’을 취해야 한다. 비록 분파들 간의 관계는 여전히 원초적인 상태라 해도 말이다.

반항자의 악몽

개교 이래 268년 동안 남학생의 입학만 허용하던 예일 대학교는 1969년 남녀공학으로 전환하면서 1973년 졸업반으로 여학생 588명을 처음 받아들였다. 대다수 남성은 이런 변화를 달갑게 여기지 않았다. 당시 입학한 여학생인 세라 버드솔Sarah Birdsall은 이렇게 회고했다. 2학년 남학생들은 친절하고 지지적이었지만 “첫해 선배들은 정말 끔찍했다. 우리 여학생들이 어쨌거나 남성들만의 완벽한 친목을 망쳤던 것이다. 그들에게 여성들은 주말의 즐거움을 위해서나 존재했다.” 예일 대학교 교직원들도 여학생들이 환영받는 분위기를 만들려고 굳이 애쓰지 않았다. 여성 스포츠팀에 아무런 지원도 하지 않았고, 한 여학생이 남자 축구팀에 들어가자 직원들이 나서서 ‘대학의 이익을 위해’ 그만두라고 그녀를 몰아붙였다. 축구팀 남학생들도 이런 상황에 적극적으로 나설 생각이 없었다. 오히려 그들은 여자 선수가 뛰는 모든 경기에서 기권패하겠다고 의사를 밝혔다.

승리한 반항자들이 새로운 약자들에게 따뜻한 동정심을 느끼지 못하는 것도 당연하다. 기존의 다수파가 권력을 상실하면 매우 기슬리게 행동하는 경향이 있기 때문이다. 프리슬린 박사와 동료들의 연구 결과에 따르면 새로운 약자들은 집단에 협조하기를 거부하고 기회가 있을 때마다 집단에 편승해 적대감을 드러내며, 승리한 반항자들 역시 우호적이지 않고 적대적일 것이라 예상한다고 한다. 이런 반응은 다시 승리한 반항자들에게 불신과 적개심을 불러일으킨다. 새로운 약자들이 원한과 반감을 품고 있음을 인식한(이를 '반항자의 악몽'이라 부르겠다) 승리한 반항자들은 방어적으로 반응하며 그들에게서 불경과 반역의 조짐을 살펴 찾아내고 그들과 싸우는 데 매우 많은 시간을 소모한다. 이 모든 과정이 애초의 목표를 추구하는 데 방해가 된다. 권위 있는 『예일 데일리 뉴스』*Yale Daily News*에서 일하고 싶었던 한 여학생은 이렇게 말했다. "여학생이 리더 물망에 오르지 않을 것이란 확신이 들었다. 그래서 망설였고, 그 메시지는 아예 노력하고 싶지도 않을 정도로 강했던 것 같다."

적대감은 적대감을 낳는다. 공격성은 공격성을 낳는다. 또 다른 여학생은 이렇게 털어놓았다. "이 모든 일의 비극은 내가 다른 여성에게 상당히 남성 우월적인 태도를 취하게 되었다는 점이다… 나는 여학생들과 함께 시간을 보낼 가치가 없다고 생각했다. 대학에서 그런 태도가 몸에 배었고 이제야 거기에서 벗어나고 있다." 기본적으로 이 여학생(과 아마도 다른 많은 여학생)은 여성 혐오적인 예일대학교 남학생들의 적대적인 태도를 내면화했다.

승리한 반항자들은 이런 역학관계로 인해 그들이 소수파일 때 소중히 여겼던 가치관에서 이따금 서서히 멀어진다. 볼리비아의 에보 모랄레스 대통령을 생각해보라. 그는 자신의 생각과 결정에 동의하지 않는 사람들에게 산업용 접착테이프를 사용해 말 그대로 입을 틀어막았다. 과거에는 모든 분파가 발언하고 의사를 표현할 자격이 동등하다고 여기며 의견 불일치를 건전한 현상으로 보고 반대 의견을 중시했을지 모르지만 이제는 생각이 달라진 것이다. 승리한 반항자들은 반대하는 사람들의 저의를 의심하고 그들의 공격을 두려워하여 점점 반대 의견을 듣는 데 소홀해진다. 그런 반대 의견이 새롭게 구성된 집단의 문제 해결 능력과 업무 수행 능력을 저하시키는 것처럼 보이기 때문이다. 그래서 승리한 반항자들은 다양한 관점을 모색하기보다 논의를 억누르게 된다.

프리슬린의 연구에 따르면, 새로운 약자들은 점점 더 논쟁에 관대해지는 반면 승리한 반항자들은 점점 더 의견 불일치를 탐탁지 않고 비생산적으로 여기며 인지적 다양성의 가치를 이전보다 50퍼센트 낮게 평가했다. 승리한 반항자들은 새로운 약자들의 의견을 싸늘하고 무례하게 받아들이며 점점 경직되는 모습을 보였다. 또 논쟁을 부추기기보다 오로지 한 가지 방법, 즉 자신들의 방법만 존재한다고 믿었다. 반란은 이제 위험하고 유익하지 않은 것처럼 보였다. 사실 (3장에서 이야기했듯) 반대 의견은 누가 리더이든 여전히 가치 있는데 말이다. 승리한 반항자들은 그들의 입지를 굳히고 반대 세력을 탄압함으로써 반대 의견의 지속적인 효과를 활용하지 못하고 다시 미래의 불화가 생겨날 씨앗을 뿌리게 된다.

“성공한 반항자로서 권력과 추종자들을 얻는다면 아이디어 전쟁에 참여하는 모든 사람(친구, 적, 중립적인 관찰자)에게 그들의 의견이 여전히 중요하다고 확신을 심어주는 것이 좋다. ”

분열을 넘어 과거의 적들에게 기꺼이 손을 내밀고 다가가자. 새로운 약자들이 지위를 상실해 실의에 빠져 있고 그저 당신을 보는 것만으로도 이런 상실의 고통이 되살아날 수밖에 없는 현실을 이해하자. 당신이 소외된 소수자로서 오랫동안 거부당하며 겪었던 트라우마를 떠올려보자. 거부당한 아픔이 지금도 당신의 태도와 의사결정의 질을 손상시키고 과거의 적들에 대한 견해를 지배할 것이다. 설령 과거의 적들에 대한 불신과 공격성이 생생히 남아 있다 해도 어떻게 당신의 감정 때문에 상황을 더 악화시키겠는가? 당신이 한때 소수자로써 느꼈던 감정을 떠올려보자.

무엇보다 불신하는 '타자'들이 아무리 적대감을 표현하더라도 그들에게서 도망치고 싶은 충동을 참아야 한다. 프리슬린과 동료들이 발견했듯 승리한 반항자들과 새로운 약자들 사이에 상호작용이 반복되다 보면 시간이 지나면서 어느 정도 화해가 이루어진다. 처음에는 양측의 관계에서 어색함과 긴장감이 느껴진다. 하지만 승리한 반항자들이 새로운 약자들과 4~5차례 만남을 거듭하면 그들과 함께 시간을 보내고 협력하는 일이 더 수월해지며 새로운 약자들과 공유하는 공통의 관심사와 인간성을 더 쉽게 인식하게 된다. 결국에는 모든 사람이 집단에 더 애착을 갖고 집단을 위해 기꺼이 희생하게 된다. 관계에 시간과 노력을 들이면 해묵은 적대감이 사라지면서 새롭고 미숙한 협력 정신으로 대체된다.

반항자의 맹목성

프랑스 혁명이 절정에 달했던 1793년 9월부터 1794년 7월까지의 공포 정치 동안 30만 명에 가까운 시민이 체포되었고 약 1만 7,000명이 처형당했으며 수천 명이 감옥에서 사망했다. 여기에서 주목할 점이 있다. 공포 정치를 진두지휘한 막시밀리앙 로베스피에르는 전직 판사로서 이전까지 사법적 폭력에 반대하던 입장이었다. 그는 심지어 범죄자에게 사형을 선고하라는 압박을 받고 판사직을 사임하기까지 했다. 공포 정치가 시작되기 불과 2년 전인 1791년 말 그는 이렇게 주장했다. “권력을 잡았을 때 관대한 처벌보다 사형과 가혹한 형벌을 선호하는 입법자는 국민들의 분노를 자극하고 도덕관념을 약화시킨다. 잔혹한 체벌을 자주 행해 제자의 영혼을 멍하게 만들고 타락시키는 서투른 교사처럼, 그도 정부의 태엽을 너무 세게 감으려다 오히려 마모시키고 헐거워지게 만든다.” 이랬던 로베스피에르가 일단 권력을 잡고 나자 혁명 정부에서 새로 수립된 법질서에 반대하는 사람이라고 의심만 해도 그의 사형을 허용하는 법을 주도했다. 그는 이렇게 말했다. “프랑스에는 오로지 2개의 정당만 있다. 바로 국민과 적이다… 우리는 영원히 인권에 반대해 음모를 꾸미는 가련한 악당들을 말살해야 한다… 우리는 모든 적을 섬멸해야 한다.”

우리는 반란자들이 권력을 잡고 나면 다양성과 반대 의견을 옹호하던 기존의 입장을 저버리는 사례를 수없이 목격해왔다. 그렇지만 로베스피에르의 비할 데 없이 끔찍한 위선은 또 다른 의문이 든

재함을 시사한다. 바로 승리한 반항자들이 경악스러울 만큼 자기 인식을 유지하지 못한다는 사실이다. 실제로 로베스피에르는 자신의 언행이 과거 신념과 모순되는 점을 전혀 인식하지 못하는 것처럼 보였다. 1793년 연설에서 그는 헌법 제도에 대해 이렇게 말했다. "정부의 권력 남용으로부터 시민 개개인을 보호해야 합니다. 그러나 혁명 체제하에서 정부는 공격해오는 모든 세력으로부터 스스로 방어해야 합니다. 그리고 이런 목숨을 건 싸움에서는 오로지 선량한 시민만이 공공의 보호를 받을 자격이 있으며 인민의 적은 죽음으로 처벌받아 마땅합니다." 그가 과거의 신념에서 이탈했다는 흔적이 이 말에서는 조금도 묻어나지 않는다. 한 관찰자가 지적했듯 강경한 이념가들은 자신의 폭력이 정당하다고 굳게 믿는다. 오히려 "잔혹 행위들은 이념가들이 그들의 신념을 고수하고 그들의 목표를 강요하려는 순수한 확신을 강화시킬 뿐이다."

프리슬린과 동료들이 발견했듯 도덕적 위선은 한 집단 내에서 권력이 교체된 직후부터 서서히 나타나기 시작한다. 그들의 실험에서 승리한 반항자들은 새로운 약자들을 희생시키면서 내집단에 유리한 규칙을 만들어 권력을 남용했다. 또 승리한 반항자들은 새로운 현상을 공고히 유지하기 위해 새로운 약자들의 사기를 저하시키는 새로운 규칙을 시행했다. 프리슬린의 연구가 시사하듯 승리한 반항자들은 힘들게 얻은 권력과 지위, 인정을 잃을까 두려워 자신들의 위선을 자각하지 못한다. 승리한 반항자들은 새로운 약자들이 새로 구성된 집단을 지지하는지 알 수 없는 상황에서 자신들의 세력이 불안정하다고 믿는다. 그들은 공격적으로 세력을 강화하지 않으면 그들의 권력이 덧없이 사라질 것이라 우려한다. 이런 논리가 지배하면 그들의 현재 행동이 기존의 가치관과 얼마나 일치하는지 등의 다른 고려 사항은 뒤로 제쳐두게 된다.

> “당신이 승리한 반항자로서 잘못된 길로 나아가지 않으려면 권력에 의해 자기 인식이 어떻게 흐려지는지를 계속 주시해야 한다.”

자신의 확립된 가치관을 자주 상기하자. 권력을 강화하려는 욕구는 잠시 미뤄두고 다음 사항을 확인하자. 당신의 현재 행동이 당신이 바라던 목표에 진정으로 부합하는가? 집권 뒤 당신의 업적이 후세에 어떻게 기억되기를 바라는가? 더 합리적이고 타당하고 인간적으로 권력을 행사할 방법이 존재하는가? 당신이 남에게 대접받고 싶은 대로 남을 대접하라는 황금률을 지키고 있는가? 나아가 극작가 조지 버나드 쇼George Bernard Shaw가 조언한 대로* 다른 사람들의 독특한 욕구와 관점을 고려해 그들을 대하는 태도를 결정하고 있는가? 스스로 자비심을 유지하려면 리더십의 2가지 핵심 원칙을 지키자. (1) 소수를 비하하거나 불공평하게 대하는 어떤 조치나 규칙도 옹호하지 않는다. (2) 다수에게 추가적인 특권을 부여하는 어떠한 조치도 지지하지 않는다. 당신은 그동안 당신이 속한 내집단을 위해 공평한 경쟁의 장을 마련하려고 그토록 열심히 싸워왔다. 이제는 다음 세대의 순응주의자와 비순응주의자를 위해 공평한 경

* 조지 버나드 쇼, 『인간과 초인』, 이후지 옮김, 열린책들, 2013.

쟁의 장을 마련하는 데 최선을 다하자.

반드시 던져야 할 질문들

이번 장에서는 역사적 사례들을 참조했지만 승리한 반항자들이 소수자를 어떻게 대해야 하는가의 질문은 현대에도 시급한 사안이다. 내가 이 글을 쓰는 2021년 현재 미국에서는 역사적으로 억압받던 소수자들이 역사상 유례없는 권력을 주장하면서 기존 체제에 합류하기 직전인 상황이다. 미국 사회는 과거와 달리 동성애자의 권리를 지지하고 있다. 여성과 유색인종도 학계, 기업계, 정부의 권력에 (여전히 완전하지는 않아도) 전례 없는 접근 권한을 획득해가고 있다. 미국 역사상 최초로 소수 세력들이 수적으로 다수를 이룰 태세이다.

이런 권력 교체가 아직 불완전하기는 해도 이제 권력 행사와 그에 따른 책임에 대해 어려운 질문을 제기해야 할 시점이다. 새로운 다수파를 이룰 구성원들은 '책임감 있게 승리할' 준비가 되었는가? 권력을 빼앗긴 사람들에게 과거 자신들이 겪었던 억압을 똑같이 가하지 않기 위해 그들은 어떻게 할 것인가? 감히 이런 질문을 제기하는 사람은 거의 없다. 역사적인 탄압을 너무 하찮게 여긴다고 남들에게 비난받을 것이 두렵기 때문이다. 정의를 구현해야 하고 발언권이 부족한 소수자들에게 권력이 필요하다는 주장에 나는 아무런 이견이 없다. 하지만 이번 장에서 소개한 심리학 연구들에 몰

두하다 보니 다음과 같은 의문이 든다. 압제에 맞선 싸움의 최종 단계는 무엇인가? 궁극적으로 우리가 이루고자 하는 바는 무엇이며, 거기에 이르려면 어떤 종류의 행동과 정책을 택해야 하는가? 역사적으로 억압받던 집단의 옹호자들이 목표를 명확히 하지 않는 한 그들은 권력을 손에 쥐자마자 태도를 바꾸며 내집단 세력을 강화하느라 자신이 이루기 위해 오랫동안 노력해온 평등과 정의의 이상을 또다시 무너뜨릴 것이다.

역사적으로 혜택받지 못하던 소수자들이 권력을 잡게 되면 반드시 자제력을 발휘하도록 힘써야 한다. 그들과 똑같이 바라보고 생각하는 사람들을 고용하거나 존중하거나 경청하기보다 다양한 차이를 존중하고 모든 사람을 환영하는 태도를 견지해야 한다. 그들이 중시하는 일반적인 이데올로기 검사조차 통과하지 못하는 사람이라 해도 말이다. 권력의 영향력은 피부색, 성별, 사회 경제적 배경, 섹슈얼리티, 그 밖의 차이점이 아니라 우리의 지성과 지혜에서 비롯되어야 한다. 활발한 토론 문화를 장려해 모든 사람의 아이디어가 그 가치에 따라 평가받고 모든 종류의 회의론과 불복종이 자유롭게 허용되는 분위기가 조성되어야 한다.

승리한 반항자들이든 새로운 약자들이든 회의론을 제기할 때는 그 표현 방법을 신중히 고려해야 한다. 소셜 미디어 전반에서 자연스러운 의견의 불일치가 걷잡을 수 없는 분노로 쉽게 변질되는 일들이 발생하면서, 우리가 정당한 우려를 표현해도 한 사람이 오랫동안 쌓아온 명성과 경력, 생계마저 단 24시간 만에 초토화시킬 수 있는 상황이 되었다. 역사적으로 박해받은 소수자의 옹호자들도 그들의 적과 마찬가지로 그런 무분별한 파괴 행위를 저질러왔다. 2020년에 스키드모어 칼리지Skidmore College의 몇몇 학생은 인종적인 정의를 강화하라는 15가지 요구 사항이 적힌 탄원서를 배포했다. 그중 세 번째 요구 사항은 31년 동안 이 대학에서 보석과 금속 강의를 해온 데이비드 피터슨David Peterson 교수를 즉각 해고하라는 것이었다. 그러자 학생들은 그의 수업을 보이콧하기 시작했다. 피터슨 교수는 자신을 인종 차별주의자, 성차별주의자, 성전환자혐오자(트랜스포비아)라 비난하는 온갖 이메일과 소셜 미디어 게시물로 온라인상에서 괴롭힘당했다. 누군가는 그의 강의실 문에 다음과 같은 팻말을 붙여놓았다.

> 멈출 것! 이 수업에 참여하는 것은 캠퍼스 전체의 피켓 라인(파업 대열을 유지하는 시위대의 집단적 감시선—옮긴이)을 넘어 데이비드 피터슨 교수에 대한 보이콧을 위반하는 행위이다. 데이비드 피터슨은 여학생에 대한 노골적인 성차별, 성전환 학생에 대한 공공연한 혐오, 일반(시스젠더) 백인 남성이 아닌 모든 학생을 무시하는 태도로 악명 높다. 이곳은 소수자인 학생들에게 안전하지 않다. 이 강의를 계속 수강한다면 이 캠퍼스에서 '편협한' 행동이 벌어지도록 허용하는 셈이다.

대체 피터슨 교수가 어떻게 했기에 학생들이 이러는 것일까? 그는 인종 차별에 가담하지도 않았고, 경멸적인 표현을 사용하지도 않았으며, 공격성을 드러내지도 않았고, 심지어 자신의 관점을 표현하지도 않았다. 그는 그저 아내와 조용히 집회에 참석해 지역 경찰을 지지하는 연설을 들었을 뿐이다. 사태가 심각해지자 총장은 피터슨 교수 해고를 고려하며 학생들이 고발한 내용을 2달간 조사했다. 그 결과 피터슨 교수는 모든 혐의에 대해 결백한 것으로 밝혀졌다. 그런데도 수천 명의 분노한 학생과 지역 사회 구성원 들은 성급하게 속단을 내리고 달려들어 이 61세 노인의 평판을 짓밟았던 것이다. 그가 인종 차별주의자, 성차별주의자, 성전환자혐오자라는 공개적인 비난에 대해서는 이 대학의 『스키드모어 뉴스』*Skidmore News*에 실린 (사실무근의 오류로 얼룩진) 기사 작성자를 포함해 아무도 책임지지 않았다. 그가 잘못을 저질렀다고 입증할 만한 증거가 없는 상황에서도 학생들은 그가 31년 동안 충직하게 일하며 쌓아온 명성을 훼손할 수 있었다. 대학에 다니는 목적 중 하나는 우리가 그전까지 알지 못하던 정보와 관점을 습득하려는 것 아닐까? 무작정 해고를 요구하기 전에 당사자의 입장에서 이야기를 들어보는 것도 가치 있지 않을까? 이 사례에서 학생들(과 다른 사람들)은 공정성의 기준을 확인하고 모든 사람을 존엄하게 대하는 대신 공포 분위기를 조성해 허접한 대중 담론을 만드는 잘못을 저질렀다. 우리는 기존에 우리가 경멸하던 그런 사람이 되지 않도록 늘 스스로 경계해야 한다.

“승리한 반항자들은 새로운 약자들에게 (비록 그들은 예전에 그런 아량을 베풀지 않았더라도) 자제심을 보이고 공감과 자비를 베푸는 것 외에도, 어느 누가 제기하는 선의의 회의론을 환영하며 모두에게 도움이 되도록 통설을 수정하고 개선하는 회의론의 힘을 인정해야 한다. 이와 관련해 유머도 환영해야 한다. ”

상대방을 조롱하며 깐죽대는 유머는 그것이 이해심, 선의, 정직한 열망에서 비롯되어 듣는 사람들이 곱씹어보게 만드는 한 권력 교체를 다루는 오래된 전략이다. 엘리트 집단이든 억압받는 집단이든 자신들을 겨냥한 유머에는 재빠른 비난으로 대응하지만, 사실 많은 유머는 원칙적인 불복종자들이 옹호하는, 이른바 사회적 규범의 가벼운 위반을 정확히 구현하고 있다. 결국 코미디언들은 다른 사람들이 알면서도 입에 올리기 두려워하는 진실을 말하는 사람들이다. 유머는 우리가 흥미롭거나 이해할 수 없는 사람과 관행에 대해 질문을 던지게 해준다. 앞서 피터슨 교수에 대한 허위 고발과 관련해 이야기했듯 말하는 사람이 누구든 간에 "내가 원하면 무슨 이야기든 누구에게나 내가 원하는 방식으로 말할 수 있다"라는 식의 태도는 매우 문제 있다. 하지만 정치적 올바름political correctness 역시 논의를 억제한다는 측면에서 똑같이 문제가 있다. 선의의 유머를 지닌 사람들이 어떤 부문에서든 역기능적이고 비상식적인 점을 발견해 꼬집을 때 우리 사회의 모든 사람이 혜택을 얻게 된다.

조지 부시 대통령이 2001년 9.11 테러에 대한 복수를 다짐했을 때 미국은 향후 20년 동안 지지부진하게 이어질 아프가니스탄 전쟁의 수렁으로 빠져들었다. 스티븐 콜베어Stephen Colbert는 백악관 출입기자 만찬회(기자들이 미국 대통령을 농담조로 사정없이 조롱하는 자리)에서 역대 가장 논란이 많았던 농담으로 대통령, 테러와의 전쟁,

이 모든 상황을 단번에 꼬집었다. 콜베어는 부시 대통령이 성급하게 이라크와 전쟁을 시작했다가 이라크 전쟁의 종전을 선언한 사실을 조롱했다.

> 저는 가장 적게 통치하는 정부가 가장 잘 통치하는 정부라고 믿습니다. 이 기준으로 따지면 우리는 이라크에 환상적인 정부를 세웠지요.

기막히게 간결하다. 그러고 나서 콜베어는 이렇게 파고들었다.

> 저는 이분 곁을 계속 지킬 겁니다stand by. 이분은 모든 것을 대표하기 때문이죠stand for. 모든 것을 대표할 뿐 아니라 그 위에도 서 있습니다stand on. 항공모함이나 폐허, 최근 침수된 도시 광장 등의 위에도 말이죠. 이는 강한 메시지를 전해줍니다. 미국에 무슨 일이 일어나든 미국은 항상 다시 일어설 겁니다. 세계에서 가장 강력하게 연출된 포토타임과 함께 말이죠.

콜베어가 처음 이런 농담을 했을 때는 격분한 보수주의자들에게서 항의 메일이 쇄도했다(48시간 만에 "콜베어가 소속된 방송국 코미디 센트럴Comedy Central은 이메일을 2,000통 가까이 받았다고 밝혔다"). 당신이 억압받던 집단의 일원으로서 마침내 권력을 손에 넣었다면 진심에 대해 동일한 잣대를 들이대야 한다. 그것이 당신의 입장에 유리하든 불리하든 간에 말이다. 만약 당신이 신보수주의자로서 부시 대통령에 대한 농담을 즐겼다면 당신 동료들의 결점에 대해서도 똑같이 진실을 들으려는 의지를 보여야 한다.

누군가의 심기를 거스르지 않고 사람들에 대한 농담을 하기가 점점 더 어려워지고 있다. 아마도 아이디어 시장이 부흥하려면 소수자에 대한 농담을 허용해야만 사회가 계속해서 불복종의 혜택을 누릴 수 있을 것이다. 『타임』*Time*지에 실린 "모든 것을 조롱하기"Make Fun of Everything라는 에세이에서 혼혈 코미디언 키건 마이클 키Keegan-Michael Key와 조던 필Jordan Peele은 백인, 남성, 이성애자, 비장애인이 아니면 무조건 다 취약하다고 가정하는 세태에 대해 한탄한다. 그들은 "사람들을 조롱하는 일과 그들이 너무 취약해 조롱받기도 힘들다고 가정하는 일" 중 어느 쪽이 더 나쁜지 반문한다. 평등은 그 자체로 가치가 있고, 진정한 진보의 척도는 사회의 과잉된 교정과 과장된 발언에 대해 농담하고도 불쾌감을 유발하지 않을 때 얻어진다. 코미디언 빌 버Bill Burr가 솔직하지 못한 제스처를 비꼬려 했던 다음 말처럼 말이다.

> 모두에게 그 망할 놈의 사과를 해야 해. 지금 우리나라가 이렇게 망가져 있다는 말이야. 브라이언 크랜스턴Bryan Cranston 알지? 그 친구가 영화를 찍었어. 그는 사지마비를 연기했는데 사람들이 그에게 멍청한 소리를 했어… "왜 멀쩡한 몸을 가진 사람이 사지마비를 연기하지?"라고 물은 거야. 그건 "그게 바로 연기라는 것이기 때문이지…" 생각해봐. 그가 진짜 사지마비인데 사지마비 환자 역할을 한다면 그건 연기가 아니잖아. 그냥 거기에 아무렇

게나 누워서 다른 사람이 쓴 거지 같은 각본을 읊는 거지.

잔인하지만 장난스런 정직함에 기반을 둔 코미디언들은 우리 사회에 선물을 준다. 정치적 스펙트럼의 어느 영역을 풍자하든 간에 코미디언들은 사회가 방향을 잃고 표류하며 어처구니없는 지점으로 미끄러질 때 일침을 가한다.

억압으로 점철된 미국 역사를 감안하면 가장 경미한 공격으로부터도 승리한 반항자들을 보호하려는 열망이 충분히 이해된다. 그렇지만 이 집단의 구성원들은 최종 목표가 무엇인지 자문해봐야 한다. 법적인 평등과 직장에서의 평등은 이제 갖춰졌다. 그런데도 장애인과 특정한 인종, 성별, 성적 지향성을 농담거리로 삼기엔 그 대상이 너무 취약하다고 보는 한 그들을 역사적인 구성원 다수보다 열등하게 취급하는 셈이 된다. 테디 루스벨트Teddy Roosevelt 대통령은 그의 가장 유명한 연설에서 청중들에게 실제로 경기장에 입장하는 투사가 되라고 촉구했다.* "얼굴이 온통 먼지와 땀과 피로 얼룩져 있고, 용감하게 노력하고, 실수와 부족함이 없는 노력이란 없으니 실수를 저지르고 또 계속 잘못을 저지르면서도 실제로 행동에 옮기려고 노력하는 사람… 그리고 최악의 경우에 실패하더라도 최소한 과감히 도전하다 실패하는 사람이 되라." 다른 사람들이 당신을 놀리고 선의의 농담을 할 수 있도록 허락하는 것, 즉 유해한 종류의

* 이 부분은 테디 루스벨트 대통령이 1910년 4월 23일에 했던 유명한 연설에서 인용한 것으로, 이 연설에는 '경기장 안의 투사'(The Man in the Arena)라는 비공식적인 제목이 붙었다.

정치적 올바름을 위반하는 일이 경기장 입장을 허락하는 하나의 관문이다.

이번 장의 연구가 또 시사하듯, 과거에 혜택을 받지 못하던 집단 구성원들을 외부 공격으로부터 보호하게 되면 심각하고 의도치 않은 결과를 초래할 수 있다. 이런 집단의 구성원과 지지자들이 신중하지 않다면 마침내 권력을 잡았을 때 새로운 부당한 일들을 벌일 위험이 있다. 우리의 망가진 세계에는 더 이상의 트라우마, 공격성, 보복 경쟁이 조금도 필요하지 않지만 오늘날의 승리한 반항자들이 이전 세대의 반항자들보다 공정하게 행동하고 그들이 몰아낸 자들에게 자비심을 보이려는 책임을 스스로 떠맡지 않는 한 그런 불필요한 사태가 반복되는 것은 불가피해 보인다. 그러니 우리가 옳고 상대방이 틀렸다는 제로섬 사고방식에서 벗어나자. 어떤 대가를 치르더라도 새로운 약자들에 대한 권력을 강화하려는 충동에서 벗어나자. 우리의 동료 구성원들을 보호할 뿐 아니라 항상 사회 변혁의 노력을 뒷받침해온 불복종에 존중을 보이자.

반항자들이 일단 권력을 잡으면 막중한 책임을 짊어지게 된다. 그러나 새로운 부담을 짊어지는 것은 승리한 반항자들만이 아니다. 새로운 약자들도 낯설거나 원치 않는 생각 앞에서 열린 마음을 유지하기 위해 심리적인 훈련이 필요하다. 만약 당신이 다수에 속한다면, 누군가가 당신의 기존 가정에서 결함을 발견했을 때 가장 건전한 대응 방법은 무엇일까? 다음 장에서 살펴보겠지만 반대자가 아닌 사람들도 호기심과 지적인 겸손을 표현하며 그들과 생각이 다른 사람들의 말을 진심으로 경청함으로써 사회를 개선하는 데 보탬이 될 수 있다. 원칙적인 불복종의 어수선함과 불편함을 우리가 원하거나 바라는 대로가 아니라 있는 그대로의 상태로 탐색해야만 최상의 아이디어에 접근할 수 있다.

불복종의 기술

1. 새로운 약자들과 어울리자. 부족 중심적인 충동을 억누르고, 과거의 적들에게 손을 내밀며, 가능한 한 공통의 정체성을 강화하자. 아이디어 전쟁에 참여하는 모든 사람(친구, 적, 중립적인 관찰자)에게 그들의 의견이 여전히 중요하다는 확신을 심어주자.
2. 권력에 의해 자기 인식이 어떻게 흐려지는지 계속 주시하자. 자신의 확립된 가치관을 자주 상기하자. 권력을 강화하려는 욕구는 잠시 제쳐두고 당신의 현재 행동이 당신이 바라던 목표에 진정으로 부합하는지 확인하자. 다음 세대의 순응주의자와 비순응주의자를 위해 공평한 경쟁의 장을 마련하는 데 최선을 다하자.
3. 비판적인 사고방식을 키우자. 승리한 반항자들은 누가 제기하든 선의의 회의론을 환영하며 모두에게 도움이 되도록 통설을 수정하고 개선하는 회의론의 힘을 인정해야 한다.

3부

불복종의 실행

8장 익숙한 사고를 넘어서는 용기

지금까지 대의를 위해 엄청난 위험을 감수한 용기 있는 비순응주의자 영웅을 많이 만나봤다. 나는 그들 중 1명과 개인적으로 아는 사이인 것을 자랑스럽게 여긴다. 그는 바로 버펄로 대학교 생물의학 정보학과의 보조금 관리인이었던 셰릴 케네디Cheryl Kennedy이다. 2007년 당시 30세의 대학원생이던 셰릴은 버펄로 대학교 중독임상 연구소의 프로젝트 코디네이터로 일하다 내부 고발자가 되었다. 셰릴은 우리의 공동 멘토이자 저명한 중독 연구자였던 그녀의 상사 윌리엄 팔스-스튜어트William Fals-Stewart 박사에 대해 심각한 우려를 표했다. 팔스-스튜어트는 여러 해 동안 많은 논문을 발표하며 막대한 연구 보조금을 확보했다. 하지만 그 내막을 아는 (나를 포함한) 일부 학생들은 무언가 매우 잘못되었다고 느꼈다. 예를 들어 우리는 팔스-스튜어트가 약물 남용 치료 프로그램의 효과를 연구하는 과정에서 120쌍의 커플을 어디서 모집했는지 궁금했다. 그가 직접 동의서도 처리하고 지불도 처리해 그 외에는 아무도 연구 참가자들을 만난 적 없었다.

셰릴은 행동에 나서기로 결심했다. 그녀는 팔스-스튜어트를 학문적 사기 혐의로 고발하면 자신의 커리어에 심각한 위험이 따르리라 예상했다. 팔스-스튜어트는 그녀에게 급여를 주는 상사였고, 대학원생인 그녀는 아무런 힘이 없었다. 그렇지만 셰릴은 팔스-스튜어트가 학문적 사기를 저질렀다고 확신했다. 그녀는 내게 이렇게 말했다. "나는 매우 강한 사람이야. 나는 사람들에게 겁먹지 않아. 당신 직함이 무엇이든 상관없어."

셰릴이 원칙적인 불복종 행위를 한 뒤에 승리를 거두고 아무런 타격도 입지 않았다고 말하고 싶지만 그런 일은 일어나지 않았다. 연구소는 그녀가 제공한 정보를 추적해 팔스-스튜어트를 윤리위원회에 회부했다. 그들은 그에게 데이터를 수집한 치료 클리닉의 주소를 물었고 그는 한 주소를 제시했다. 그 치료 클리닉을 방문 조사한 패널들은 그가 연구를 수행했다는 어떤 증거도 발견하지 못했다. 걱정이 된 그들은 팔스-스튜어트에게 연구 참가자들에게 날인받은 동의서를 제출하라고 요청했다. 하지만 그가 동의서를 제출하기 전 사본이 따로 없는 연구 자료들이 보관되어 있던 창고에 수상한 화재가 발생해 자료가 완전히 소실되었다.

대학에서 공식적인 위법행위 조사에 착수하자 조사관들이 팔스-스튜어트의 증인들에게 증언을 얻기 위해 청문회를 열었다. 팔스-스튜어트는 공교롭게도 모든 증인이 다른 도시로 나가 있는 상태라 전화로만 증언이 가능하다고 말했다. 그러자 믿기 힘들게도 조사단은 조사를 나중으로 미루지 않고 그의 요청을 받아들였다. 모든 증인이 전화 통화에서 팔스-스튜어트의 연구가 합법적이었다고 증언했다. 하지만 여기에는 영화 못지않은 엄청난 반전이 숨어 있었다. 이때의 증인들은 사실 자신들이 공식적인 법적 절차에 참여하고 있음을 전혀 모르는 직업 배우들이었다(맹세컨대 내가 지어낸 이야기가 아니다). 그들은 돈을 받고 대본에서 시키는 대로 팔스-스튜어트의 연구원인 척하며 실제 청문회에서 거짓 증언을 했다. 각 배우들이 읽던 대본에는 창고를 불태우고 문서를 파괴하고 자료를 조작한 책임자의 이름이 들어 있었다. 바로 내부 고발자 세릴 케네디였다. 누군가가 그녀의 신원을 팔스-스튜어트에게 누설했고, 이것은 그의 복수극이었던 셈이다.

윤리위원회는 이런 '증인'들의 증언을 토대로 팔스-스튜어트에게 무죄를 선고했고 믿기 힘들게도 세릴을 해고했다. 하지만 팔스-스튜어트는 이 정도로 성에 차지 않았다. 그는 세릴이 사기를 쳤다고 주장했다. 또 버펄로 대학교를 명예훼손으로 고소할 작정이었다. 이 지점에서 그는 심하게 선을 넘었다. 그의 소송은 뉴욕주 검찰총장의 관심을 끌었다. 뉴욕주는 이 사건을 수사한 끝에 가짜 자료로 연구 보조금을 받아 정부를 속인 14가지 중범죄 혐의로 팔스-스튜어트를 기소했다. 몇 주 뒤 팔스-스튜어트는 스스로 목숨을 끊었다.

세릴은 결국 팔스-스튜어트를 법정에 세우는 데 성공했지만 그 과정에서 그녀 자신도 만신창이가 되었다. 연구소 책임자들은 팔스-스튜어트의 고발을 받아들여 적법한 절차 없이 그녀를 해고했다. 검찰총장이 셰릴에게 무혐의 처분을 내린 뒤에도 그녀는 손해배상금을 한 푼도 받지 못했고 단 1명에게도 "미안하다"라고 사과받지 못했다. 아무도 셰릴을 지지하거나 보호해주지 않았고, 그녀는 우리의 대화에서 "그 일이 내 인생을 망쳐놓았다"라고 털어놓았다. 오늘날까지도 그녀는 동료 학자들에게 배척당하고 있다.

나는 셰릴의 이야기를 들으면서 그녀의 영웅적인 행동에 감동하는 동시에 그녀가 당했던 형편없는 대우에 분노를 금치 못했다. 셰릴이 더 이상 경시당하거나 부당한 처벌을 받지 않도록 지키는 일이 중요해 보였다. 그래야 나머지 사람들도 내부 고발자나 다른 비순응주의자들이 말하는 중요한 진실로부터 혜택을 얻게 될 것이다. 그럼 어떻게 해야 윤리위원회나 다른 기관장들이 셰릴의 말에 더 귀 기울이고 그녀의 존재를 진지하게 받아들이게 할 수 있을까? 또 어떻게 해야 '적합한' 자격은 없어도 최고의 아이디어와 해결책을 보유한 소수자들을 더 잘 옹호할 수 있을까?

심리학 연구들을 조사하는 과정에서 나는 사람들이 대안적인 개념을 접할 때 저절로 마음을 닫게 하는 견고한 정신적 장벽 3가지를 발견했다. 낯설거나 도발적이거나 창의적인 생각을 경청하는 일은 결코 쉽지 않겠지만 이런 장벽을 이해하고 극복하면 도움이 될 수 있다. 이런 심리적 요인 때문에 우리는 아무 생각 없이 현상 유지를 지지하고 특정한 신념과 발언자들을 차단하는 당국이나 호기심 없는 사람들의 주장과 가정에 취약해진다. 다행스럽게도 우리는 메신저보다 정보 자체의 가치에 중점을 두어 더 열린 마음으로 비순응주의자들의 말을 듣도록 자신을 훈련할 수 있다. 정말 가치 있는 아이디어를 기반으로 비순응주의자들이 다수를 설득하는 범위를 확장시킬 수도 있다.

> “당신의 정신은 당신도 모르는 사이에 새로운 생각을 받아들이는 일을 가로막는다. 다행히도 당신은 통제력을 되찾아 더 수용적인 태도를 취하는 법을 배울 수 있다.”

장벽 1: 심리적인 고통

다수에 속하는 우리는 세렐 같은 사람들이 하는 말을 귀담아듣기 어렵다. 그들의 생각을 듣다 보면 다소 겁이 나기 때문이다. 구체적으로 그들은 심리학자들이 말하는 ‘불안한 불확실성’anxious uncertainty을 자극한다. 인간은 선천적으로 보수적이다. 기존의 신념 체계를 굳세게 고수하고 특히 강력한 권위로 뒷받침되는 체계라면 더욱 그렇다. 그런 신념 체계가 우리 삶에 구조와 의미를 부여하기 때문이다. 그래서 우리는 새롭고 도발적인 아이디어를 제시하는 반항자들을 보면 불안함을 느낀다. 또 그런 불확실성에서 고통을 느낀다. 물론 때로는 불안하고 불확실하다고 느낄 필요가 있다. 그래야만 성장할 수 있기 때문이다. 하지만 그것이 즐거운 일은 아니다. 성인의 경우 눈앞의 상황에 어떻게 대처해야 할지 몰라 불안한 불확실성을 느끼면 창의성을 포기하고 익숙한 일에 매달리게 된다고 한다. 교사들은 창의적인 학생을 원한다고 말하면서도 실제로는 창의적인 학생보다 수업의 규칙에 잘 따르는 순종적인 학생을 훨씬 선호한다. 더군다나 새로운 아이디어는 우리 마음속에 부정적인 감정뿐 아니라 그런 감정에 대한 감정까지 생기게 한다. 우리는 불확실함에 불확실함을 느끼고 두려움에 두려움을 느끼며 창피함에 창피함을 느낀다.

어떻게 하면 이런 감정의 덫에서 자유로워질 수 있을까? 1가지 방법은 그 상황에서 완전히 벗어나 멀찌감치 거리를 두고 바라보는 것이다. 우리가 에고ego로부터 벗어날 수만 있다면 감정을 덧씌우지 않고 반항자들의 아이디어를 더 명확히 이해할 수 있을 것이다. 과학자들은 이런 '자기 거리두기'self-distancing를 위해 정신적인 전략을 개발하고 시험해왔다.

표준적인 인지행동치료에 기반을 둔 자기 거리두기는 우리가 조망을 넓혀 현재 벌어지는 상황, 거기에 관련된 사람들과 그들의 관점까지 포함한 큰 그림을 더 객관적으로 바라보게 해준다. 이는 우리가 자기중심적인 사고방식에서 탈피해 현재 상황과 관련된 정보를 폭넓게 받아들이는 데 도움이 된다. 과거 사건, 기존 가정, 향후 예상 등에 따른 왜곡된 생각에서 벗어나면 눈앞의 어려운 과제와 최선의 대응 방안에 대해 더 현명한 통찰을 얻을 수 있다.

원칙적인 반항자의 생각을 들을 때 자기 거리두기에는 2가지 핵심 단계가 있다. 첫째, 그들의 이야기를 들으면서 겪게 되는 어려움을 자세히 파악하자. 비순응주의자들은 당신의 관점에 의문을 제기하고 대안을 제시한다. 당신은 그들의 신체적 요건(나이, 인종, 성별,

젠더, 키, 몸무게, 신체적 매력), 인기도(권력, 호감도), 성격(감정 기복, 열정, 정중함), 동일한 내집단 소속 여부 등 여러 요인을 바탕으로 그들에 대한 첫인상을 형성한다. 당신이 가진 선입견과 현상을 유지하려는 본능적인 충동을 고려할 때 열린 마음으로 그들의 메시지를 듣기가 얼마나 어려운 일인지 인정하자.

둘째, 의식적으로 더 폭넓은 사고방식을 채택하자. 이렇게 하는 방법은 2가지이다. 우선 자신과의 대화를 3인칭 시점에서 시도해보자. 회의 자리에서 비순응주의자의 말을 들으며 "이해가 안 돼" "나에게는 아무 의미 없어"처럼 생각하기보다 그런 생각을 3인칭으로 표현해보자. 만약 브라이언이라는 조사관이 윌리엄 팔스-스튜어트 박사를 고발한 세릴의 증거를 검토하면서 자기 거리두기를 사용했다면 그의 내적 서사는 다음 같았을 수도 있다.

> 브라이언은 팔스-스튜어트 박사의 진술을 읽었다. 브라이언은 왜 하필 팔스-스튜어트 박사가 데이터 파일을 유일하게 보관해둔 건물에만 화재가 났는지 아무도 의심하지 않는 점이 이상하다고 생각했다. 더군다나 화재가 발생했을 때 팔스-스튜어트 박사가 그 근처에 있었는데도 말이다. 브라이언은 이런 의문을 하마터면 또 다른 조사관인 클래런스에게 이야기할 뻔했으나 다행히 입 밖으로 내지는 않았다. 윤리위원회에서 아무도 회의론을 제기하지 않았기 때문이다. 브라이언은 만약 자기가 유일한 회의론자라면 분명히 자신의 생각이 틀렸을 것이라 생각했다.

이런 내적 서사를 스스로 만드는 일이 어색할 수도 있다. 무슨 일이 일어났는지 자기중심적인 관점에서 되짚어보고 싶은 자연스러운 충동을 뿌리치자. 당신의 감정을 자세히 들여다보는 기회가 될 수도 있다. 다만 그럴 때 "내가 왜 이런 기분이 들까?"라고 묻는 대신 대안을 생각해보자. 당신 이름이 브라이언이라면 "브라이언은 왜 이렇게 느낄까?"라고 질문해 당신의 에고 밖으로 벗어나자. '나'와 '나의' 같은 대명사를 사용하면 스스로 무엇을 믿고 생각하는지 제대로 질문할 수 있는 공간이 허락되지 않고 새로운 관점에 대해 열린 마음을 유지하기도 힘들어진다.

개인적인 편견을 극복하려면 감정이 격해지는 상황에서 무슨 일이 벌어지는지를 마치 다른 누군가가 관찰하는 것처럼 묘사해보자. 관찰자라면 당신의 이름("토드, 열네 살짜리 소년이 아니라 교수답게 행동하세요"), 2인칭 대명사("당신은 저속한 말을 쓰려는 욕망 때문에 사람들을 언짢게 만들 수 있어요. 일부 독자의 기분을 상하게 해도 괜찮나요?"), 3인칭 대명사("반항적인 행동을 모방하기 위해 그는 신중하게 의도한 몇 가지 언어적 모험을 감행해야 한다") 등을 사용할 것이다. 당신 이름과 '당신'이란 대명사를 가급적 많이 사용해 당신이 어떻게 느끼고 생각하는지 이해하려 해보자("토드는 일곱 번째 단락을 편집하며 좌절감을 느끼고 있다. 그는 지극히 솔직하고 자의식 강한 자기 평가를 통해 논점을 더 잘 설명할 수 있을 것이다"). 당신에 대해 이야기하는 것은 좋지만 당신을 관찰하는 '벽에 붙은 파리'의 관점에서 해야 한다. 자아도취적인 연예인처럼 자기 대화를 사용해보자. 그렇지만 자아도취적인 연예인과 달리 당신은 강렬한 감정에 대처하고, 큰 관심을 받지는 못해도 잠재적으로 가치 있는 아이디어를 접할 때 더 열린 마음으로 대하려고 자기성찰 방법을 연습하는 것이다.

일반적으로 심리학자들은 자기 거리두기를 하려는 사람들에게 먼저 3인칭 시점에서 자신의 마음 상태를 확인한 다음 더 깊이 파고들어 그런 생각이나 감정이 드는 근본적인 이유를 탐색해보라고 당부한다. 자신의 반응을 3인칭 시점에서 바라보면 평소의 자신에 대한 판단을 유보하고 편견에서 벗어나게 된다. 아마 본인의 문제를 해결하기는 힘들어도 친구가 같은 문제로 조언을 구하면 훨씬 더 효과적인 해결책이 떠오르는 일을 경험해봤을 것이다. 이제 우리는 한창 골치 아픈 상황에서 최고의 창의적 사고를 발휘하는 데 도움이 되는 도구를 손에 넣었다. 맞다. 자기 대화만 수정하면 당신 스스로 문제를 해결해주는 친구가 될 수 있다!

노스웨스턴 대학교와 스탠포드 대학교 학자들은 부부들이 자기 거리두기를 하면 어떻게 되는지를 연구했다. 그 결과 바람직한 변화가 일어났다. 연구에 참여한 부부들은 그들의 의사소통 및 행동 방식을 3인칭 관찰자 시점(이를테면 감시카메라 영상을 분석하는 전문가 관점)에서 생각해보도록 요청받았다. 부부들은 이 관찰자가 어떻게 생각할지, 그리고 어떤 조언을 할지 상상해보고 그 내용을 적어야 했다. 고작 몇 분간 이어진 이 연습으로 부부들은 다툼 횟수와 상관없이 향후 2년간 관계 만족도가 높아졌다. 군대에서 병사들이 임무 수행의 성과를 보고할 때도 자기 거리두기를 채택한다. 그래야 효과가 있기 때문이다.

자기 거리두기를 하는 두 번째 방법은 시간의 지평을 넓히는 것이다. 감정적으로 흥분한 상태에서 이 지침을 수행하는 방법은 다음과 같다.

> 두 눈을 감고 오늘로부터 5년 뒤 당신의 삶이 어떨지 상상해보세요. 5년 뒤 이 사건에 대해 어떻게 느낄지 생각해보세요. 먼 훗날 당신의 문제를 되돌아보면 어떤 감정과 생각이 들까요? 사회적 인정을 전혀 걱정할 필요가 없다면 오늘 어떤 말이나 행동을 해야 먼 미래에 긍정적인 영향을 미칠까요? 두려워서 외면한 일, 두렵지만 용기 있게 행동한 일 등을 토대로 먼 훗날 당신을 어떻게 판단하게 될까요? 이런 질문과 대답을 차분히 생각해보고 지금 당장은 불편할 수 있어도 먼 미래에는 감사하게 될 결정을 내리세요. 나중에 후회할 결정을 최대한 줄이세요.•

우리는 도전적인 아이디어를 접하면 긴 시간을 두고 생각하기보다 단기간에 기분이 나아지는 쪽으로 반응하는 경우가 많다. 새로운 것을 거부하고 싶은 충동을 이겨내야 한다. 그러는 방법은 대안적인 미래의 생생한 이미지를 떠올려보는 것이다. 습관적인 회의론자들은 참신한 아이디어를 실행에 옮기는 데 사소한 문제까지 고민하다 결국 아무것도 못하기 일쑤이다. 그런 함정을 피하려면 새로

• Emma Bruehlman-Senecal, Özlem Ayduk, and Oliver P. John, "Taking the Long View: Implications of Individual Differences in Temporal Distancing for Affect, Stress Reactivity, and Well-Being," *Journal of Personality and Social Psychology* 111, no. 4 (2016): 610~35면 참조.

운 아이디어에 설득력이 있을 때 앞으로 펼쳐질 미래를 미리 상상해보는 것이 좋다. 어떤 일을 해서는 안 되는 부담스러운 이유들에 집착하지 말고 참신한 아이디어의 잠재적인 혜택을 구체적인 비전으로 떠올려보면 (아무것도 하지 않기보다) 행동을 선택하는 쪽으로 나아갈 수 있다.

어떤 방법을 택하든 자기 거리두기는 불복종자들과 상호작용하는 데 효과적인 전략이다. 자기 대화에서 사용하는 언어를 바꾸면 시간과 노력 면에서 비용을 거의 들이지 않고 효익을 상당히 얻을 수 있다. 연구 결과, 이런 방법으로 관점이 바뀐 사람들은 격렬한 감정이 드는 사건에 더 잘 대처해 고통이 줄어들고 심혈관계 반응과 혈압이 낮아지며 통찰력이 증가하고 긍정적인 행동을 취하는 능력이 향상되는 것으로 나타났다. 자기 거리두기를 하는 사람들은 불편한 느낌에 점점 더 편안해진다. 또 점점 지적으로 겸손해지고 반대되는 이념적 신념을 가진 사람들의 생각을 수용하게 된다.

자기 거리두기의 단순한 행동에는 지속적인 효과가 있다. 연구에 따르면, 자기 거리두기를 시작한 지 며칠이나 몇 주가 지난 사람들은 심리적, 육체적 고통에 더 잘 대처하고 어려운 결정을 내린 뒤 삶의 의미를 더 잘 이해하는 것으로 나타났다. 연구자들은 또 자기 거리두기를 하면 사람들이 아이디어의 출처와 별개로 아이디어를 스스로 판단하게 된다고 주장해왔다. 최근의 한 연구에서는 "나는 누구인가?"라고 질문할 때와 "[illegible]는 누구인가?"라는 3인칭 시점으로 질문할 때 참가자들이 자신의 정체성을 다른 방식으로 생각한다는 점을 발견했다. "나는"이라는 주어로 자신을 설명하라고 하면 참가자들은 구체적인 집단 구성원으로서의 여러 정체성을 쭉 늘어놓았다(예컨대 '진보주의자' '무신론자' '유대인' 등). 하지만 "토드는" 이라는 3인칭 시점에서 거리를 두고 자신을 설명하도록 하면 참가자들은 좀더 추상적인 성격 묘사로 답했다('정서적으로 안정적이다' '적극적이다' '목적의식이 있다' '상상력이 풍부하다' 등).

참가자들이 친구를 평가할 때도 유사한 일이 벌어졌다. "줄리아나는 누구인가?"라는 질문으로 친구인 줄리아나를 평가하라고 하자 사람들은 그녀를 같은 집단의 구성원으로 언급하기보다 성격적 특성이나 개성으로 묘사했다. 자기 거리두기를 하면 불복종자들에 대해서도 그들의 인구통계학적인 정보보다 개성과 의견의 장점에 관심을 더 많이 갖게 될 것이다. 스스로 거리를 두는 자기 대화를 통해 우리는 자신을 정신적인 관점에서 바라보고 다른 사람들의 미묘한 차이를 더 잘 이해하게 된다. 또 반대자들의 말에 더 개방적이고 수용적인 태도를 취하게 된다.

> “새로운 생각은 불필요하게 심리적인 고통을 유발할 수 있다. 자기 거리두기를 통해 이 문제를 해결하고 새로운 생각에 마음을 더 활짝 열자.”

장벽 2: 지나친 확신

원칙적인 불복종자들과 잘 어울리려면 즉각적인 감정적 반응을 넘어서는 노력 이상이 필요하다. 우리가 셰릴 같은 사람들을 너무 빨리 해고하는 이유는 자신이 실제로 아는 것보다 많이 안다고 생각하기 때문이다. 이런 문제는 특히 어떤 분야의 전문 교육을 받은 사람이나 반대로 완전히 문외한인 경우에 두드러진다. 학위, 면허, 전문 자격증을 취득해 이름 뒤에 이해하기 힘든 약어가 붙으면 스스로 지나친 유능감에 빠져 자신의 제한된 지식, 맹점, 당파적 편견, 운, 어떤 상황에 대한 구체적 설명 실패 등 지적인 한계를 간과하기 쉽다. 또 스스로 잘 안다고 생각하는 바에 집착하고 같은 소속의 집단 구성원에 가깝게 느끼므로 생각이 틀에 박히게 된다. 연구에서 참가자들에게 정치적 소속이나 다른 사회적 정체성을 상기시키자 그들은 기존에 알던 내용에 더 강한 자신감을 보이며 새로운 주장과 생각을 고려하기가 더 어려워졌다. 한편, 다른 연구에서는 참가자들이 어떤 주제에 대해 지식이 적을수록 그 주제에 대해 완고한 의견을 가질 가능성이 높다는 사실을 발견했다. 우리는 너무 많거나 너무 적은 지식을 보유할 때 마음이 편협해지고 기존 지식에 지나친 확신을 갖게 된다.

> “우리가 능숙하게 판단하고 검증할 만큼 스스로 많이 안다고 생각하면 원칙적인 불복종자들에게 많은 것을 배우지 못한다. 다행히도 우리는 가장 소중한 미덕인 호기심을 계발함으로써 자만심을 낮출 수 있다.”

호기심은 모든 면에서 우리의 사상과 성장을 도모하는 데 도움이 된다. 호기심이 많은 사람들은 어려운 일을 할 때 더 오래 버틸 뿐 아니라 더 잘 수행하고 덜 지친다. 한 연구에서는 참가자들에게 단지 과거에 호기심을 느꼈던 경험을 이야기해보라고만 해도 진심으로 행복했던 순간을 회상해보게 한 경우에 비해 정신적, 신체적 에너지가 20퍼센트나 상승하는 결과를 보였다.* 저항을 극복하고 원칙적인 불복종자들에게 귀 기울이려 할 때는 지성, 끈기, 에너지가 모두 중요하다. 호기심은 또 상대방의 말을 경청하는 데도 도움이 된다. 우리는 종종 반항자들이 하는 이야기를 생각하기보다 우리의 입장을 확신하며 설명하는 데 더 많은 시간을 쓰기 때문에 그들을 진정으로 이해하는 데 실패한다. 호기심이 있는 사람은 자아도취에서 벗어나 새롭고 유용한 아이디어를 더 잘 수용하게 된다.

호기심을 더 키우기는 어렵지 않다. 그저 더 좋은 질문을 더 많이 하면 된다. 생소하거나 반대되는 관점을 접하면 자신의 신념을 회의하는 열린 태도로 다음처럼 질문을 던져보자. 이 원칙적인 불복종자들은 내가 모르는 어떤 것을 알고 있을까? 그들의 독특한 지식에서 무엇을 배우면 내 삶과 사고를 개선할 수 있을까? 그리고 다른 사람과 대화를 나눌 때는 자신의 똑똑함과 유능함을 보여주려

* 이 발견에는 역설이 있다. 호기심을 유지하려면 노력과 강렬한 집중이 필요하지만 우리는 이런 노력을 기울이고 나면 활력을 더 크게 느낀다. 강한 긍정성을 몇 차례 느끼더라도 호기심을 느끼는 순간만큼 에너지를 충전하는 데 도움이 되지 않는다. 결국 투지를 갖고 싶다면 호기심을 갖자. Dustin B. Thoman, Jessi L. Smith, and Paul J. Silvia, "The Resource Replenishment Function of Interest," *Social Psychological and Personality Science* 2, no. 6 (2011): 592~99면 참조.

고 애쓰거나 내가 옳고 상대방이 틀렸다고 믿는 근거를 자세히 설명하기보다 상대방에게 그의 아이디어에 어떤 가치가 있는지를 설명해달라고 요청하자. 이렇게 물어보자. "지금 하시는 말씀을 들으니 흥미롭네요. 어떻게 그런 결론에 도달했는지 좀더 말씀해주시겠어요?"

우리는 자기주장을 옹호하기 위해 새로운 아이디어에 너무 자주 방어적으로 반응한다. 하지만 그래서는 만남을 생산적으로 이끌지 못한다. 알랭 드 보통이 관찰한 바에 따르면 대화를 유독 잘하는 사람들은 남의 말을 잘 들어주기보다 오히려 "숙련된 방해자"에 가깝다. 그들은 대다수 사람처럼 "자신의 생각을 강요하려고" 끼어드는 것이 아니라 "상대방이 본래의 더 진실하지만 이해하기 힘든 관심사로 돌아가도록" 돕기 위해 개입한다. 연구에서도 이런 사실이 입증된다. 어느 연구에서는 반대 의견을 들을 때 한 그룹의 참가자들에게는 자신의 주장에 집중하게 한 반면, 다른 그룹에는 상대방이 왜 자신의 행동을 믿는지 이해하도록 돕는 개방형 질문을 던지게 했다. 이 연구의 수석 연구원은 "단지 구체적인 질문을 만들어내는 행위만으로도 참가자들의 반응을 바꾸기에 충분했다"라고 말했다. 연구자들은 참가자들이 대화 상대를 설득하려는 노력을 관두고 함께 보내는 시간을 새로운 것을 배우는 기회로 여길 때 더 큰 즐거움과 긍정적인 태도, 서로를 다시 만나고픈 욕구가 생긴다는 점을 발견했다. 대화의 목표가 설득이 아니라 학습이라는 점을 분명히 해 대화 방식을 개선하자. 다른 사람이 말할 때 고개를 끄덕이거나 기울이고, 시선을 맞추고, 눈을 가늘게 뜨고 집중하거나 '음음' 같은 추임새를 넣는 등 몸짓으로 관심을 표현하자. 설득하려는 의도로 듣지 말고 함께 배우려는 자세를 취하면 반대자들의 자극에 마음을 활짝 열어 많은 것을 얻게 된다.

또 다른 연구에서는 호기심에 찬 질문을 단 하나만 해도 반대되는 입장인 두 사람 사이의 논쟁에 변화가 생겼다. 이때 호기심에 찬 질문이란 상대방이 왜 그렇게 느끼거나 생각하는지를 더 잘 이해하려는 의도로 던지는 개방형 질문이다. 호기심에 찬 질문을 하나만 제기해도 질문자는 상대방의 견해를 더 수용하게 되고 대화를 계속 이어가려는 마음이 커지며 상대방을 따뜻하고 개방적이고 지적이고 합리적이고 객관적이고 도덕적인 사람으로 볼 가능성이 더 높아졌다. 보통 사람들은 낯선 사람과 15분 동안 처음 일대일 온라인 채팅을 하는 동안 평균적으로 6개 이하의 질문을 던진다. 온라인 채팅에서 우리가 할 수 있는 것은 읽고 쓰고 생각하는 것뿐이다. 이런 공간에서 6개의 질문은 누군가의 성격, 관심사, 가치관을 알 수 있는 기회가 된다. 물론 더 많이 질문하면 도움이 될 것이다. 하지만 어떤 질문을 하느냐가 훨씬 더 중요하다. 2가지 연구를 통해 연구자들은 참가자들이 상대방의 대답에 따른 후속 질문을 많이 하면 친근감이 늘어나고 대화 상대에 대해 더 많이 알고 싶어 한다는 점을 발견했다. 또 대화 상대들은 그런 반응을 보여주는 질문자에게 더 호감을 느끼고 더 배려받는다고 느끼는 것으로 나타났다.

상대방의 관심사에 대해 후속 질문을 하면 그에게 관심을 갖고 이해하려 노력한다는 느끼게 한다. 그러니 후속 질문을 자주 던져 자신의 사회적 매력을 증가시키자. 예를 들어 상대방이 "나는 민물

장어 초밥을 정말 먹고 싶어요"라고 말하면 당신이 "그럼 평생 1가지 음식만 먹을 수 있다면 어떤 것을 먹고 싶어요?"라고 물어보는 것이다. 이런 효과적인 대화 조율 방식을 화제 전환용 질문, 거울 질문, 수사적 질문처럼 호감도를 떨어뜨리기 쉬운 대화 방식과 비교해보자. 화제 전환용 질문은 예를 들어 상대방이 "고슴도치 산 일을 후회해요"라고 말할 때 "그런데 혹시 웹툰 보세요?"라고 묻는 식이고, 거울 질문은 상대방이 "온라인에서 사이버 괴롭힘을 당하면 어떻게 하나요?"라고 물을 때 "보통 우리 개가 해먹에서 낮잠 자는 영상을 보내요. 당신은 어떻게 하나요?"라고 되묻는 식이고, 수사적 질문은 상대방이 "최근에 가장 당황스러웠던 일이 뭐예요?"라고 물을 때 "실수로 내 넥타이의 22퍼센트를 기요틴(단두대) 종이 절단기로 잘랐어요. '기요틴'이라니 사무용품치고 이름이 너무 거창하지 않나요?"라고 묻는 식이다. 이러지 말고 당신의 관심을 보여주자. 적극적인 반응을 보여주자. 당신이 영감을 얻었거나 흥미를 느끼기 때문에 더 많은 정보를 원한다는 것을 상대에게 알리자. 그의 관심사가 당신에게도 흥미롭다는 신호를 보내자. 후속 질문이 자주 적절하게 이어지면 대화 상대방에게 그의 생각과 이야기를 더 구체화할 기회를 부여하여 감사받을 것이다.

호기심으로 지나친 확신을 무너뜨리자. 대화를 잘하는 사람에 대한 사회의 잘못된 통념은 우리가 원칙적인 불복종자는 불온 사실상 보는 사람과 관계를 맺는 데 방해가 된다. 대부분 사람은 매순간 무엇을 말하고 어떻게 행동해야 할지에 대한 긴장으로 가득한 대화를 상상한다. 우리는 본능에 따라 흥미로운 이야기를 하고 재치 있어 보이고 질문에 '매끄럽게' 대답하는 사람들을 존경한다. 또 우리가 위트 있고 세련되어 보이면 남들에게 대화 잘하는 사람처럼 보일 것이라고 믿는다. 하지만 절대 그렇지 않다. 현대 과학이 이 사실을 입증한다.

우리 자신을 비롯해 대부분 사람은 감정이나 생각, 즉 우리를 괴롭히고 자극하고 흥분시키는 일에 관심을 보여주는 진지한 대화 상대를 갈망한다. 다른 사람들의 관심사에 더 깊이 파고들어 스스로 당신이 원하는 고도로 숙련된 대화 상대가 되어보자. 다음 같은 질문을 던지면 된다. "무슨 생각 하고 있어요?" "~에 대해 더 알고 싶어요" "어떤 계기로 ~에 관심을 갖게 되었어요?" "왜 그런 일이 일어났나요?" "~할 때 기분이 어땠어요?" "그리고 또 뭐가 있어요?" 대화를 잘하려면 너무 자기중심적이어서는 안 된다.

상대방이 말하는 내용에 주의를 기울이자. 적게 말하고 많이 물어보자. 대화하면서 상대방의 말에 "왜?"라고 후속 질문을 할 때는 판단이 아니라 호기심으로 다가가야 한다. 호기심에 찬 "왜?"는 오로지 상대방을 이해하려는 목적으로 지금 이 순간 그의 말이나 행동을 탐색하려는 것이다. 이에 반해 판단적인 "왜?"는 상대방의 말이나 행동을 비판하며 그것을 밀어낸다. "왜 아직도 그러고 있어?"라거나 "대체 왜 그러는 거야?"라는 심정으로 "왜?"냐고 묻는다면 당신은 그냥 나쁜 사람으로 보일 뿐 아니라 원칙적인 불복종자를 포함해 주변 사람들과 편하게 대화를 나누지 못할 것이다. 호기심은 방어를 무장 해제시킨다.

비순응주의자나 내부 고발자를 효과적으로 대하려면 질문을 하고 호기심 많은 자세를 취하자. 그런 태도가 크나큰 차이를 만든다. 윌리엄 팔스-스튜어트 박사의 사례에서 셰릴은 여러 혐의를 제기했다. 이 유명한 박사는 커플 120쌍이 참여한 치료 프로그램에 대해 논문을 발표했으나 셰릴이 그의 파일을 열람해보니 3쌍의 자료뿐이었다. 또 셰릴이 지적했듯 정부 보조금을 지원받으려면 꼼꼼한 회계 기록과 영수증이 필요한데도 팔스-스튜어트 박사는 연구비를 지불할 때 수표나 신용카드가 아니라 현금을 선호했다. 셰릴은 이 점 하나만으로도 박사가 무척이나 의심스러웠다. 안타깝게도 조사관들은 이 사건을 검토하며 셰릴과 비슷한 수준의 호기심을 보이지 못했다. 그들은 이 2가지 의문을 파헤치지 않았을 뿐 아니라 박사가 제시한 증인들의 신빙성을 의심하지도 않았고 셰릴보다 팔스-스튜어트 박사의 말을 더 믿어야 하는 이유도 따져보지 않았다. 요약하자면 그들은 제시된 정보를 지나치게 확신하고 필요한 후속 질문을 하지 않았다.

물론 까다롭고 때로는 위험한 질문을 던지는 일이 즉시 환영받는 경우는 극히 드물다. 우리는 인지적 단순성을 선호하기 때문에 기존의 가정으로 돌아가려고 한다. 모든 아프리카계 미국인이 정치적으로 진보주의자이고 모든 공화당원이 경솔하게 트럼프를 지지한다고 생각하며 과도하게 일반화한다. 또 복잡한 문제들이 결국 이분법으로 귀결된다고 가정한다. 이민자들에 대한 국경 개방에 찬성하거나 반대한다. 언론의 자유에 찬성하거나 반대한다. 이처럼 우리는 답을 알고 있다고 믿어 질문 던지는 일을 회피한다.

원칙적인 불복종자들과 더 잘 어울리려면 모든 것을 이분법으로 판단하려는 충동을 자제해야 한다. 선천적으로 좋거나 나쁘기만 한 사람은 거의 없다. 대부분 사람의 가치관은 혼란스럽고, 윤리적 결정과 비윤리적 결정, 맥락에 따라 달라지는 도덕적으로 모호한 결정이 다양하게 섞여 있다. 다 같이 호기심을 발휘해보자. 우리가 사는 세상의 참신하고 복잡하며 애매하고 신비로운 요소들을 탐구해보자. 복잡함을 받아들이고 지나치게 단순한 방식으로 어떤 사람이나 의견을 재단하려는 유혹을 뿌리치자. 좀더 시간을 들여 이것저것 물어보자. 늘 행복할 수는 없어도 대체로 호기심을 유지할 수는 있다.

장벽 3: 편협함

교외의 한 주택에서 강도 사건이 발생해 경찰이 용의자 3명을 검거했다. 당신은 사건 수사관으로서 각 용의자의 사진을 받았고 그들의 이름, 직업, 알리바이, 경찰 기록, 소지품, 체포 당시의 행동을 알고 있다. 오른쪽 표의 정보를 검토해볼 때 범인으로 가장 의심되는 사람은 누구인가?

당신은 아마 스티븐 존스라는 용의자만 알리바이가 없고 전과가 있으며 연행 당시 현금 400달러와 스크루드라이버를 소지하고 있었다는 점을 알아차렸을 것이다. 그는 또 용의자 중 유일한 실직자였다. 모든 사실이 그를 범인으로 몰고 있었다. 하필 그는 유일한 흑인 용의자이기도 했다.

이름	피터 알렌	마크 매더	스티븐 존스
알리바이	교회 모임에서 카드 게임	개 산책	집에서 혼자 TV 시청
전과	과속 (시속 130킬로미터)	없음	2002년 절도죄로 6개월 징역형
체포 당시 소지품	35달러, 카드 1벌	개 줄, 담배, 골든리트리버, 동전 6달러	현금 400달러, 스크루드라이버, 껌
체포 당시 행동	순순히 동행	경찰관에게 폭언	순순히 동행
직업	회계사	공인중개사	실업자

한 흥미로운 연구에서는 참가자들에게 수사관의 입장에서 세 용의자의 범행 가능성을 따져보게 했다.* 참가자들은 펜을 들고 스티븐 존스의 사진에 동그라미를 쳐서 제출했다. 하지만 실험은 거기에서 끝나지 않았다. 연구실에서 나올 때 참가자들은 다른 연구 참가자가 이미 동일한 과제를 마쳤다는 이야기를 들었다. 그리고 그 사람의 응답이 들어 있는 봉투를 받았다. 봉투를 열면 그가 손으로 쓴 메모가 보였다. "나는 선택하기를 거부한다. 이 과제는 분명히 편향되어 있다. 흑인을 명백한 용의자로 몰아가다니 불쾌하다. 나는 이

* Benoit Monin, Pamela J. Sawyer, and Matthew J. Marquez, "The Rejection of Moral Rebels: Resenting Those Who Do the Right Thing," *Journal of Personality and Social Psychology* 95, no. 1 (2008): 76–93면. 이 연구의 반복 실증은 Kieran O'Connor and Benoit Monin, "When Principled Deviance Becomes Moral Threat: Testing Alternative Mechanisms for the Rejection of Moral Rebels," *Group Processes and Intergroup Relations* 19, no. 5 (2016): 676–93면 참조.

게임을 거부한다"라는 내용이었다. 꽤 대담한 답변이지 않은가? 이 사람은 연구자들이 인종 차별주의자라고 비난했다!

참가자들이 이런 도덕적 반항 행위에 직면했을 때 어떻게 반응했을 것 같은가? 인종 차별이라 주장한 참가자에게 박수를 보냈을 것이라 예상할지 몰라도 실제로는 그렇지 않았다. 참가자들은 그 반항자가 독선적이고 방어적이며 완고하고 비판적이고 쉽게 화낸다고 보고 그를 혐오했다. 참가자들은 반항자가 자신들이 고려하지 못했거나 두려워서 취하지 못했던 반대 입장에 서는 것을 보고 그와 친구나 룸메이트가 되고 싶지 않으며 프로젝트를 같이하기도 싫다고 응답했다.

우리가 반항자들과 잘 어울리지 못하는 것은 그들의 생각에 불안해하거나 스스로 모든 것을 안다고 생각하기 때문만이 아니라 우리의 한계를 고통스럽게 인정하게 만드는 그들이 원망스럽기 때문이기도 하다. 만약 당신이 팔스-스튜어트 박사가 사기 행각을 벌일 때 중독임상연구소에서 일하고 있었다면 다른 사람들처럼 셰릴과 그녀의 증거를 거부했을지 모른다. 셰릴은 당신이 범죄자를 알아보지 못했다는 사실을 폭로했기 때문이다. 당신이 팔스-스튜어트 박사와 매일 함께 일했던 고학력자라면 자신은 눈치채지 못한 문제를 셰릴이 적발해냈다는 사실에 당황스럽고 부끄러웠을지 모른다. 그래서 자기비판에서 자신을 보호하려는 목적으로 셰릴을 음해했을 수도 있다.

이런 역동을 인식하면 우리가 비순응주의자들의 생각을 더 잘 수용하거나 자신의 결함과 한계를 상기하는 데 사용할 수 있는 또 다른 전략, 이른바 '의도적인 겸손'deliberate humility으로 나아갈 수 있다. 의도적인 겸손은 직관에 반하는 것처럼 보일 수 있다. 자기비판을 두려워하면서 왜 꼭 자신을 비판해야 하는가? 우리가 원칙적인 불복종자들을 접할 때 느끼는 지적·도덕적 열등감을 '인정'할 때 비로소 스스로 힘이 생겼다고 느껴 자신을 더 좋게 바라볼 수 있기 때문이다. 그래야 자기완벽의 개념에 집착하다가 원칙적인 불복종자에게 박살 나는 경험을 면하게 된다. 그래야 무조건 외면하거나 침묵 속에 움츠러드는 대신 약자를 위해 더 기꺼이 싸울 수 있다. 의도적인 겸손은 또 좀더 현명해지는 데도 도움이 된다. 지혜는 스스로 지식의 한계를 인정하고, 다른 사람의 관점을 존중하고, 비판에 개방적이며 수용적인 태도를 유지하고, 자신의 생각을 정중하게 전달하는 데서 우러나기 때문이다. 지적인 겸손이 지혜를 증진하는 데 얼마나 중요한지를 고려하면 이념과 생각, 매너가 다른 사람들에게 더 관대해질 수 있다.

의도적인 겸손을 연습해보면 다양한 아이디어에 마음을 더 열 수 있다.* 스스로 겸손함이 부족했던 순간을 골라보자. 당신의 장점

* 의도적인 겸손을 연습하는 데 PROVE 워크북을 참조해보자. PROVE는 다음 단계의 머리글자이다. 먼저, 겸손함이 부족했던 때를 고르자(Pick). 둘째, 자신의 지식, 능력, 성과를 더 큰 그림 안에 배치시켜보는 일을 기억하자(Remember). 우리는 스스로 믿는 만큼 중요하거나 대단하지 않다. 셋째, 생각이 다르고 포용력 있는 사람들 주변에 있는 지혜에 마음을 열자(Open). 관련 있다면 검증된 방법을 다른 방법으로 대체하자. 넷째, 자신과 직접적으로 관련 없거나 집착이 없는 일에 가치를 부여하자(Value). 다섯 번째, 자신의 한계를 돌아보고(Examine) 겸손한 태도로 다른 사람들과 소통하자. Caroline R. Lavelock et al., "The Quiet Virtue Speaks: An Intervention to Promote Humility," *Journal of Psychology and Theology* 42, no. 1 (2014): 99–110면 참조.

이나 선행에 대한 생각을 멈출 수 없었던 때일 수도 있고, 누군가가 내놓은 아이디어를 묵살하거나 공격했을 때일 수도 있다. 숙련된 방해자로서 질문하고 정보를 수집해 무언가를 배우는 데 시간을 더 많이 할애할 수 있었지만 그러지 못했던 것이다. 이제 그 일을 머릿속에 가급적 생생히 떠올려보자. 그 후 며칠 동안 그 일에 대한 당신의 느낌과 반응을 생각해보자. 당신이 느낀 감정을 적어보고, 6장에서 배운 '감정에 이름 붙이기' 기술을 적용해보자. 그 일의 촬영 영상을 지켜보는 타인의 관점에 서서 그 일을 면밀히 살펴보자. 다른 사람들은 그 일을 어떻게 바라볼까? 달리 어떻게 행동할 수 있었을까? 마지막으로 그 일에 대한 기억을 토대로 앞으로 당신의 행동을 어떻게 바꿀 수 있을지 고민해보자. 이런 식의 성찰과 자기 질문은 실질적인 효과가 있다. 많은 연구에서 그런 사고 과정을 거친 사람들이 더 겸손하고 더 관대하며 더 참을성 있고 자신과 남들에게 비판적이지 않은 것으로 밝혀졌다.

6군데 대학에서 진행된 연구에서는 서로 의견이 충돌할 때 지적으로 겸손한 사람들이 상대방의 견해에 관심을 더 많이 보이고 상대방을 더 존중하며 정중하게 대하고 자신의 입장이 얼마나 타당한지를 더 많이 돌아본다는 점을 발견했다. 결과적으로 이 모든 요인은 그들이 지식을 더 많이 얻는 데 도움이 되었다. 그러니 다음번에 주변에서 현상 유지에 반대하는 사람을 만나게 되면 그들은 당신이 모르는 것을 알고 있다고 믿고 그것이 무엇인지 알아내는 데 주력하자. 명심하자. 새로운 정보를 접할 때는 당신의 신념 체계를 업데이트해야 한다. 그래야만 성장할 수 있다! 10년 뒤에도 지금과 똑같은 신념으로 살고 있다면 얼마나 슬픈 일인가? 겸손한 마음으로 새로운 정보를 구하지 않는 한 진정한 호기심 없이 설교만 늘어놓는 셈이다.

> “우리 사회에 설교자는 너무 많고 사회적인 분열을 메울 수 있는 지적인 겸손을 갖춘 사상가는 너무 부족하다. 단순한 거짓말에 용기 있게 맞서서 복잡한 진실을 온전하고 정직하게 파고드는 연습을 하자.”

더 효과적으로 실험하자

사회를 개선하기 위해 진실을 설득시켜야 할 책임이 반항자들에게만 있는 것은 아니다. 우리에게도 그들의 기여를 인정하고 공정하게 평가해 현상을 개선하는 아이디어와 해결책을 받아들일 책임이 있다. 하지만 이번 장에서 살펴보았듯 반항자들과 생산적으로 교류하려면 단순히 그들의 의견에 귀 기울이는 것만이 문제가 아니다. 그들의 새롭고 독특한 생각을 이성적으로 검토할 기회도 갖기 전에 그들로부터 멀어지게 만드는 감정적·정신적 부담을 극복해야 한다.

사회 변혁의 성패가 여기에 달려 있는지 잊지 말자. 내부 고발자, 정치 운동가, 예술가, 과학자, 그 외 '다르게 생각하는' 모든 사람이 사회 변혁의 주체이다. 현행 체제의 부도덕함, 부당함, 비효율성, 비

합리성, 불법성을 폭로하는 이 세상의 셰릴들이 필요하다. 우리에게는 "이것은 옳지 않아!"나 "우리는 더 잘할 수 있어!"라고 외치는 사람들이 필요하다. 또 생각지도 못했던 새로운 해결책을 찾아내 '더 좋은 것'이 무엇인지 보여주는 사람들이 필요하다.

오늘날 사회는 유동적이며 과거 어느 때보다 빠르게 변화하고 있다. 전염병, 기술 변화, 세대 변화, 그 밖의 요인으로 많은 사람이 수십 년간 유지해온 습관과 관행을 하룻밤 사이에 버려야 하는 상황이 벌어지고 있다. 아무리 박식한 전문가라도 다음에 무슨 일이 일어날지 한 치 앞도 예측할 수 없는 상황에서 우리는 먹고 일하고 아이들을 교육하고 노부모를 돌보는 일 등의 가장 좋은 방법을 몸소 실험해 터득해야 할 처지에 놓였다. 이런 실험들은 우리가 자유자재로 사용할 수 있는 여러 대안이 있을 때 가장 효과적일 것이다. 오직 호기심과 지적 겸손, 조망 수용 능력을 두루 키우며 개방적인 사고방식을 유지해야만 그런 대안들을 얻을 수 있다.

비순응주의자들을 더 반기고 수용하는 법을 배워야 하는 것은 개인뿐 아니라 집단도 마찬가지이다. 학교, 기업, 지역 사회, 팀, 이웃에서 사회적 변화가 엄청나게 많이 일어나고 있다. 그런데도 우리는 뿌리 깊은 사회적 관습에 가로막혀 낯설고 위협적인 아이디어를 검토하기 어려워한다. 다양한 집단의 규범과 문화를 어떻게 변화시켜야 반항자들을 더 환영하고 그들의 독특한 통찰력에서 혜택을 더 많이 얻을 수 있을지 고민해보자.

불복종의 기술

1. 불복종자들과 더 생산적으로 교류하기 위해 자기 거리두기를 연습하자. 자기 거리두기가 가능한 사람들은 감정이 격해지는 상황에서도 평정심을 잘 유지할 수 있다. 자기 거리두기를 연습하면 당신과 반대되는 신념을 가진 사람들의 주장에 노출되어도 방어적으로 반응하는 일이 줄어든다.
2. 호기심을 키우자. 생소하거나 반대되는 관점을 마주했을 때 당신의 신념을 건전하게 회의하는 데서 시작하자. 다른 사람이 제시하는 의견에 주의를 기울지자. 당신의 말은 줄이고 후속 질문을 늘리자.
3. 비순응적인 아이디어를 더 잘 수용하기 위해 '의도적인 겸손'을 실천하자. 자신이 잘못 알고 있을 가능성을 스스로 '인정'할 때 원칙적인 불복종의 가치에 더 감사하게 되고 반항자들을 더 존중하게 된다. 그래야 무조건 외면하거나 침묵 속에 움츠러드는 대신 약자를 위해 더 기꺼이 싸울 수 있다.

9장 괴짜들의 지혜

1994년 10월 25일 미 해군 전투조종사 카라 헐트그린Kara Hultgreen 중위가 F14A 톰캣 전투기를 에이브러햄 링컨 항공모함에 착륙시키려고 했을 때 모든 것은 정상으로 보였다. 날씨는 맑았고, 헐트그린이 착륙 지점을 1마일 남겨놓고 마지막 회전을 했을 때만 해도 전투기 엔진은 모두 제대로 작동했다. 그런데 맨 마지막 순간 일이 벌어졌다. 전투기 왼쪽 엔진이 고장 나 착륙 지점의 노란 중심선을 지나친 것이다. 전투기가 왼쪽으로 뒤집히자 헐트그린은 전투기를 태평양 쪽으로 회전시켰다. 뒷좌석에 앉은 매튜 클레미시Matthew Klemish 중위는 두 사람의 비상 탈출 절차를 밟기 시작했다. 클레미시는 마침내 탈출해 목숨을 건졌다. 1초도 안 되어 헐트그린 중위의 좌석도 아래로 사출되었으나 곧장 태평양으로 추락했고, 중위는 그 충격으로 사망했다.

워낙 끔찍하고 비극적인 사고였던 만큼 미 해군은 이 일로 대대적인 정치적 분쟁에 휘말렸다. 이전 해 미 의회는 군 수뇌부의 반대를 무릅쓰고 여군을 전투 보직에서 배제하는 법안을 수십 년 만에 폐지했다. 이에 따르라는 압박을 받은 해군 간부들은 1994년 말까지 해군 최초의 여성 전투 조종사를 양성하는 계획에 착수했다. 그 조종사가 바로 헐트그린이었다. 그녀가 사망하자 모든 사람이 그 이유를 궁금해했다. 군대 일각에서 주장했듯 여성은 전투를 수행하기에 적합하지 않을까? 해군이 충분한 훈련 없이 헐트그린을 너무 빨리 실전에 투입했던 것일까? 아니면 단지 장비 고장의 불운한 피해자였을 뿐일까?

해군 최고의 법적 권한을 지닌 해군 법무감은 헐트그린의 사망이 장비 결함 탓이라는 공식 사고 보고서를 발표했다. 그런데 1995년 3월 해군안전대책회의Navy Safety Council의 내부 조사 결과가 유출되었다. 헐트그린이 사인이 조종사 과실이라는 결론이었다. 해군 장교인 패트릭 번스Patrick Burns 대령은 헐트그린의 기밀 훈련 기록을 독립 기관인 군사준비센터Center for Military Readiness에 유출해 이 사건을 폭로했다. 그러자 이 센터는 유출된 정보를 차례로 언론에 뿌렸다. 그 기록에서 알 수 있듯 해군은 훈련 기간 동안 헐트그린을 다른 전투기 조종사 후보생들보다 관대하게 대했다. 남성 조종사는 훈련을 받고 전투기 착륙에 실패해 강등이나 실격 처분을 받으면 통상 3번 만에 퇴학당했다. 그런데 헐트그린 중위는 훈련 기록상 4번이나 강등당했다.

일부 회의론자들은 번스 대령을 헐트그린에게 전투 수행 능력이 없다고 믿는 시대착오적인 여성혐오자로 치부할지도 모른다. 의심할 여지없이 헐트그런 중위와 다른 여성 조종사들은 해군 안에서 남성 장교들의 적대감을 비롯해 상당한 저항에 부딪혔다. 그들은 헐트그런 중위에게 쏟아지는 언론의 관심이나 기지에서 수시로 그녀를 지켜보는 기자들을 달갑게 여기지 않았다. 일부 장교는 여성이 남성보다 열등하다는 완고한 신념을 갖고 있었다. 설령 여성혐오적인 성향을 노골적으로 드러내진 않더라도 여성 동료에게 어떻게 말하고 행동해야 할지 모르는 남성 장교가 많았다. 메릴 맥피크 Merrill A. McPeak 공군참모총장은 1993년 국방여성자문위원회Defense Advisory Committee on Women in the Services 회의에서 이렇게 증언했다. "나는 폭격기와 전투기를 여성에게 개방하는 것은 실수라고 생각합니다. 문화적으로 거부감이 듭니다. 젊은 여성에게 참전을 명령하는 늙은 남성의 인상을 지울 수 없습니다."

다른 상황들도 여성 조종사들의 삶을 더 힘겹게 만들었다. 일례로 해군 장비는 그들의 체형에 맞지 않았다. 조종석의 거의 모든 장비가 여성보다 평균적으로 키가 약 12센티미터 크고 손이 약 2센티미터 긴 남성의 신체 치수에 맞게 설계되었다. 여성 조종사들은 좌석 높이, 어깨와 허리 받침대, 페달과 스틱까지의 거리, 제어판 버튼 간격 등 몸에 맞지 않게 장비가 설계된 환경에서 안전하게 조종하는 데 어려움을 겪어야만 했다.

헐트그런 중위는 해군의 훈련 기준이 자신이나 다른 여군들을 위해 왜곡되는 일을 결코 바라지 않았다. 단지 공정한 기회를 원했다. 헐트그런은 이렇게 말했다. "나는 해군이 각 여성에게 보직을 제공해야 한다고 생각하지 않습니다. 해당 임무에 가장 적합한 사람을 찾는 일이 더 중요합니다. 만약 그들이 더 낮은 훈련 기준에 따라 나를 뽑아준다면 내 목숨이 위태로워질 겁니다. 내가 죽을 수도 있다는 말이죠." 번스는 정확히 이런 일이 실제로 벌어졌다고 주장했다. 해군 수뇌부가 첫 여성 전투 조종사를 배출해야 한다는 압박 때문에 헐트그린 중위에게 더 완화된 기준을 적용했다는 것이다. 번스는 여성의 전투 능력에 대해 확실한 증거가 존재한다면 양성의 기준을 통일해야 한다고 주장했다. 그는 해군이 받는 정치적 압력을 차단할 다른 방법이 없다는 판단하에 28년간의 군 경력을 걸고 기밀을 유출하는 모험을 감행했다. 번스는 해군 감찰관에게 이렇게 증언했다. "내가 이렇게 한 것은 해군 때문입니다. 비행기와 전투기를 조종하고 목표물에 폭탄을 투하하며 자기 임무를 훌륭히 수행하고 있는 여군들에게 이것은 정말 몹쓸 짓입니다. 그들은 동시대의 남성들과 다른 잣대로 평가받고 있으니까요. 이것은 그들에게 불공평한 처사입니다. 지금과 같이 해서는 아무에게도 도움 되지 않습니다."

우리는 결코 헐트그린 중위의 사망 원인을 명확히 알 수 없을 것이다. 분명한 것은 해군이 선구적인 여군들과 번스 같은 내부 고발자 등 원칙적인 불복종자들의 기여를 제대로 수용하지 못했다는 점이다. 외부에서 아무리 정치적 압력을 가해도 소수 집단을 반기지 않는 집단의 편견과 선입견을 마법처럼 없애지는 못한다. 또 조직 자체가 수사에 중요한 사실을 감추려 드는데 그 구성원들이 정직하게 진실을 전달할 것이라 기대할 수도 없다. 원칙적인 불복종을 최대한 활용하려면 정부 기관, 회사, 팀, 그 밖의 집단들이 구성원들에게 다르게 생각하는 방법을 훈련시켜야 한다. 또 헐트그린 중위처럼 고정관념을 깨는 이단아들이 공정한 기회를 얻을 수 있는 문화를 의도적으로 만들어야 한다. 번스 대령처럼 원칙적인 반항자들이 처벌을 두려워하지 않고 불편한 사실을 공개적으로 드러낼 수 있는 문화도 조성해야 한다.

실제로 원칙적인 불복종자를 비롯한 소수자들의 기여를 가로막는 집단이 대단히 많다. 심지어 '다양성'을 내세우는 집단들도 기대했던 효과를 거두지 못하는 경우가 비일비재하다. 요즘은 집단 구성원을 선택할 때 인구통계학적인 다양성을 많이 고려하지만 연구자들은 집단 구성원의 다양성과 집단의 성과 사이에는 상관관계가 거의 없다는 점을 발견했다. 개인의 학력, 다년간의 경력, 기능적 지식과 기술 등 직무와 관련된 다양성은 집단의 성과에 최소한의 영향을 미칠 뿐이다. 물론 다양성이 쓸모없는 것은 아니다. 그렇지만 연구자들은 "특정한 종류의 집단이 다양성의 이점을 더 잘 활용할 수 있다"라고 주장한다. 집단이 흔히 '이상하다'거나 '황당하다'고 취급받기 쉬운 아이디어를 가진 사람들을 비롯해 모든 종류의 다양성에서 혜택을 더 많이 얻으려면 단순히 다양한 개인들을 모집해 기존 집단에 추가만 해도 성과가 저절로 향상되리라는 기대를 버려야 한다.

그런 상태에서 우리는 다양한 구성원의 존재와 관심이 우리 모두에게 보탬이 될 수 있는 이견을 탐색하고 그런 이견에 맞게 문화를 변화시켜나가야 한다. 암스테르담 대학교와 독일 킬 대학교의 연구에서는 비순응주의자들을 환영하고 그들의 지혜를 이끌어내 집단의 성과를 향상시키는 데 효과적인 2가지 방향을 제시했다. 각각의 방향을 살펴보면서 해군이 어떻게 했더라면 헐트그린의 사망을 더 투명하게 공개수사 하도록 장려할 수 있었을지, 혹은 애초에 그녀의 사망을 막을 수 있었을지 생각해보자.

> “팀에 다양성이나 비순응주의자가 존재한다는 점만으로 성과가 마법처럼 향상되지는 않는다. 어떻게 해야 다양한 사람들의 존재와 관점이 우리에게 도움이 될지 이해하고 이를 토대로 문화적인 변화를 일궈야 한다.”

방향 1: 모든 사람이 기여하도록 이끄는 환경을 만들자

집단은 소수자들에게서 지식을 이끌어내는 데 어려움이 있어 구성원의 다양성을 최대한 활용하지 못하는 경우가 많다. 리더들은 집단에 끈끈한 유대감과 결속력이 있기를 기대한다. 그래야만 집단이 효율적으로 운영될 수 있기 때문이다. 화합과 긍정성이 기저에 깔리면 비슷한 생각을 가진 사람들끼리 생각과 행동을 빠르게 조율할 수 있다. 응급 현장에 신속히 도착하기 위해 서로 긴밀하게 협력하는 소방관들을 떠올려보라. 하지만 집단의 결속력을 강조하면 태생적으로 다수와는 다른 의견을 가진 반항자들이 그들의 메시지를 공유하는 일을 방해할 수 있다. 그리고 다른 집단 구성원들이 그들의 메시지를 공정하게 고려하는 일도 막을 수 있다. 반항자들을 저마다의 고유한 가치를 기여하는 구성원으로 대하고 그들의 아이디어를 이끌어내 구체화하고 개선해야만 그들의 소중한 아이디어에 접근할 수 있다. 또 그래야만 집단이 아이디어를 찾고 수용하고 생각하고 배우고 창조하는 능력을 향상시킬 수 있다.* 그러지 않으면 집단은 최선의 해결책을 찾지 못하고 가장 빠른 해결책을 찾는 데 그치고 만다. 그 결과 집단 지성이 큰 타격을 입게 된다.

> “집단 지성을 극대화하려면 자율성, 비판적 사고, 생각의 자유, 출처에 관계없이 유용한 정보를 찾으려는 열망 등의 가치를 인정하는 집단 문화를 구축하자.”

심리학자들은 이런 가치를 '인식론적 동기'epistemic motivation라 부르

* 이 아이디어는 창의성의 과정(Process)과 운영(Operation)에 대한 통찰을 제공하는 패트릭 머셀(Patrick Mussel) 박사의 이론적 지적 프레임워크(Theoretical Intellectual Framework)에서 비롯했다. 여기에서 과정은 탐색(Seek)과 정복(Conquer)이라는 두 요소에 의존하는 창의적인 수행의 동기 부여 부분이다. 탐색은 지적으로 도전적인 상황에서 발생하는 감정으로서 이런 상황을 회피하기보다는 접근하려 하는 일반적인 개방성을 의미한다. 정복은 지적인 도전을 이겨내기 위해 불확실성, 복잡성, 무질서를 극복하는 데 필요한 노력과 끈기를 말한다. 운영은 사고(추론, 종합, 결론 도출), 학습(정보 획득, 질문, 가설 검증, 지식 격차 해소), 창조(아이디어, 프로세스와 능력을 새로운 아이디어, 전략 및 홍보의 개발에 투입)로 이루어지는 창의적인 수행의 능력 부분이다. 보통 동일한 프로파일을 지닌 팀과 달리 이런 프레임워크가 있으면 상호 보완적인 동기 부여와 능력 프로파일을 가진 사람들이 공통의 창의적 목표를 위해 함께 일하는 팀의 잠재력을 높이기가 쉬워진다. Patrick Mussel, "Intellect: A Theoretical Framework for Personality Traits Related to Intellectual Achievements," *Journal of Personality and Social Psychology* 104, no. 5 (2013): 885–906면 참조.

며 “당면한 집단 과제나 의사 결정 문제를 비롯해 이 세상을 철저히 이해하는 데 기꺼이 노력을 기울이려는 의지”로 정의한다. 집단이 창의적인 해결책을 모색하려면 낡은 방법은 효과가 없다. 집단 구성원들이 반드시 뭔가 새롭고 유용한 방법을 시도하려 해야 한다. 인식론적 동기가 강한 집단은 새로운 가능성을 깊고 체계적으로 탐색하는 일이 노력할 만한 가치가 있다는 점을 이해한다.

집단 구성원들이 이미 결정을 내리는 데 필요한 정보를 다 갖고 있다고 생각하면 그 집단은 원칙적인 반항자들에게서 지혜를 얻기 힘들다. 반면 인식론적 동기가 강한 집단은 비순응적인 아이디어를 더 우호적으로 보는 경향이 있다. 한 연구에서는 참가자들에게 인식론적 동기 기준을 상기시키고 그런 동기에 따랐던 과거 행동에 대해 적어보라고 하자 집단의 화합과 결속력을 중시하는 참가자들에 비해 반대자를 긍정적으로 보는 확률이 2배나 높아졌다. 인식론적 동기 가치를 높이 사는 집단은 문제 해결, 창의성, 혁신 면에서 더 훌륭한 성과를 거두는데, 그것은 아마도 그들이 괴짜와 반항자들에게서 흥미로운 아이디어를 찾아내 발전시켜나가기 때문일 것이다.

인식론적 동기와 관련된 가치를 집단의 문화에 접목시키려면 어떻게 해야 할까? 단순히 인식론적 동기를 집단의 규범으로 선언하는 것만으로는 부족하다. 구성원 개개인의 사고방식을 바꿈으로써 집단의 실질적인 정보 처리 방법에 영향을 미쳐야 한다. 집단에서 다음과 같은 몇 가지 방법을 시도해볼 수 있다.

- 회의를 이끄는 입장이라면 참가자들이 다른 사람들이나 메시지를 가장 잘 받아들일 방법을 논의하며 회의를 시작하자. 구성원들에게 집단이 중요시하는 일과 그렇지 않은 일을 명확히 설명하자. 추상적인 가치를 좀더 구체적으로 전달해 모두 쉽게 따라할 수 있도록 관련된 스토리와 사례를 제시하자. 집단에서 다수 의견에 순응하지 않는 사람을 원한다는 점을 모두에게 상기시키자. 집단의 활력을 유지하기 위해 구성원들이 건설적으로 반대 의견을 표명하기를 바란다는 점을 강조하자. 의견의 불일치가 생기면 다 같이 공정하게 이야기를 듣고 지식과 지혜를 추구해야 하고 기존의 관점에서 무조건 비판하려 들어서는 안 된다는 점을 분명히 밝히자. 매번 회의가 시작할 때마다 이렇게 해보자.
- 집단 구성원들이 말하고 듣고 함께 어울리고 의사 결정을 내릴 때 주의해야 할 사항을 적어 눈에 띄게 제시하자. 예를 들어 누군가 특별히 전문 지식을 나눠달라고 요청하지 않는 한 각 참가자들에게는 발언 기회가 회의당 3번만 주어진다는 것을 규칙으로 정할 수 있다. 이렇게 하면 수다쟁이 소수가 회의를 장악하는 사태를 막고 다양한 구성원들이 대화에 더 쉽게 참여할 수 있다. 회의가 시작되기 전에 모든 구성원이 가져다 읽고 서명할 1쪽 분량의 유인물을 만들자.[*]
- 자율성, 비판적 사고, 새롭고 유용한 정보 추구 등의 동기를 높이기 위해 집단 구성원들에게 과거에 그들이 이런 일을 했거나 다른 사람이 이런 가치에 해당하는 일을 하는 모습을 본

경험을 함께 나누게 하자.

- 각 가치의 중요성을 강조하는 회의에서 집단 구성원들에게 그들이 원하거나 피하려는 행동을 짝지어 논의해보게 하자. 누구든 특정한 행동 방침을 공개적으로 약속하면 그 가치를 지킬 가능성이 더 높아진다.
- 사색과 명상의 시간을 마련하자. 집단 구성원들에게 신속히 결정을 내려야 한다는 압박감을 덜어주자.
- 회의에서 누가 얼마나 오래 말하고 누구의 의견이 가장 중요한지를 결정하는 데 지위와 권력이 미치는 영향을 최소화하자. 지위가 높고 인기 있는 집단 구성원들에게 지위나 권력이 낮은 구성원의 의견을 존중하도록 훈련시키자. 유용한 아이디어는 누구에게서나 나올 수 있다는 사실을 모두에게 강조하자. 프로젝트나 기획이 완료되면 정확히 누가 아이디어를 제시하고 발전시켰으며 그 결과 최종 성과를 향상시켰는지 자세히 밝혀 이런 방침을 강화하자.
- 집단의 대화가 마무리될 때 구성원들에게 몇 가지 질문을 던져보자. 오늘 다른 사람들에게 배운 가장 유용한 아이디어는 무엇인가? 충분히 이해하지 못해 다른 사람에게 물어봐야만 이해할 수 있었던 아이디어는 무엇인가? 이번 회의의 정보 수

• 수전 케인(Susan Cain)은 더 시끄럽고 공격적이며 관심을 갈구하는 사람들이 지배하는 환경에서 내성적인 사람들이 직면하는 도전에 대해 비슷한 논점을 제기한다. (수전 케인, 『콰이어트』, 김우열 옮김, 알에이치코리아 2012).

집 과정에서 배운 내용 중 다음번 회의에 더 적극적으로 참여하는 데 도움이 될 만한 것은 무엇인가? 이런 질문에 대해 생각해보면 집단이 하나의 과정이며 다 같이 나쁜 습관에 빠지지 않도록 끊임없이 개선하고 노력할 수 있다는 사실을 구성원들에게 상기시킬 수 있다.

집단 역동에 인식론적 동기를 정착시키려면 구성원들이 업무를 수행할 때 자신의 강점을 활용하고 전문성이 부족한 영역에서는 다른 능력을 지닌 구성원에게 도움을 받도록 권장하자. 집단 구성원들의 고유한 강점과 전문 분야를 결합하면 질문을 더 많이 제기하고 아이디어를 더 많이 얻을 수 있다. 집단이 자유롭게 사용할 수 있는 자원 저장고가 확대될수록 더 창의적이고 나은 해결책이 나온다.

물론 집단 구성원들이 자신의 강점에 집중하고 다른 구성원들의 도움을 받아 지식을 키워가려면 집단에 지적인 겸손을 중시하는 분위기가 깔려 있어야 한다. 집단 구성원들이 다 같이 겸손해야만 상대의 지식을 더 깊이 탐구하려는 동기가 부여된다. 비슷한 맥락에서 원칙적인 반항자들에게 우호적인 집단은 결과를 얻는 방법보다 결과 자체에 초점을 맞추는 경향이 있다.* 결과에 초점을 두는 집단 구성원들은 원칙적인 반항자들을 환영하기 마련인데, 누구든 질문을 던지고 유용한 비판과 반론을 제시하며 간과된 해결책을 찾아내는 사람이 집단을 개선시키기 때문이다. 구성원들에게 지적인 겸손을 장려하고 유지하려면 집단적인 노력과 생산성에 보상하는 인센티브 제도를 갖추고 각자의 지식과 강점을 공유해 서로 협력하는 방법에 대한 지침을 제공하자.

인식론적 동기를 촉진하면 집단 구성원들이 의견의 불일치를 발전의 계기로 여기고 서로의 차이를 새로운 정보와 해결책으로 향하는 관문으로 여기는 건강한 문화를 조성하게 된다. 연구자들이 발견했듯 인식론적 동기에 친사회적 성향을 결합하면 원칙적인 반항자들이 가진 고유한 정보를 활용해 집단 내 의사 결정을 더욱 최적화할 수 있는데, 이때 친사회적 성향이란 자신의 이익만이 아니라 집단의 이익을 위해 일하려는 욕구를 의미한다. 3가지 개별 연구에서 문제를 해결하기 위해 가장 많은 아이디어를 낸 집단, 가장 독창적인 아이디어를 낸 집단, 가장 자주 건설적인 의견 불일치가 일어난 집단은 모두 순응과 충성보다 자율성과 비판적 사고의 가치를 더 높이 샀다. 자율성과 비판적 사고를 중시하는 사람들은 집단의 성공에 가장 도움이 되는 방향(순응과 충성을 중시하는 집단에서는 결여된 친사회적 성향)으로 자신의 에너지를 쏟아붓는다.

• 원칙적인 반항자들에게 우호적인 집단이나 조직은 수단이 아니라 목적이나 결과 중심이다. 명확한 임무가 있으면 누가 최고의 아이디어를 내느냐는 중요하지 않다. 질문을 던지고 유용한 비판과 반론을 제시하며 놓친 해결책을 지적하는 사람은 누구든 팀을 향상시킨다. 당신이 수단에 집중한다면 명령과 위계질서에 따르고 순응하는 훌륭한 군인이 되는 일이 가치 있다고 느낄 것이다. 하지만 이런 각각의 행동은 최종 단계를 촉진시키지 않는 한 잘못된 측정 기준이다. 다양성 계획의 문제는 대부분 목적이 아니라 수단에 초점을 맞춘다는 것이다.

방향 2: 패거리를 벗어나자

당신이 남성 조종사들만 있는 기존의 거대 집단에 들어가려는 몇 안 되는 여성 조종사 중 하나라고 가정해보자. 남성 조종사들은 여성 동료를 외부인 취급하며 솔직히 말해 비열한 짓들을 일삼는다. 여성 조종사들은 서로 의지하고 지지하며 유대감을 형성해 이런 스트레스에 대처한다. 유대감은 그들에게 위안이 되지만 그들의 입지를 약화시키는 잠재적인 균열을 일으킨다. 남성 조종사들은 더 큰 집단에 동화되기를 꺼리는 듯 보이는 신참 여성 조종사들에게 불리하게 대우해도 정당하다고 느낀다. 여성 조종사들은 그들끼리 있어야 심리적 안전감을 느껴 솔직한 의견이나 근무 환경을 바꿀 아이디어를 나눌 수 있으므로 하위 집단으로 일하기를 원하는 것이 정당하다고 느낀다. 심리학자들이 말하는 이런 '집단 간 편향'으로 피해를 입는 일은 결국 더 큰 집단으로, 전체 집단은 비순응주의자들이 환영받고 기여할 권한이 있다고 느끼는 환경을 조성하기 더 힘들어진다.

집단 간 편향이 당신의 집단에 방해가 되는가? 스스로 물어보자. 다 같이 모일 때가 아니면 일부 집단 구성원이 다른 사람들과 물리적인 거리를 두는가? 다른 사람들이 말할 때 일부 구성원이 몸을 움츠리거나 자기들끼리 속삭이는가? 같은 하위 집단 사람들이 없으면 일부 구성원이 친근한 농담을 중단하거나 화제를 전환하는가? 일부 구성원이 다른 하위 집단 사람들을 비난하거나 냉소하는 태도를 보이는가? 하위 집단의 경계와 사회적 거리두기가 존재하면 괴짜들에게서 지혜를 이끌어내고 전반적으로 탁월한 성과를 내는 집단의 능력이 저하된다. 그런 경계를 없애려면 어떤 연구자의 표현대로 '탈편향 전략'을 동원하자. 탈편향 전략은 사람들이 "패턴 인식이나 고정관념에서 벗어나 더 분석적인 사고방식을 익힘으로써 집단의 의사 결정을 최적화하도록 정신적으로 교정하는 방법이다."

탈편향 전략 중 하나는 집단 구성원들에게 일반적인 내집단/외집단 구분을 넘어 다른 사람에게 더 잘 공감하는 방법을 사전에 가르치는 것이다. 한 실험 연구에서 로테르담에라스무스 대학교의 잉아 후베르Inga Hoever 박사와 동료들은 3인조 팀을 77개 짜서 독창적인 지역 극장을 세울 준비를 해달라고 요청했다. 연구자들은 77개 팀을 크게 두 그룹으로 나누고, 한 그룹의 팀들에는 각 팀 구성원마다 전문적인 역할을 분배해 기능적 다양성을 확보했다. 연극의 품질과 예술적인 평판을 책임지는 예술 감독, 극장의 재정 관리와 수익성을 책임지는 재무 관리자, 관객들의 즐거운 극장 방문을 책임지는 행사 관리자 등의 역할이었다. 경쟁 목표를 추구하는 조직들의 기능적 다양성을 참조해, 각 팀원에게는 성공적인 극장을 만드는 요건에 대한 각자의 명확한 입장과 서로 다른 정보(로케이션 계획, 연극 일정, 제작비 등)가 제공되었다. 반면 또 다른 그룹의 팀들에는 구성원들의 기능적 다양성이 없었다. 그들은 각자의 역할을 나누지 않은 채 동일한 정보를 가지고 협력했다. 모든 팀에 극장의 창의적인 최종 행동 계획을 수립하는 시간이 20분 주어졌고, 그동안 독립된 관찰자들은 집단 과정이 어떻게 진행되는지 지켜보았다.

이때 연구자들은 각 그룹의 참가자 절반에게 서로 다른 관심사를 지닌 사람들의 격차를 좁히는 데 유용한 '조망 수용'perspective-taking이라는 저비용 전략을 훈련시켰다(결국 이 실험에는 네 그룹이 있었다. 크게 다양성과 동질성의 두 그룹으로 나누고, 각 그룹을 다시 조망 수용의 훈련 유무에 따라 두 그룹으로 나눴다). 여기에서 말하는 '훈련'이란 거창한 것이 아니었다. 그저 해당 팀원들에게 생각이 다른 사람들과 원활히 소통하는 방법과 "상대방의 관점에서 문제를 바라보는 방법"을 알려주는 1쪽짜리 '조망 수용' 지침을 나눠주었을 뿐이다. 이 지침에서는 팀원들에게 다른 사람들이 무엇에 관심이 있고 왜 그렇게 행동하는지, 또 의견 불일치의 불씨가 어디에 있는지 생각해보라고 권유했다.

결과는 뜻밖이었다. 다양성 그룹이 동질성 그룹보다 작업을 더 창의적으로 수행하지 못했다. 실제로 소통 방법을 훈련받지 않은 다양성 그룹은 가장 낮은 수준의 창의적 사고를 보였고, 기능적 다양성이 부족한 그룹보다도 수준이 낮았다. 반면 조망 수용에 대한 1쪽짜리 지침을 받은 다양성 그룹의 구성원들은 최고 수준의 창의적 수행 능력을 보였다. 그들은 기능적 다양성이 결여된 그룹과 서로간의 소통 방식에 대해 훈련받지 못한 다양성 그룹에 비해 2배나 높은 성과를 나타냈다.

그뿐 아니라 사전에 의견 차이를 적극적으로 예상하면 실제 의견이 불일치할 때 그 이유를 이해하고 판단하기가 더 쉬워진다는 연구 결과도 있다. 한 현장 연구에서는 연구자들이 이스라엘과 팔레스타인 사람들에게 타인의 관점을 받아들이고 서로의 감정을 상험하는 능력 등의 조망 수용 기술에 대한 5시간짜리 워크숍을 진행했다. 그들은 조망 수용을 제대로 하지 못해 직원들과의 관계가 소원해진 어느 리더의 이야기를 들었고, 또 조망 수용으로 도움을 받은 마틴 루서 킹과 스티브 잡스Steve Jobs 같은 유명한 리더에 대해서도 배웠다. 참가자들은 모의 협상 과정에서 조망 수용 방법을 연습했고, 북아일랜드 같은 지역에서 조망 수용이 어떻게 도움이 되는지 배웠다. 워크숍이 진행되는 내내 이스라엘과 팔레스타인의 분쟁에 대해서는 한마디도 언급되지 않았다. 워크숍이 끝난 뒤 참가자들은 매주 그들이 조망 수용 기술을 어떻게 적용하고 있는지 돌아보게 하는 짧은 메시지를 받았다. 연구자들은 이 단일 워크숍으로 이스라엘과 팔레스타인 사람들 사이의 부정적인 태도가 줄어들고 이스라엘-팔레스타인 분쟁이 해결될 수 있다는 희망과 회유적인 행동이 늘어난 점을 발견했다. 이런 변화는 그 뒤로도 6개월 이상 지속되었다.

우리는 이 세상과 특히 반항자들의 주장을 더 객관적으로 보도록 훈련함으로써 조망 수용 능력을 향상시킬 수 있다. 우리는 어떤 사람을 '다르다'고 규정하면 그런 가정에 부합하는 정보만 찾으려는 경향이 있다. 실제로는 그런 가정에 상충되는 근거를 찾는 편이 우리에게 더 유용한데도 말이다. 만약 우리가 여성은 해군 전투 조종사로 일할 수 없다고 믿는다면 여성의 무능력을 '증명'하는 듯한 자료에만 선택적으로 집중하고 이와 모순되는 정보는 피할 것이다. 군 관계자들의 온라인 포럼을 쭉 훑어보면 가장 추악한 형태의 확증 편향을 발견할 수 있다. 한 댓글에는 "커리어 우먼들이 이런 차별 철폐 조치의 수혜로 완전히 망가지고 고꾸라지는 사례들을 더 많이 파헤쳐야 한다"라고 적혀 있다. 또 다른 댓글에서는 "여성들이 본질적으로 공간 인식(3D 비행)과 논리(f14의 조종 시스템 이해 등)에 서투르다는 점을 보여주는… 생물학적 연구가 몇 가지 있다"라고 주장했다. 이 정도는 그나마 악의 없는 댓글에 속한다.

이 두 댓글의 의미를 생각해보자. 첫 번째 댓글은 남성과 여성의 조종 능력이 실제로 다른지를 객관적으로 판단하기보다 '여성이 더 못한다'라는 자신의 주장에 맞는 사례만 더 찾아내자고 주장한다. 두 번째 댓글은 연구의 질이나 상관성을 전혀 고려하지 않은 채 무작정 남녀의 차이를 입증하는 연구들이 존재한다고만 주장한다. 우리 인간은 자신이 옳기를 바라고, 이것은 우리가 이미 생각하는 바를 뒷받침하는 정보만 선별적으로 찾거나 감추거나 왜곡하는 데 온 힘을 쏟을 것이라는 의미이다.* 그 결과 집단 간 편향에 점점 더 고착되고 팀 차원에서 소수자들의 지식을 활용해 성과를 개선하는 능력은 점점 더 떨어지게 된다.

> "우리가 신념 체계에 도전하는 사람과의 갈등을 해결하고 그의 메시지를 수용하는 능력을 키우려면 우선 확증 편향에서 벗어나야 한다."

당신의 기존 신념에 도전하는 질문을 해보는 습관을 들이자. 특히

* 3장에서 건전한 추론을 방해하는 많은 논리적 결함 중 하나로 설명했다.

당신과 다르게 보이고 생각하고 움직이는 사람들의 행동에 대해 가능한 많이 설명해보자. 만약 당신 팀에 있는 누군가가 항상 부정적인 아이디어를 낸다고 생각한다면 당신은 그의 최신 아이디어를 실행하는 데 팀 예산이 든다고 지적할 것이다. 그럴 때 이런 질문을 던져보자. “집단에서 나중에 문제가 된 프로젝트에 대한 그의 우려를 몇 번이나 무시했는가?” “그가 채택이 되었든 안 되었든 간에 프로젝트를 개선하는 아이디어를 몇 번이나 제안했는가?” 또 만약 어떤 사람이 형편없는 팀원이라 생각한다면 당신은 다른 사람들이 그를 비판했던 일을 떠올리려 할 것이다. 그때 당신의 가정에 도전하는 다음과 같은 질문을 던져보자. “어째서 다른 집단의 다른 사람들은 그와 함께 일하는 것을 좋아했을까?” “어째서 그 사람은 우리 집단이 아닌 다른 집단에서 예외적으로 성과를 냈을까?”

기존의 가정을 무작정 확신하기보다 스스로 타당성을 검증하도록 훈련하면 잘못된 인식을 뒤집어 우정을 더 많이 쌓고 사회적 갈등을 줄이는 데 도움이 된다. 본질적으로 원칙적인 불복종을 평가할 때 우리는 기존의 결론과 상충되는 정보를 감추려 드는 변호사보다 공정한 과학자처럼 행동하도록 자신을 훈련시켜야 한다.

자신의 선입견에서 벗어나 다른 사람들의 관점을 고려하게 하는 훈련은 실제로 효과가 있다. 다루기 힘든 분쟁에서 간단한 심리적 개입이 어떤 효과가 있는지를 검증한 또 다른 연구에서는 이스라엘 참가자들이 타인의 생각이나 감정에 접촉하는 법을 교육받고 나면 팔레스타인에 대해 분노 반응을 덜 보였고, 결과적으로 화해 정책을 더 지지하고 군사적 침략을 덜 지지했다. 5개월 뒤에도 이

교육을 받았던 이스라엘 참가자들은 여전히 팔레스타인 사람들에게 분노를 덜 느꼈고 전쟁 대신 평화를 촉진하는 정책을 더 많이 지지했다.

반항자들에게 우호적인 문화 조성하기

여성이 전투기 조종사 임무를 맡을 수 있도록 허용한 의회의 결정은 한참 늦은 감이 있기는 해도 중요한 진전이었다. 하지만 원칙적인 불복종자 같은 소수자들을 받아들이라고 무작정 강요만 해서는 즉시 진전되리라 기대할 수 없다. 집단 안에 원칙적인 불복종자들이 존재한다고 해서 그 기업이나 팀, 정당 등의 사회 집단이 무조건 그들의 독특하고 가치 있는 통찰을 활용하는 데 성공하리라는 보장은 없다. 집단 구성원 개개인이 반항자들과 그들의 독특한 관점에 더 잘 적응하려고 노력해야 하고 괴짜들로부터 지혜를 끌어내는 데 능숙한 집단을 만들어야 한다. 또 집단 안에서 원칙적인 불복종자들이 지식을 공유할 수 있는 기회를 마련하고, 신참이나 소수자들이 다수의 구성원과 동등한 영향력을 행사할 수 있도록 보장해야 한다. 이런 문화를 조성하는 데는 시간이 걸리고, 일단 진전을 보이기 시작하면 다시 후퇴하지 않도록 계속 주시해야 한다. 집중력과 결단력이 있어야만 사심 없는 호기심과 타인의 입장에서 생각하는 조망 수용 능력을 정착시키고 집단 지성과 창의성이 극대화된 집단을 만들 수 있다.

마지막으로 이 책을 마무리하기 위해 나는 훨씬 더 야심차게 생각하라고 촉구하고 싶다. 왜 인기 없는 소수 의견을 가진 사람들을 환영하겠다며 그런 사람들이 팀이나 회사에 들어올 때까지 기다리고만 있는가? 비순응주의자들의 통찰을 충분히 활용할 수 있는 사회를 만들려면 우선 우리 사회에서 그런 비순응주의자들의 총수부터 늘려야 한다. 장기적으로 가장 효과적인 방법은 아이들이 어릴 때부터 다수 의견에서 벗어나 스스로 원칙적인 반항자가 되도록 교육하는 것이다. 아이들에게 비순응주의를 키우고 유지하는 사고방식과 기술을 가르치고, 반대 의견을 멋진 것으로 만들어야 한다. 다음 장에서는 최신 연구들을 바탕으로 용감하고 영감을 주는 차세대의 자유로운 사상가들을 육성하기 위한 근거 기반의 로드맵을 제시하고자 한다.

불복종의 기술

1. 반항자들을 독특한 가치가 있는 기여자들로 대우하자. 집단 지성을 극대화하려면 자율성, 비판적 사고, 생각의 자유, 출처에 관계없이 유용한 정보를 찾으려는 열망 등의 가치를 인정하는 집단 문화를 구축해야 한다.
2. 확증 편향에 맞서 싸우자. 특히 나와 다르게 보이고 생각하고 움직이는 사람들의 행동에 대해 가능한 많이 설명함으로써 자신의 기존 신념에 도전하는 질문을 하는 습관을 들이자.

3. 반대 의견을 허용하고 부추기며 기꺼이 수용하는 규범을 반복적으로 강화하자. 특정한 비순응주의자들이 이야기할 때 주의력 저하(휴대전화를 보거나 잡담 나누기), 의견에 대한 후속 질문 불충분(말을 이어갈 의욕 꺾기), 관용을 보이지 않는 태도(상대방의 말에 숨겨진 진실이나 합리적 근거를 찾으려는 시도 부재) 등으로 싸해지는 분위기의 변화에 주목하자. 혹시 당신의 집단에서는 이런 일이 일어나지 않는다고 생각한다면 당신이 사회적 활동에 무심한 것이다. 우리는 이제 작은 행동의 변화로도 집단에서 의견이 다르거나 반대하는 사람들의 기여를 이끌어내는 데 도움이 된다는 점을 배웠다. 지적 겸손, 사심 없는 호기심, 타인의 시각으로 문제를 바라보는 태도가 일상화된 집단을 만들어보자.

10장 미래의 불복종자들을 위해

2020년 8월, 고등학교 2학년생인 한나 워터스Hannah Watters는 그녀의 표현으로 "심각하고 꼭 필요한 문제"에 개입해 전국적으로 이슈가 되었다. 미국 전역에서 코로나19가 맹위를 떨치는 가운데 학교들이 대면 수업을 강행할지 비대면 수업을 이어갈지를 놓고 한창 논쟁 중이던 상황이었다. 도널드 트럼프 대통령과 다른 정부 관료들은 전국 학교에 다시 문을 열라고 강요하고 있었다. 그러나 많은 학부모, 교사, 학생과 공중보건 관계자는 학교가 안전하게 운영될 수 있을지 의심했다. 워터스가 다니던 조지아주 애틀랜타 교외의 노스폴딩 고등학교는 결국 대면 수업을 재개하기로 결정했다. 그러자 등교를 거부하던 학생들은 퇴학당할 위기에 처했다. 당시 학교의 대면 수업 계획은 너무 부실해 교사 1명이 직장에 돌아오지 않고 사직했을 정도였다.

워터스는 등교 첫날 눈앞에 펼쳐진 광경에 경악했다. 그녀는 학교에 대해 이렇게 말했다. "아무 대책 없이 다시 열렸다. 학교가 열렸을 뿐 아니라 안전하지도 않았다." 질병관리본부를 비롯한 공중보건 당국은 코로나19 확산을 막는 데 마스크 착용이 중요하다고 강조했으나 학교는 마스크 착용을 학생들의 자율에 맡겼다. 그 결과 워터스는 소수 학생만 마스크를 착용한 것을 발견했다. 한편 쉬는 시간에는 복도가 학생들로 꽉 차서 때로는 서로 어깨를 맞부딪히며 지나가야 할 정도였다. 학칙상 학교 허락 없이 스마트폰으로 학생들 사진을 찍어 소셜 미디어에 올리는 일이 금지되어 있었지만 워터스는 학생들로 붐비는 복도를 영상으로 찍어 트위터에 올렸다. "질병관리본부가 몇 달 동안 우리에게 알려준 예방책과 방역 수칙이 지켜지지 않아 이 건물과 이 마을에 있는 모든 사람의 안전이 걱정된다."

이 영상은 소셜 미디어에서 관심을 엄청나게 모으며 언론의 집중 보도로 이어졌다. 학교 책임자들이 워터스의 이런 원칙적인 반항 행위에 박수를 보냈을까? 천만의 말씀이다. 그들은 학칙을 위반했다는 이유로 워터스에게 5일간의 정학 처분을 내렸다. 교장은 학생들에게 소셜 미디어에 사진을 게시하면 징계를 내리겠다고 공표했다. 다행히도 워터스의 어머니가 학교에 전화했을 때는 정학 처분이 취소되었다는 소식을 듣게 되었다. 학교들은 대면 수업 방침을 옹호했지만 교육감은 "사진 속 상황이 좋아 보이지 않는다"라고 인정하며 학교 측이 결정을 바꿔야 한다고 주장했다.

워터스도 학교 규칙을 어기기 쉽지는 않았을 것이다. 어른들을 화나게 만들 것을 알았기 때문이다. 그런데도 그것이 도덕적으로 옳은 일이라고 생각해 행동으로 옮겼다. 그녀는 우리 모두에게 영향을 미치는 매우 중요한 이슈에 대한 인식을 높이는 데 기여했다. 굉장히 놀라운 일이다. 만약 모든 학교가 워터스와 같은 학생들과 팀을 이룬다면, 그리고 "심각하고 꼭 필요한 문제"에 개입하는 것이 상식적일 뿐 아니라 '멋진' 일이 된다면 이 사회는 어떻게 변해갈까? 심리학 분야에서는 부모와 교사들이 아이들에게 순응하지 않고 저항하며 문제적인 기준과 규범에서 벗어나도록 교육시키는 데 적용 가능한 많은 원칙을 발견해왔다.* 어쩌면 우리도 이미 그중 몇 가지 원칙은 적용하고 있을지도 모른다. 핵심은 자녀 양육법이나 교육 방식에서 이 모든 원칙을 강조해 아이들에게 반항기와 자신감을 심어주는 것이다. 우리 모두 워터스와 같은 새로운 세대의 청년을 키우는 데 힘써야 한다. 그들은 우리가 사는 세상에 대단히 관심이 많아 몸소 나서서 세상을 더 좋게 바꿔가기 때문이다.

> "우리는 대담하게 반대 의견을 제시하고 저항하며 문제적인 기준과 규범에서 벗어나 진보를 추구하는 새로운 세대의 청년을 키우는 데 힘써야 한다."

* 부모들은 자녀를 양육할 때 아이들이 행복하고 똑똑하고 신체적으로 건강하고 기능적으로 독립적이고 다양한 미덕을 가지고 성장하기를 바란다. 나는 여기에 자주 잊히는 미덕을 하나 추가하고 싶다. 그들이 소수자의 입장일 때에도 강하고 확신적인 태도를 유지하는 것이다. 우리는 아이들이 그들의 삶과 주변 사람들의 삶을 더 나아지게 만들려는 용기를 부여받기를 바란다. 집단과 사회가 잘 돌아갈 때는 순응도 의미가 있다. 그러나 반대자의 정신이 필요할 때가 올 수도 있다.

반항자를 키우는 원칙 1: 아이에게 믿음을 보여주자

영화 〈죽은 시인의 사회〉Dead Poets Society에서 로빈 윌리엄스Robin Williams가 연기했던 감동적인 영어 선생님을 기억하는가? 나에게도 그런 초등학교 선생님이 계셨다. 프랭크 카치우토Frank Cacciutto 박사님. 한번은 선생님이 로빈 윌리엄스가 했던 것처럼 책상 위로 올라가 문법에 대해 쓴 자작시를 낭독해준 적이 있었다. 특히 오해받는 세미콜론이 느끼는 낙담과 자주 사용되는 쉼표와 느낌표가 느끼는 자부심에 대한 시였다(구두점을 의인화한 발상 자체가 우리를 매료시켰다). 하지만 카치우토 선생님은 단순히 우리에게 작품을 읽어준 것이 아니라 그가 집필 중인 작품에 대해 건설적인 피드백을 요청했고, 실제로 우리의 피드백을 귀담아들었다. 무려 박사 학위를 지닌 선생님이 어린 나에게 글쓰기 조언을 부탁한다고 상상해보라! 대부분 교사는 학생들을 덩치만 자란 어린아이처럼 대하지만 카치우토 선생님은 우리를 가치 있는 의견을 지닌 하나의 독립된 인격체로 여긴다는 점을 몸소 보여줘 교실의 위계 구조를 수평적으로 만들었다. 나와 친구들이 선생님의 수업을 좋아하고 그의 말 한마디 한마디에 귀를 기울인 것은 우연이 아니었다.

높은 기준을 설정하고 꾸준히 아이들의 잠재력을 인정해주면 학업 성취도가 향상되고, 특히 소외되거나 낙인찍힌 집단의 아이들일 경우에 그렇다고 한다. 하지만 잘 생각해보면 아이들에 대한 믿음을 보여주는 것은 그들을 원칙적인 불복종자로 키우는 데도 역시 좋은 방법이다. 아이들이 지배적인 통념에 반대하려면 스스로 세상을 변화시킬 능력이 있다고 믿어야 한다. 자신에게 힘이 있다고 느껴야 하는 것이다. 부모나 교사가 아이들의 역량에 대한 믿음을 보여주며 그들이 실행 가능한 전략을 세워 장애물을 극복하고 목표를 성취하는 장기전에서 버틸 수 있다고 확신하면 아이들은 자신을 믿을 수 있게 된다. 점점 규범에서 벗어난 아이디어를 개발하고 추구하는 경향이 늘어나게 된다.

그렇다면 문제는 부모와 교사가 어떻게 해야 아이들의 자기 효능감을 키워주는 데 가장 도움이 되느냐는 것이다. 1가지 방법은 아이들에게 과거의 성공 경험을 상기시키는 것이다. 그냥 아이들에게 스스로 성공했다고 생각하는 경험이 무엇인지 물어보자. 어떤 아이는 한 주제에 대해 친구들이 생각을 바꾸도록 설득했을 수도 있고, 어떤 아이는 손을 쳐다보지 않고 타자하는 법을 익혔을 수도 있고, 어떤 아이는 연극의 배역을 맡으려고 오디션을 봤을 수도 있고(배역을 따냈는지 여부와 상관없이), 어떤 아이는 수업 시간에 나온 정보에 대해 의문을 제기했을 수도 있고, 어떤 아이는 지식을 키우려고 숙제도 아닌 책을 끝까지 다 읽었을 수도 있다. 아이들에게 그들이 이룬 긍정적인 변화들, 그들이 배운 능력들, 그들이 자랑스러워하는 성취들, 그들이 대담한 행동을 취한 일들에 대해 이야기하도록 붙이보자. "언제부터 변화를 이루거나 네 실력을 키우는 일에 대해 생각하기 시작했니?" "당시에 네 삶에는 어떤 일이 있었니?" "단번에 좋아졌니? 아니면 조금씩 단계를 밟아나갔니?" "어떤 단계들을 거쳤니?" "오늘 한 일에 대해 어떻게 느꼈니?" "이런 일을 떠올려보니 지금 어떤 기분이 드니?" 등.

두 번째 전략은 아이들이 심리학 용어로 '소속감 불확실성'을 최소화하도록 돕는 것이다. 아이들은 스스로 아웃사이더라고 느낄 때 사회적 유대관계를 취약하다고 보는 경향이 있다. 자신이 집단에서 잘 어울리고 있는지 계속 확인하는 것은 누구에게나 지치는 일이고, 아직 확고한 정체감이 발달하지 않은 아이들에게는 더욱 그렇다. 이럴 때 어른들이 아이들의 동기와 성취를 저해하는 그런 불확실한 느낌을 줄여줄 수 있다. 아이들이 힘겨운 과도기를 겪고 있다면 한때 그들과 같은 입장이었지만 지금은 완전히 달라진 아이들의 이야기를 들어보게 하자.

아이들이 자신을 긍정적으로 느끼게 하려고 낮은 기준을 적용하는 방법은 바람직하지 않다(흔히 어른들이 이렇게 하는 이유는 자신을 좋게 느끼고 공정한 경쟁을 위해 노력했다고 자위하기 위해서다). 원칙적인 반항자가 되려면 아이들이 스스로 변화를 일으키기에 충분한 주체성이 있다고 믿어야 한다. 아이들에게 스스로 장애물을 넘어 목표를 향해 가는 오랜 여정을 버텨낼 수 있다는 자신감을 북돋워 줘야 한다.

반항자를 키우는 원칙 2: 아이의 관심사에 흥미를 보이자

전 델라웨어 교육부 장관 마크 머피Mark Murphy는 700개가 넘는 학교의 수천 개 학급을 방문했다. 그 결과 알게 된 교육 현실에 그는 낙담했다. 아이들은 배움의 열망은 있어도 학교 교육에 흥미를 느끼지 못했다. 아이들의 삶에 그들을 믿어주는 교사는 있어도 그들의 노력에 관심을 가져주는 어른은 부족했다. 아이들은 마크에게 이렇게 말했다. "저는 배우고 싶은 게 정말 많은데 아무도 거기에 신경 쓰지 않아요. 옳은 일, 허락되는 일, 가치 있는 일을 정해놓은 온갖 규칙과 규제, 경계에 숨이 막혀요. 아무것도 마음대로 할 수가 없어요."

대책을 찾기로 결심한 마크는 10대 아이들이 자기 관심사에 따라 교실 밖에서 10주간의 학습 여행을 할 수 있도록 지원하는 그립테이프GripTape라는 단체를 설립했다. 그립테이프는 아이들에게 2가지 질문을 던진다. "네가 항상 배우고 싶었던 아이디어, 주제, 기술은 뭐야?" "그게 너의 현재 또는 미래의 성공과 어떤 관계가 있어?" 두 질문에 만족스러운 답변을 한 아이들은 학습 여행을 시작하라고 초대받는다. 지금까지 이 프로그램을 수료한 아이들은 랩 커뮤니티, 컴퓨터 코딩, 패션 디자인, 블록체인 기술, 노숙, 드론 사진, 유전자 편집 기술 등에 대해 배웠다. 아이들이 자신에게 의미 있는 일을 할 때 학습 효과가 가장 높고 도전을 계속하며 장애물을 만나면 대안을 찾으려는 동기가 가장 높아진다는 연구에 따라 그립테이프는 아이들이 택한 콘텐츠에는 관여하지 않는다. 결정적으로 그립테이프는 아이들에게 조언이 아니라 정서적 지지를 제공하는 성인 '지지자'champion를 지정해준다. 성인 지지자들이 언제든 조언자 역할로 변할 위험을 최소화하기 위해 처음부터 아이들이 탐구하는 주제의 전문가는 성인 지지자에서 배제한다. 이 성인 지지자들은 아이들이 스스로 학습하는 동안 곁에서 인정하고 타당화하고 격려할 뿐 전문 지식을 제공하는 역할은 하지 않는다.

성인 지지자들은 성찰적인 질문을 던지며 아이들이 미션을 진행하는 동안 가장 힘들거나 보람 있었던 일을 함께 이해하려고 노력한다. 그들은 조언해주고 싶은 유혹에 굴하지 않고 "어떻게 진행되고 있니?" "어떤 어려움을 겪고 있니?" "그 어려움에 대해 누구와 이야기해봤니?" "너보다 많이 아는 사람 중 누구한테 물어보면 좋을까?"와 같이 아이들에게 관심을 가져주는 질문을 한다. 이런 질문은 아이들이 자신의 행동을 돌아보고 다음에 취할 행동을 스스로 결정해 문제를 해결하도록 이끈다. 아이들의 인생에서 무엇을 하라고 말해주는 어른은 이미 충분히 많다. 아이들은 단편적인 정보나 이야기만 듣고 섣불리 결론을 내리기보다 그냥 그들의 말에 귀 기울여주는 어른들을 원한다.

예비 조사 자료에 따르면 그립테이프의 이런 방법론은 아이들이 삶을 변화시키고 배움의 힘을 활용하도록 돕는 데 대단히 효과적이다.* 나아가 심리학 연구도 아이들의 삶에서 그들에게 관심 있고 지지적인 어른들의 존재가 얼마나 중요한지를 확인해준다. 그런 어른들은 아이들의 학습 효과를 향상시킬 뿐 아니라 아이들이 원칙적인 반항자로 자라도록 돕는다. 우리는 다른 사람들에게서 나 자신으로 살아도 안전하다고 느끼고 모험을 떠나라고 격려받을 때 호기심과 용기가 샘솟는다. 또 우리의 관심사를 남들에게 공유하고 그들이 열심히 듣는 모습을 볼 때 그 관심사에 의미와 흥미를 더 크게 느끼게 된다. 그러면 호기심이 더 많이 생기고 더 많이 모험하고 싶어진다.

우리 아이들에게도 이런 지지 체계를 제공하자. 아이들이 과거의 모험이나 미래의 계획을 이야기할 때는 적극적으로 반응하자. 아이들이 불안해하면 원래 새로운 일을 시도하고 도전할 때는 불안한 생각과 감정이 드는 것이 당연하다고 말해주자. 아이들의 부정적인 감정을 받아주면 아이들은 어른들이 하는 모습을 보고 똑같이 배울 것이다. 아이들이 정서를 조절할 수 있도록 도와주자. 어른들이 스스로 모범을 보이고 특정한 상황에 맞게 적절한 수준의 감정을 표현해가며 기존의 전형적인 문화적 규범을 깨는 일부터 시작해보자(예를 들면 남자아이들에게 마음껏 울어도 괜찮고 여자아이들에게 마음껏 화내도 괜찮다고 알려주자). 그러면 아이들의 호기심을 키워줄 뿐

• Maria Avetria et al., "In the Driver's Seat: Learning Report," GripTape, Youth Driving Learning, December 2018, New York, NY, https://griptape.org/wp-content/uploads/2018/12/2018-Learning-Report.pdf. 이 보고서는 30개 주에서 온 아이(와 부모) 450명 대상의 설문조사와 인터뷰를 바탕으로 작성되었다.
- 아이 91퍼센트가 "이 경험이 이후 학습에 접근하는 방식을 변화시켰다"라고 말했다.
- 아이 89퍼센트가 "그립테이프 챌린지에 참여한 경험이 삶의 목적의식과 방향을 발견하는 데 도움이 되었다"라고 강하게 동의했다.
- 성적이 낮은 아이들(C와 D)과 사회취약계층 아이들도 성적이 높은 아이들(A와 B)과 마찬가지로 10주간의 학습 챌린지를 완수할 가능성이 높았다.
- 아이 98퍼센트가 "자신의 강점 영역과 어디부터 계속 배우거나 개선해야 할지를 더 많이 알게 되었다"라고 강하게 동의했다.
- 아이 97퍼센트가 "열심히 노력하면 도전하는 일을 더 잘해낼 수 있다"라고 확신했다.
- 아이 81퍼센트가 학습 챌린지에 지원하려는 친구와 또래를 소개했다.
- 아이들은 단 한 번 참여하고 자신의 강점에 대한 확대된 인식, 호기심과 지적인 집중을 갖춘 사고방식, 평생 학습 정신을 얻은 동시에 인생의 목적의식을 발견했다. 학습 챌린지가 종료된 지 6개월에서 2년 뒤의 인터뷰에 따르면 91퍼센트가 항상 또는 자주 학습의 품질을 평가하고 필요한 경우 개선했으며 89퍼센트는 학습이나 경험을 바탕으로 계획이나 목표를 항상 또는 자주 조정했다. 아이들은 주체성을 획득했고 피드백과 비판에 열린 마음으로 반응했다. 이런 변화는 단기적이지 않았다.

아니라 아이들의 인생 여정을 지원하는 역할을 해 그들과의 관계가 견고해질 것이다.

반항자를 키우는 원칙 3: 아이의 자율성을 존중하자

그립테이프의 성인 지지자들이 조언을 삼가는 것은 원칙적인 불복종을 훈련시키는 데 중요한 또 다른 전략을 실천하기 위해서이다. 바로 아이들에게 자율성을 부여하는 것이다. 반항자들은 당연히 자신만의 길을 가려는 강한 자유 의식을 느낀다. 그런 정신이 어디에서든 생겨나야 한다. 우리가 아이들에게 무엇을, 언제, 어떻게 배울지를 스스로 결정하도록 하면 자유 의식을 심어주게 된다. 그러면 아이들이 학습에 적극적으로 참여해 기쁨과 보람을 맛보도록 부추길 수 있다. 아이들이 스스로 원하는 방식으로 의미 있는 목표에 시간과 에너지를 쏟게 하면 가장 좋은 배움의 기회를 제공하는 셈이다.

연구에서는 아이들이 스스로 통제해 문제를 해결할 수 있을 때 가장 다양하게 탐색하고 발견하는 것으로 나타났다.[*] 우리는 부모나 교사로서 간섭하고 싶은 충동과 자신의 두려움을 제쳐두고 아이들이 스스로 불편한 순간을 경험하고 극복하도록 놔둬야 한다. 그래야만 아이들이 자기 주도적으로 생각하고 행동하는 방법을 터득할 수 있다. 배움에는 학생과 교사가 반드시 필요하다는 생각을 버리기 힘들다면 차라리 아이들이 다른 아이들을 가르치게 하자.

해당 주제에 관심이 있는 또래 아이들에게 말로 설명하며 가르치는 일만큼 아이들이 학습과 주제에 대해 이해를 깊이 다지는 방법

• 학습에서 어른의 지시나 기대와 같은 제약이 없을 때 어떤 일이 일어나는지 사례를 살펴보자. Aiyana K. Willard et al., "Explain This, Explore That: A Study of Parent–Child Interaction in a Children's Museum," *Child Development* 90, no. 5 (2019): e598–e617. 4~6세 아이의 부모들은 지역 박물관의 기어 기계 전시회에서 자녀의 학습을 안내하는 방법에 대해 최소한의 지침을 받았다. 테이블 위에는 크기가 다른 기어 15개가 분해된 상태로 놓여 있었다. 참가자들은 기계에 기어를 다양한 방식으로 끼워 넣어 다양한 기능이 작동되도록 해야 했다. 일부 학부모는 아이들에게 "기어가 어떻게 작동하는지 설명해보라고 하세요." "기어에 대해 설명하거나 여러 기어가 다양한 방식으로 상호작용할 때 어떤 일이 벌어지는지 설명해달라고 하세요."와 같이 학습 경험을 통제하는 지침이 적힌 색인 카드 1장을 받았다. 다른 부모들은 "기어로 새로운 것을 해보라고 하세요. 기어와 다양한 방식으로 상호작용하도록 부추기세요. 기어가 어떻게 작동하는지 또는 기어가 돌아갈 때 어떤 일이 일어나는지 알아보라고 제안하세요. 기어가 어떻게 작동하는지 실험해보도록 유도하세요."와 같이 호기심 있는 탐구를 장려하는 지침이 적힌 색인 카드 1장을 받았다. 연구자들은 아이들과 부모들을 몰래 관찰하면서 그들의 행동과 대화를 기록했다. 탐구를 장려한 경우 아이들은 질문을 던지고 기어를 기계에 연결하며 기어가 돌아가지 않거나 자꾸 빠지는 문제를 해결하는 데 시간을 더 많이 보냈고, 부모들은 더 많이 격려해주는 대신 무엇을 해야 할지 알려주는 데는 시간을 더 적게 들였다. 반면 부모의 통제를 장려한 경우에는 아이들이 기계에 대해 설명하는 데 6배의 시간을 보냈고 부모들은 기계를 작동시키기 위해 문제를 해결하는 데 4배나 많은 시간을 들였다. 결국 부모들은 이 전시회의 발견과 문제 해결 역할을 넘겨받은 셈이다. 가장 중요한 것은 부모의 통제적인 행동이 눈에 띄는 교육적 효과로 이어지지 않았다는 사실이다. 두 조건의 아이들은 모두 다른 방에서 새로운 기계를 다시 만들 때 그들이 배운 것을 기억하고 그들이 이해한 기어의 작동 원리를 적용하는 일을 똑같이 잘해냈다. Claire Cook, Noah D. Goodman, and Laura E. Schulz, "Where Science Starts: Spontaneous Experiments in Preschoolers' Exploratory Play," *Cognition* 120, no. 3 (2011): 341~49면; Daniel L. Schwartz et al., "Practicing versus Inventing with Contrasting Cases: The Effects of Telling First on Learning and Transfer," *Journal of Educational Psychology* 103, no. 4 (2011): 759~75면; David Sobel and Jessica Sommerville, "The Importance of Discovery in Children's Causal Learning from Interventions," *Frontiers in Psychology* 1 (2010): 176면. For a review, see Tamara Spiewak Toub et al., "Guided Play: A Solution to the Play versus Discovery Learning Dichotomy," in *Evolutionary Perspectives on Education and Child Development*, ed. David C. Geary and Daniel B. Berch (New York: Springer, 2016), 117~41면 참조.

은 없다.

아이의 자율성을 키우는 말과 행동•

1. 아이들에게 훈계하지 말자. 대신 아이들의 말을 들어주는 데 시간을 쏟자. 아이들에게 그들의 말이 중요하다는 점을 알려주자. 아이들이 하는 말을 명확하고 생생하게 재진술해 아이들이 "우와, 제 대변인이 되어주시면 좋겠어요"라고 반응하게 만들자.
2. 아이들이 독립심을 즐길 만한 순간을 찾아 아이들에게 자기만의 방식으로 문제와 퍼즐을 풀어볼 기회를 제공하자.
3. 아이들에게 말할 수 있는 기회를 자주 제공하자. 아이들의 말에 요점이 없고 모호해도 요령껏 도와주면서 그 말을 타당화하자. 아이들이 다른 어른들 앞에서 자기 의견을 말할 수 있는 자리를 마련하자.
4. 아이들의 능력이 향상되거나 숙련되고 있음을 보여주는 지표를

• 연구자들은 이 목록에 있는 어른들의 행동이 학습 활동 동안 자율성을 느끼는 어린이나 청소년들과 가장 강한 상관관계가 있음을 발견했다. 어른들의 이런 행동은 또 아이들이 학습 활동 중에 더 호기심이 많고 주의 깊고 끈기 있고 더 많은 노력을 기울이며 즐기고 성과를 향상시키는 특성으로 이어졌다. Johnmarshall Reeve and Hyungshim Jang, "What Teachers Say and Do to Support Students' Autonomy during a Learning Activity," *Journal of Educational Psychology* 98, no. 1 (2006): 209~18면. 효과적인 훈련을 받으면 어른들은 아이들을 통제하려는 마음을 버리고 독립적인 사상가와 행동가로서 지원하는 태도로 변할 수 있다. Johnmarshall Reeve, "Autonomy Support as an Interpersonal Motivating Style: Is It Teachable?," *Contemporary Educational Psychology* 23, no. 3 (1998): 312~30면 참조.

찾아 말로 표현해주자. 아이들이 하는 일을 그들의 개인적인 목표와 연결시켜 이야기하자. 예를 들어 "그렇게 하면 곧 스케이트보드를 타고 점프할 수 있겠구나!" "진짜 미래의 수의사처럼 말하네"라고 말해주자.

5. 아이들에게 큰 소리로 명령하지 말자. 대신 아이들이 힘들어하는 일에 "넌 할 수 있어" "거의 다 왔잖아" 같은 말로 격려해주며 그들이 과거에 했던 성공 경험을 일깨워주자("지난번에 네가 열심히 노력해서 얼마나 큰 성과를 얻었는지 떠올리면서 꾸준히 해봐").
6. 아이들이 어떤 문제에서 막히면 해결책을 제시하지 말고 도움이 될 만한 힌트를 주자("혹시 ~는 해봤니?" "~에서 시작하면 더 쉬울지도 몰라"). 실수를 저지르는 것도 배우는 과정의 일부임을 상기시키자.
7. 아이들의 관점과 경험을 인정해주자. 아이들이 하는 일의 어려움에 공감해주자. 우리가 초보일 때는 어땠는지 아이들에게 이야기해주자. 답을 알려주지 않는 이유를 설명해주자("네가 직접 해봐야 훨씬 더 생생하게 오랫동안 기억날 거야").
8. "꼭 해야 한다"라는 말은 해결책에 도달하는 올바른 길과 잘못된 길이 있다는 인상을 심어주니 가급적 사용하지 말자. 아이들이 실험해보고 스스로 결론 내리게 하자.

반항자를 키우는 원칙 4: 비판적 사고력을 키워주자

원칙적인 불복종은 자유롭게 정보를 수집해 헛소리에서 유용한 정보를 걸러내고 다른 사람들에게 가치 있는 의견을 받아들이도록 설득하는 능력에 달려 있다. 어린 불복종자들로 키우려면 아이들이 비판적 사고력을 갖추도록 도와야 한다. 그래야만 잘못된 정보를 접하더라도 경각심을 가질 수 있다. 이때 주의할 점은 아이들에게 냉소적인 태도가 아니라 정보에 대해 '신뢰하되 검증하는' 태도를 가르치는 것이다. 아이들은 자유롭게 질문하며 양질의 정보와 질 낮은 정보를 구분하는 데 거리낌이 없어야 한다. 또 섣부른 판단이나 성급한 분석을 자제하고 비판적인 분석 과정이 자연스럽게 진행되게 하는 습관을 들여야 한다.

부모와 교사들은 아이들이 옳지 않거나 부적절한 판단을 내릴 때 성찰적인 질문을 던져 비판적 사고력을 길러줄 수 있다. 예를 들어 수영장 파티에서 10대 자녀와 친구들이 동성애가 선택 가능한지에 대해 토론하고 있다고 가정해보자. 그럴 때 아이들에게 찬반 의견의 과학적 증거를 불쑥 들이밀지 말자. 아이들의 신념 체계를 바꾸려고 강요하지도 말자. 아이들에게 질문하고, 아이들도 서로 질문을 던지게 하자. 아이들이 다음과 같은 사고 실험에 참여하도록 유도하자. "네 다리에 폭탄이 설치되어 있고 너에게 엄청나게 매력적인 외모의 남자와 여자를 보여주는 비디오 모니터와 신체적 흥분 상태를 측정하는 심박수 모니터가 연결되어 있다고 상상해보자. 너라면 그 상황에서 어떤 성별에 네 몸이 흥분될지 바꿀 수 있겠니? 네 목숨이 그 폭탄에 달려 있는데, 네가 매력적인 남성을 보면 심장박동이 빨라지고 매력적인 여성을 보면 심장박동에 변화가 없을 때 폭탄이 터진다면 어떻게 할래?" 우리는 부모와 교사로서 아이들이 무엇을 생각해야 할지보다 어떻게 생각해야 할지 배울 수 있도록 도와야 한다.

중고등학생들은 단순히 수업에 나온 정보를 받아 적을 것이 아니라 사회적으로 가장 논란이 되는 아이디어에 대해 배우고 쓰고 생각하고 논쟁하는 수업을 들어야 한다. 아이들은 인간이 순수하게 이성적으로 반응하지 못하게 막는 우리 뇌 작용에 대해 배워야 한다(3장의 인지 편향 목록 참조). 그리고 거기에서 재미를 느껴야 한다. 아이들은 오로지 정서적으로 학습에 참여하고 때로는 다 망치고 혼란스러워할 자유가 있을 때만 사고력을 향상시킬 수 있다.

아이가 정보의 질을 평가하도록 이끄는 6가지 질문*

1. "권위자의 말이라고 너무 신뢰하는 것 아닌가?" 권위자의 직함과 경력이 아무리 화려하고 연륜이 있더라도 그의 정보가 정확하다는 근거는 되지 않는다. 권위자의 말이라도 재확인해보자.

* 이 질문들은 칼 세이건의 『악령이 출몰하는 세상』(이상헌 역, 김영사 2001) 12장 "헛소리 탐지의 섬세한 예술"에 나오는 9가지 "회의적 사고를 위한 도구"를 발달 단계에 맞게 적절히 변형한 것이다.

그가 내린 결론의 정확한 근거를 읽고 검토해보자. 그가 자료를 과장하거나 잘못 해석하지는 않았는지 확인하자.

2. "소위 전문가들이 특정한 주장을 밀어붙이는 다른 속셈이 있는 것 아닌가?" 어떤 주장이 옳다고 지나치게 필사적으로 매달리는 사람들을 회의적으로 바라보자. 특정한 결론에 본인의 이해관계가 걸려 있는 사람들을 신뢰하지 말자. 심리적인 이해 충돌, 즉 사람들이 특정한 결론에 도달하려고 막대한 시간과 에너지, 돈을 투입한 상황을 경계하자. 자신이 원하는 결론을 미리 정해놓고 그것을 뒷받침하는 증거는 무리하게 제시하고 그와 모순된 증거는 버리거나 파기하는 사람들을 조심하자.
3. "주장하는 사람이 논의를 장려하는가?" 어떤 사람이 주장을 제시해놓고 그에 대해 비판적인 질문, 논평, 반대 의견을 거부한다면 신중하게 평가해야 한다. 어떤 주장이든 정확성이 검증되기 전까지는 가설일 뿐이다. 진정한 토론이 벌어질 때까지 그 주장에 대해 신중한 입장을 취하고 관련된 논의를 찾아보자. 그런 과정에서 자신을 무조건 '승소'하려는 변호사보다는 배심원, 편집자, 과학자라고 생각하자. 이렇게 하는 이유는 옳다고 판명된 가설을 찾기 위해서가 아니라 사실과 거짓, 신호와 잡음을 구분하기 위해서이다.
4. "정보가 상식적으로 이치에 맞는가?" 기본적으로 개방적인 태도를 유지하는 것이 바람직하지만 어떤 정보는 다른 정보보다 개연성이 떨어지는 경우가 있다. 어떤 정보나 주장을 받아들이는데 지나친 사고의 비약이 필요한지에 주의해서 살펴보자. 일련

의 논쟁에서 논리적인 허점을 발견하면 그 정보나 주장을 회의적으로 바라볼 필요가 있다.

5. "어느 쪽의 근거가 우세한가?" 거대하고 복잡한 문제에 대해 단 번의 연구나 관찰로 답을 찾기는 어렵다. 그럴 때 다양한 출처의 근거들이 같은 방향을 가리킨다면 신빙성이 높아진다. 다양한 사람들이 저마다 다른 방식으로 근거를 수집한 경우라면 신빙성은 더욱 높아진다. 설득력 있는 어느 한 사람이나 스토리에 빠져 즉각적으로 판단하려는 유혹을 뿌리치고 여러 사람들의 독자적인 검증 결과를 확인하자.
6. "검증 가능한 근거가 존재하는가?" 감정적이고 강렬한 이야기를 설득의 근거로 삼는 사람들과 그들의 정당성을 검증하지 못하게 막는 논쟁을 경계하자.

반항자를 키우는 원칙 5:
원칙적인 불복종자의 성공이나 실패 스토리를 들려주자

아이들에게 성공하거나 실패한 불복종자들의 혼란스러운 인생 이야기를 들려주는 것도 유익하다. 에게 대학교 야니스 하지게오르지우Yannis Hadzigeorgiou 박사는 아이들에게 과학적인 발견의 과정, 즉 과학자들 사이의 지적 논쟁, 그들이 연구하면서 겪는 감정, 그들이 맺는 사회적 관계, 과학계의 정치 등에 대해 가르치면 아이들이 과학·기술·공학·수학 융합교육을 이해하는 데 도움이 된다는 흥미로운 가설을 10년 동안 시험해왔다. 하지게오르조 박사는 16세 아이들에게 토머스 에디슨의 라이벌이자 "잊힌 전기 천재"로 알려진 니콜라 테슬라Nikola Tesla의 삶과 시대에 대해 배우게 했다. 에디슨과 테슬라는 "어떻게 하면 무선 전류를 안전하고 신뢰할 만한 방식으로 가장 잘 전송할 수 있을까?"라는 동일한 난제를 풀려고 노력했다. 하지게오르조가 발견했듯 10대 아이들은 이 과학적 발견의 드라마를 흥미로워했다(이 사례에서 아이들은 젊은 테슬라가 배신당하고 그만두기 전까지 그의 영웅이던 에디슨 밑에서 일했다는 사실을 알게 되었다). 테슬라는 연구를 계속해 700건이 넘는 개발 특허를 등록했으나 경력 내내 에디슨의 노여움에 시달려야 했다. 에디슨은 다른 사람을 시켜 테슬라의 실험실에 불을 지르고 그가 연구비를 지원받을 기회도 가로막았다고 한다.

테슬라의 이야기에 몰입한 아이들은 그의 원칙적인 불복종 행위에 감명받았다. 한 학생은 과학 수업 일지에 "테슬라가 학계에 충분히 받아들여지지 않은 것은 그의 아이디어가 미친 소리처럼 들렸기 때문이다"라고 썼다. 또 다른 학생은 "과학적인 아이디어가 처음에는 아무리 이상하거나 터무니없는 소리로 들려도 절대 경멸하지 말아야겠다"라고 썼다. 연구자들은 이런 스토리 기반 교수법으로 가르친 학생들이 과학적 사실을 더 많이 습득하고 기억하며 궁금증을 느낀다는 점을 발견했다. 남녀 학생 모두 전통적인 강의 기반 교수법으로 가르친 학생들에 비해 일반적인 통념에 맞서려는 의지와 가치 판단을 더 확연히 드러냈다.

다른 연구에서는 중학생들에게 엘리자베스 제닝스(3장에서 소개한 시민권 운동가)에 대해 가르치자 아이들의 역사적 인식뿐 아니라 심리적 자질도 성장했다. 연구자들은 아이들에게 미국의 시민권에 대해 무엇을 알고 있는지, 무엇을 배우고 싶은지, 그리고 엘리자베스 제닝스의 이야기에서 어떤 점이 놀랍고 흥미로운지 질문했다. 아이들은 19세기 후반과 20세기 초반의 역기능적인 관점을 되풀이하는 대신 현대의 도덕성을 통해 과거를 바라보는 일의 한계를 인식하고 자신들이 그 시대에 살았다면 어떻게 다르게 행동할 수 있었을지 이야기했다. 아이들은 역사의 렌즈를 적용해 공감, 조망 수용, 지혜의 조짐을 보였다.

이 연구가 시사하듯 부모와 교사들은 아이들에게 과거의 불복종자들 이야기를 들려줘 많이 지지받지는 못해도 사회적으로 유익한 대의를 위해 당당히 싸우도록 그들을 훈련시킬 수 있다. 나아가 아이들에게 원칙적인 불복종을 나름대로 새롭게 해석해보도록 격려할 수도 있다. 아이들은 유명한 불복종자들을 자세히 조사해 그들의 실수와 도덕적 결함, 성공에 이르는 남다른 길을 알아볼 수도 있다. 그런 인물들의 삶을 통해 안전지대에서 벗어나 위험을 감수하고 자신의 가치에 따라 행동하는 일의 중요성을 생각해볼 수 있다.

아이들은 또 원칙적인 불복종의 길을 선택할 때 얻는 것과 잃는 것도 알아봐야 한다. 지배적인 통념에 이의를 제기하는 데 따른 부정적 결과에 익숙해져야만 어떤 사명에 자신의 희생을 바칠 만한 가치가 있는지에 대해 더 나은 의사 결정을 내릴 수 있다. 아이들에게 다른 불복종자의 이야기를 자신의 삶과 연관 지어 생각해보게 하자. 아이들이 어떻게 불의에 맞서거나 그러지 않기로 결정했는지, 어째서 자신의 결정이 좋거나 나빴다고 생각하는지, 거기에서 무엇을 배웠고 앞으로의 도전에 어떻게 적용할 계획인지 비교해보게 하자.

반항자를 키우는 원칙 6: 용기를 가르치자

이 책에서 보았듯 원칙적인 불복종자들은 누구보다 용감하다. 그러므로 현재 상황에 도전할 수 있는 아이들로 키우고 싶다면 아이들에게 용기가 무엇인지 가르쳐야 한다. 먼저 신체적인 용기뿐 아니라 다양한 종류의 용기가 있다는 것부터 알려주자. 권력자나 사회 전체에 맞서 대의를 지키려는 의지를 표명하는 사람들은 도덕적 용기를 보여준다. 비겁함과 무모함 사이의 험난한 길을 걸어야 했던 셰릴 케네디와 마사 고더드를 떠올려보라. 그들은 도덕적 대의에 맞서기 위해 자신의 건강과 안정, 직업적 전망을 희생했다. 아니면 TV 역사상 최초로 흑백 인종 간의 키스를 보여준 니셸 니콜스, 윌리엄 섀트너, 진 로든버리를 생각해보라. 이처럼 자신의 한계를 극복하는 사람들은 개인적 용기를 보여준다. 수많은 사람 앞에 나가 연설하거나 형제자매를 편애하는 아버지에게 그 사실을 지적하는 것처럼 어떤 사람에게는 용기 있는 행동이 다른 사람에게는 별것 아닌 일일 수도 있다. 다른 형태의 용기는 대다수 사람이 아직 내 편이 아닐 때 (자신을 있는 그대로 보여주는) 진정성과 (진실을 말하는) 정직성 등을 드러내 생길 수 있는 위험을 감수한다. 그들만의 독특한 스타일의 음악을 연주하며 결코 상업화로 빠지지 않은 푸가지나 대다수의 농구팬이 질색하며 지켜보는 가운데 언더핸드로 '할머니 슛'을 던진 릭 베리, 동료 의사들에게 그들이 손을 씻어야만 환자의 생명을 구한다고 설득하려 했던 이그나스 제멜바이스 박사를 떠올려보라.

아이들에게 다양한 형태의 용기를 알려줘 자신이 어떻게 용감한지 설명할 수 있는 언어를 제공하자. 아이들이 용감하게 행동하는 경우, 우리가 용기 있게 행동하는 경우, 다른 사람들이 비겁하게 행동하는 경우를 지적해보자. 마지막의 경우에 그렇게 행동한 사람들을 비난하지는 말자. 대신 아이들에게 그들과 같은 상황에 처했다면 어떻게 생각하고 느낄지를 물어보자. 아이들이 용감하게 행동해야 한다는 압박이나 강요를 느껴서는 안 된다. 또 용감하게 행동해야만 애정을 얻을 수 있다고 느껴서도 안 된다. 우리 어른들도 때로는 용감하거나 비겁하거나 애매모호하게 행동한다는 사실을 아이들에게 알려주자.

용기를 두려움과 연관시켜 용기에 대한 아이들의 이해를 심화시키자. 용기로 정의되는 자질은 두려움을 못 느끼는 행동이 아니라 두려움을 느끼더라도 기꺼이 가치 있는 위험을 감수하려는 의지이다. 철학자와 사회과학자들의 통찰에 힘입어 우리는 용기를 다음과 같은 공식으로 나타낼 수 있다.

용기 = 행동하려는 의지 ÷ 두려움

이 공식에서 알 수 있듯 용기를 내는 데는 2가지 방법이 있다.* 첫째, 우리가 눈앞의 장애물을 극복하거나 제압할 수 있을지에 대한 두려움을 해결하는 것이다. 연방 공무원 1,312명이 근무지에서 "불법 또는 예산 낭비 행위에 대한 직접적인 증거 하나 이상"을 얻고도 내부 고발자가 되기를 거부한 가장 큰 이유는 보복이 두려워서였다. 보복의 두려움은 또 청소년들이 어른들에게 왕따 문제를 의논하지 않는 가장 큰 이유이기도 하다. 6장에서 우리는 정신적인 의연함을 기르는 전략에 대해 배웠다. 우리 스스로 어떤 감정을 느끼고 있는지 이해하자. 우리가 느끼는 감정과 반응 행위 사이에 공간을 만들자. 이런 원치 않는 감정에 어떤 기능이 있는지 자신에게 물어보자. 우리의 두려움은 어떤 메시지를 전달하려고 하는가?

둘째, 두렵지만 개인적으로 중요한 목표를 향해 계속 나아가려는 의지를 키우는 것이다. 6장에서 우리는 신체적, 경제적, 관계적 피해를 감수할 만큼 중요한 대의가 무엇이고 자신이 누구인지를 명확히 하라고 배웠다. 용기란 충분히 오랜 훈련을 거친 뒤에야 저절로 발휘되는 것이 아니다. 오히려 우리가 오랜 시간에 걸쳐 내리는 일련의 작은 선택들에 가깝다. 아이들에게 이런 결정의 순간을

---

* 다른 통찰들과 함께 제시된 이 공식은 로버트 비스워스 디너의 『미친 세상에서 용감하게 살아가기』(민지영 역, 한빛비즈 2013)에서 확인할 수 있다. 분모에 대해 말하자면, 두려움은 우리가 가치 있는 이유로 목소리를 내거나 일어서는 것을 가로막는 정신적 장애물 중 하나일 뿐이다. 그 밖의 정신적 장애물로는 정신적 또는 신체적 에너지 고갈, 의심, 자각 부족, 자기중심성, 타인에 대한 관심 부족 등이 있다. 이 불완전한 정신적 장애물 목록은 우리의 위험에 대한 인식에 영향을 미친다. 이런 장애물을 제거하면 높은 위험과 두려운 감정을 무릅쓰고 의도하는 행동을 취할 수 있게 된다.

예상하고 즐길 수 있도록 가르치자. 아마도 자신의 신체적 용기, 도덕적 용기, 끈기, 정직함, 진정성을 시험해볼 많은 기회가 주어질 것이다. 아이들이 도전을 받아들일 뿐 아니라 직접 찾아 나서도록 격려하자. 아이들은 용기 있는 행동을 선택할 때마다 스스로 용감하다는 자부심을 얻게 될 것이다. 이처럼 용기를 일련의 선택으로 보는 발상 자체가 용기 있게 행동하려는 의지를 북돋운다.

아이들이 스스로 늘 대기 중인 영웅이라고 생각하도록 가르치자. 괴롭힘당하는 낯선 사람을 구하거나 슬퍼하는 친구를 위로하려고 함께 시간을 보내는 사람 말이다. 선의를 지닌 사람들이 용기 있게 나서서 행동하지 않는 것은 순전히 '방관자 효과' 때문인 경우가 매우 많다. 그 상황을 지켜보는 다른 사람들이 있으면 굳이 자기가 나서지 않아도 누군가 도와주리라는 생각에 직접 개입하려는 마음이 줄어드는 것이다. 심리학자들은 위험한 상황이나 사회적 상황에서 사람들이 행동에 나설 가능성을 높이는 5가지 요인을 발견했다. 주의를 기울이고 문제를 알아차리는 것, 상황의 긴급성을 깨닫는 것, 개인적인 책임감을 느끼는 것, 도와줄 능력이 있다고 믿는 것, 도와주려는 의식적인 결정에 이르는 것이다. 아이들에게 이런 5가지 요인과 그 중요성을 가르치면서 위험에 직면했을 때 나서서 필요한 행동을 취하는 보기 드문 사람들을 칭찬하자.

다른 교육과 달리 용기를 키우는 훈련은 타고난 기질과 성격, 과거사, 기존 환경 등 아이들의 고유한 사정을 세심하게 고려해야 한다. 각 아이들의 특성과 두려움에 대한 인식에 맞춰 훈련을 조율하자. 아이들의 개인적인 자원과 한계는 성인들과는 아주 많이 다르다는 점을 잊어서는 안 된다. 아이들의 두려움에 근거가 없다고 치부하며 아이들을 소외시키지 말자. 우리 가치관을 강요하지 말고 아이들 말에 공감해주자. 아이들에게 선택지를 제시하고 그들이 극복해야 할 두려움을 작고 다루기 쉬운 단계로 나눠 압박감을 줄여주자. 겁에 질린 아이에게는 인내심을 가지고 다가가자. 우리가 찾아낼 수 있는 모든 용기에 보상하면서 아이들을 천천히 강화시키자. 이 단계에서 충분한 시간을 보내면서 아이들에게 그들도 시간이 지나면 실제로 두려움을 극복하고 용감하게 행동하는 법을 배울 수 있음을 보여주자.

오늘은 무엇을 바꿀 것인가?

얼마 전 나는 막내딸의 학급에서 선생님을 돕는 봉사에 자원했다. 오전 내내 종소리가 울려 퍼지며 아이들이 언제 어디로 가야 할지를 거의 군대처럼 정확히 알려주었다. 그날 수업은 계획대로 1분 동안 알파벳을 복습한 뒤에 기본적인 덧셈과 뺄셈을 배우는 순서에 충실히 따랐다. 그런데 예상치 못한 일이 일어났다. 내가 규율을 어기고 멋대로 행동한 것이다. 선생님이 잠시 쉬면서 나에게 객원 교사 역할을 맡겼을 때였다. 나는 내 소개를 마친 뒤 나만의 작은 가르침을 제안하며 칠판에 "1+1+1=4"라는 공식을 적었다. 나는 잠시 멈춰 아이들이 이해할 시간을 가진 다음 "이 공식이 어떻게 참일 수 있을까?"라고 물었다.

반 아이 전체가 잠자코 앉아 있었다. 그때 한 여자아이가 손을 들었다. 나는 그 아이를 호명하지 않고 그냥 분필을 건네주었다. 아이는 교실 앞으로 나가더니 숫자를 세면서 칠판에 선을 그리기 시작했다.

"하나" "둘" "셋!"

그 아이가 분필을 돌려주고 제자리로 돌아가는 동안 가짜 교사와 전체 반 학생은 그의 설명을 곱씹고 있었다. 아이가 의자에 앉기도 전에 몇몇 아이들은 고개를 끄덕이며 "아, 그렇네" "당연하네"라고 말했다. 그러자 나도 이해가 되었다. 분명히 1+1+1=3이지만 선 3개를 각각 그으면 숫자 4가 되기도 한다. 와우, 정말 멋지지 않은가. 그 어린 소녀가 내 도발에 대응하려면 대담함은 말할 것도 없고 일단 자신감이 필요했을 텐데 그 아이는 비웃음을 살 위험을 무릅쓰고 독창적인 답을 제시하여 더 많은 것을 해냈다. 아이는 어른들처럼 손을 부들부들 떨며 이 위협에 대처하지는 않았지만 교사와 부모들이 정한 규범과 군중으로부터 벗어났다. 교실에 있는 모든 아이는 여기에 어떻게 반응해야 할지 알고 있었다. "하지만 캐시던 선생님, 1+1+1은 4가 아니잖아요!"

이 에피소드가 시사하듯 불복종자가 단 1명만 있어도 생각과 아이디어, 행동이 경직되어 있는 집단이 사회적인 순응의 압박에서 벗어날 수 있다. 분명한 목적이 있든 앞으로 나타날 상황에 열려 있든 간에 단 1번의 조치로도 힘의 균형이 깨진다. 원칙적인 불복종에 직면하면 구성원 다수는 기존 생각의 가치를 다시 한 번 입증해야 한다. 그들은 더 이상 "이것이 항상 우리가 해오던 방식"이라는 논리에 의존할 수 없다. 현재 상황에 문제가 있을 때는 바로 이런 단순하고 개방적이며 목적적인 행동이 새로운 가능성을 드러낸다. 이 사례에서 다른 아이들은 갑자기 저마다의 '일탈적인' 아이디어를 제시하려는 영감을 얻었다. 많은 아이가 손을 들었고, 각자 이 '불가능한 참' 공식에 새로운 답을 제시했다. 순식간에 규범의 억압적인 힘이 무너지고 놀이와 가능성이 그 자리를 차지했다. 새로운 아이디어들이 생겨났다. 기여하고 싶은 욕구가 치솟았다. 미래의 비순응주의자라는 새로운 부족이 탄생했다.

내가 이런 조화로운 일탈을 부추긴 것은 아이들에게 위험을 감수하고 자기 목소리를 내도 괜찮다고 알려주고 싶었기 때문이다. 인간종이 존속하려면 우리 모두 다음 세대가 우리보다 비순응주의자들에게 잘 적응하도록 이끌어야 한다. 원칙적인 반항자들을 육성함으로써 자신의 의견이 있고 그것을 표현할 용기가 있는 후손의 손에 우리의 미래를 맡겨야 한다. 우리 아이들은 불복종자들을 처벌하거나 내쫓기보다 반항심이 그들 세대의 슈퍼 파워, 즉 성공의 열쇠임을 인정하고 그 힘을 해방시킬 것이다. 결국 용기 있게 질문하고 도전하고 해체해 기존의 역기능적인 체제를 더 나은 체제로 대체할 것이다.

> “원칙적인 반항자들을 육성하는 가장 근본적인 방법은 어쩌면 가장 간단한 방법일지도 모른다. 우리 어른들부터 더 반항적으로 변하고 다른 사람들의 반항을 부추겨 아이들에게 본보기가 되는 것이다.”

이제 이 책을 다 읽었으니 다른 사람들을 설득해 당신의 대의로 끌어들이고 당신이 속한 집단에서 비순응주의자들을 더 환영하게 만들 과학적 연구, 도구, 전술과 전략을 모두 손에 넣었다. 이제 이런 자산들을 활용해보자. 원칙적인 불복종자를 육성하는 데 힘을 기울이자. 당신이 그동안 세상의 변화를 기피하고 반항자들을 비방하거나 거부하는 경향이 있었더라도 늦지 않았다. 세상에는 여전히 너무나도 많은 불필요한 고통과 부당함, 불평등, 비효율성, 명백한 오해가 존재한다. 그런 세상을 바꿀 행동에 나서는 것은 이제 당신의 뜻에 달려 있다. 이 책을 내려놓기 전에 스스로에게 간단한 질문을 하나 던져보자. 나는 오늘 무엇을 바꿀 것인가? 아이들이 당신을 지켜보고 있다. 아이들을 위해 이 세상을 변화시키자.

불복종의 기술

1. 아이들에게 자기 주도성을 길러주자. 원칙적인 반항자들을 키우려면 아이들이 스스로 변화를 일으킬 수 있다고 믿어야 한다. 아이들이 과거의 모험이나 미래의 계획을 이야기할 때는 적극적으로 반응하자. 아이들에게 원래 새로운 일을 시도하고 도전할 때는 불안한 생각과 감정이 드는 것이 당연하다고 말해주자. 아이들이 정서를 조절할 수 있도록 도와주자.
2. 아이들의 비판적 사고력을 길러주자. 원칙적인 불복종은 자유롭게 정보를 수집해 헛소리에서 유용한 정보를 걸러내고 다른 사

람들에게 가치 있는 의견을 받아들이도록 설득하는 능력에 달려 있다. 아이들은 자유롭게 질문하며 양질의 정보와 질 낮은 정보를 구분하는 데 거리낌이 없어야 한다. 또 섣부른 판단이나 성급한 분석을 자제하고 비판적인 분석 과정을 자연스럽게 진행하는 습관을 들여야 한다.

3. 아이들에게 다양한 형태의 용기를 알려줘 자신의 용기를 표현할 수 있는 언어를 제공하자. 아이들이 스스로 늘 대기 중인 영웅, 불의가 눈에 띄면 바로 뛰어드는 사람이라 여기도록 가르치자.

당신만의 근사한 반항을 준비하라

나는 이 책이 가장 특이한 요리책이 되길 바랐다. 이 책에는 닭을 튀기거나 완벽한 수플레를 굽는 방법은 나오지 않는다. 오븐을 350도로 예열하거나 신선한 대구를 구입하는 방법에 대한 정보도 없다. 그런 것들도 중요한 정보이지만 요즘 우리는 다른 종류의 지식에 대해 실존적인 필요성을 느낀다. 어떻게 하면 원칙적인 불복종을 통해 세상을 변화시켜나갈 수 있을까? 이 책에 담긴 기술들을 따르면 더 강하고 현명한 원칙적인 불복종자가 되는 동시에 더 개방적이고 지지적인 협력자도 될 수 있다. 수백만 명이 이런 기술을 따른다면 우리는 더 안전하고 번영하고 역동적이며 조화로운 사회를 건설할 것이다.

그러기 시작하려면 앞으로 돌아가 이 책의 1부를 다시 읽어보자. 앞서 살펴보았듯 집단의 수명과 활력을 키울 수 있는 아이디어를 옹호하는 행동은 반항자들에게 큰 희생을 요구하고 단기적으로는 집단을 불안정하게 만든다. 창의성은 감탄부터 혐오까지 다양한 감정을 불러일으킨다. 다른 사람들을 더 나은 길로 인도하려는 일은 온갖 불안한 생각과 감정으로 가득 찬 여정이다. 세상을 바꾸러 나서기 전에 실제로 현상 유지에 반대하는 사람들이 날마다 부딪치는 딜레마를 느껴보는 시간을 갖자.

다음으로 이 책의 2부와 3부에 소개된 도구나 지침을 적용하기 시작할 때는 인내심을 가져야 한다. 새로운 아이디어로 가급적 많은 사람에게 영향을 미치려면 아이디어를 천천히 순차적으로 소개해야 한다. 또 불복종과 관련된 새로운 능력과 적성을 기르는 데도 시간이 걸린다. 운동이나 다이어트 요법처럼 이것도 처음에는 영 어색하고 힘든 경우가 많으니 실질적인 효과를 보겠다는 마음으로 매일 부지런하고 꾸준히 연습해야 한다. 자기계발의 노력이 결실을 맺으려면 보통 6~8주는 걸린다는 점을 염두에 두고 도중에 발생하는 불편한 생각과 감정, 신체 감각에 대처하는 습관을 들이자.

더 나은 반항자가 되려고 노력하는 동안 자기 자신부터 잘 돌보자. 기존 관행에 이의를 제기하는 일은 정신적, 신체적, 감정적으로 우리를 시험한다. 자기 돌봄 없이는 효과적인 불복종자가 될 수 없다. 수면, 운동, 스트레스 해소 같은 기본이 중요하다. 또 주변이나 소셜 미디어에 우리 에너지를 갉아먹는 유해한 사람들이 있는지 점검해보고 관계를 끊거나 적어도 접촉을 최소화하는 방법을 찾자. 그리고 심리적 유연성 대시보드 같은 구체적인 도구를 사용해 감정적으로 격렬한 상황을 처리하자.

언제나 원칙을 지키자. 우리가 오랜 불복종 끝에 승리할 만큼 운이 좋다면 애초부터 우리의 대의를 옹호하지 않은 사람들을 무시하고 거부하려는 경향이 생길 것이다. 이런 보복 충동에 굴하지 말자. 반항 초기에 우리가 따르던 가치관에 계속 충실하자. 누가 제기하든 회의론과 비판을 계속해서 환영하고 받아들이자. 과거에 우리를 의심하던 사람들과 적들에게 화해의 손길을 내밀자. 의견 차이, 불일치, 서로의 다름이 권장할 만한 가치라고 공개적으로 선언하자.

만약 우리가 원칙적인 불복종의 가치에 의문을 품는 다수자의 입장이라면 겸손과 호기심이라는 2가지 덕목을 키우자. 우리가 아는 것이 얼마나 적은지 현실적으로 생각해보자. 새로운 정보를 접하면 생각을 업데이트할 준비를 하자. 겸손과 호기심의 미덕은 우리에게 편안함을 안겨준다는 점이다. 우리는 더 이상 자기 의견을 무리하게 내세우거나 스스로 올바르고 똑똑하고 호감 가는 사람이라 입증해야 한다고 압박을 느끼지 않는다. 변화에 열려 있으면 새롭고 더 나은 아이디어로 삶을 개선할 뿐 아니라 자신에 대해서도 더 많이 즐길 수 있다.

집단 환경에서는 불화와 불만의 조짐뿐 아니라 그 반대, 즉 구성원들이 순응하고 단결하고 협력하고 쾌활한 표정을 지어야 한다는 압력에도 주의를 기울이자. 더 다양한 목소리가 나오도록 집단의 문화를 바꾸지 않는 한 다양한 사고와 복잡한 견해를 기대하기는 힘들 것이다. 집단 구성원들이 가장 유력하거나 인기 있거나 말이 많거나 눈에 띄는 의견에 따르려는 경향을 줄이기 위해 가능한 모든 조치를 취하자. 누구든 어디에서든 최고의 아이디어를 떠올릴 수 있는 분위기를 조성하자.

비순응성은 인간이라는 존재의 필수적인 부분이며 각자의 고유한 개성에서 비롯되는 잠재적인 결과이다. 우리는 모두 독특한 유전자형과 생활사, 성격 프로파일을 지닌다. 우리의 관심사, 포부, 사회적 관계는 복합적이며 어느 누구와도 다르다. 이 책을 활용하는 동안 우리가 세상에 기여할 수 있는 가장 큰 요인은 우리가 다른 사람들과 공유하는 부분이 아니라 차별화된 부분이라는 점을 기억하자. 우리의 독창성을 강하게 밀어붙이고 다른 사람들도 그렇게 하도록 돕자. 대담하고 자비로운 태도로 임하자. 성공하든 실패하든 그것만이 우리의 인간적 잠재력에 도달하는 유일한 방법이다.

옮긴이 이시은

역사학과 경영학을 전공하고 바른번역 소속 전문 번역가로 활동하고 있다. 옮긴 책으로 『최악을 극복하는 힘』 『중독의 시대』 『당신은 뇌를 고칠 수 있다』 『왜 비즈니스에 철학이 필요한가』 『세계의 이면에 눈뜨는 지식들』 외 여러 권이 있다.

온화한 불복종자

관계를 지키면서 원하는 것을 얻는 설득의 심리학

초판 1쇄 인쇄 2022년 11월 18일
초판 1쇄 발행 2022년 11월 28일

지은이 토드 캐시던
옮긴이 이시은
펴낸이 유정연

이사 김귀분
책임편집 심설아 **기획편집** 신성식 조현주 유리슬아 이가람 서옥수 **디자인** 안수진 기경란
마케팅 이승헌 반지영 박중혁 **제작** 임정호 **경영지원** 박소영

펴낸곳 흐름출판(주) **출판등록** 제313-2003-199호(2003년 5월 28일)
주소 서울시 마포구 월드컵북로5길 48-9(서교동)
전화 (02)325-4944 **팩스** (02)325-4945 **이메일** book@hbooks.co.kr
홈페이지 http://www.hbooks.co.kr **블로그** blog.naver.com/nextwave7
출력·인쇄·제본 (주)성광인쇄 **용지** 월드페이퍼(주) **후가공** (주)이지앤비(특허 제10-1081185호)

ISBN 978-89-6596-540-4 03180